上海戏剧学院·规划建设教材
SHANGHAI THEATRE ACADEMY

Host artistic language

主持艺术语言

宋怀强　陈贝贝　编著

文化艺术出版社
Culture and Art Publishing House

目录

第一章 呼吸

主持人首先是一个真实的人，所以要通晓作为普通人的一般规律。主持人的创作工具是人的身体，因此要熟悉用身体进行创作的基本规律和一般手法。“呼吸”就隶属于这个范畴。

说到呼吸，人们往往对艺术类学习中的呼吸感到陌生和新鲜，似乎进行过专业学习的人就会使用和一般人不同的方法进行呼吸一样。其实，这其中并没有太多所谓“绝学”的本领，只是通过对于呼吸的学习之后，我们对艺术类学习会有一个本质深透的理解和认同。

一、什么是呼吸？

我们每天都在呼吸，但是如果要回答“什么是呼吸”可能会有点困难。在《现代汉语词典》上，对于“呼吸”的解释是：生物体与外界进行气体交换。人和高等动物用肺呼吸，低等动物靠皮肤呼吸，植物通过表面的组织进行气体交换。我们从这个定义得到，呼吸是一项生命活动，人因为要生存所以要呼吸，而呼吸是人活着的一个特征。

在生物学当中我们又得到，人的呼吸运动包括“大循环”和“小循环”，也就是体循环和肺循环。肺循环负责与外界进行气体交换，为人体获取能量；体循环则把这些能量带到身体各处。从这里我们又能得到：呼吸不是一个单独由肺部来完成的过程，呼吸需要全身各处都参与，并且是与能量有关的参与。

以上两者结合起来，我们在脑海中对“呼吸”产生了这样一个全面印象：肺部活动的积极与否决定了我们是否能够将“呼吸”进行得透彻，而“呼吸”进行得深透的人在日常生活中相对而言，周身具备更多可以表达表现的能量。呼吸活动的积极程度一定意义上决定了生命活动的积极程度。呼吸活动强有力，生命活动频繁有力；呼吸活动微弱，生命活动也相对微弱。

在艺术语言的学习过程中，有类型丰富的语言表达范畴，与语言语音发声系统密切相关的呼吸活动，如果没有打下坚实的基础，很容易在今后的学习中捉襟见肘，难以应付。

二、你会呼吸吗?

1. 呼吸的过程

呼吸过程我们每个人都很熟悉，但是日常生活当中不是每个人都能够用艺术学习中正确的方法来呼吸的。我们都知道在人体的体腔当中，肺占据了很大的空间，主要是左右两个肺叶要进行充分的气体交换的缘故。生活当中我们呼吸一般都比较浅，只会吸到胸腔，我们称之为“浅层呼吸”。更进一步的来说，也就是吸到了肺叶的上端，肺叶中只是部分肺泡参与了呼吸。而在艺术创作的过程中，我们的呼吸要深透，要完成“运用自如”的任务，则必须吸到肺叶的底部，进行“深度呼吸”，感觉上我们是把气吸到了肚子里，吸到了腹腔中。作为一种肌肉运动，这样的呼吸方式光靠脑海中有这个印象是远远不够的，需要进行一些肌肉方式的训练，这在章节中会教给大家。

(1) 预备状态

往往有人有这样的经验，说自己担任了一个朗诵任务，在台下训练得挺好的，一上台就觉得气只能吸到胸腔里了，“吸不下去了”。这是什么原因呢?很简单，上台后，一般人都会觉得紧张，本来应该松弛的呼吸肌都不由自主不听使唤起来，本来熟练的呼吸过程就无法正常进行了。所以我们首先要认识到，正确的呼吸方法先要有一个松弛但不松懈、兴奋而不紧张的身体预备姿态。

这个姿态包括挺直背脊、放松肩膀和胸腔肌肉，这些预备动作都是为了气息能够更好的被吸入。在舞台上如果能够强制自己的身体进行这样的呼吸过程，在一定程度上能够解除自己的紧张。

(2) 吸气过程

接下来就是吸入气体的过程。我们所谈到的“深度呼吸”，可以说是一种被动呼吸。把身体比做一个气囊的话，这个气囊是不主动吸气的，它利用了气囊内外的气压差，来让气体进行“连通器”式的自动灌入。那么吸气过程，就是用肌肉把身体内腔打开，横隔膜下降，造成一个足够大，可以容纳很多气体的空腔，外界的气压明显就大起来，通过口鼻这个气息的通道，气体就会自己充满整个肺部了。详细地说，就是把两肋打开，因为这个部位的打开才能够帮助气息全面充分地进入到肺部。要注意不能把肩膀在吸气过程中耸起来，因为耸肩是帮助胸腔进气的辅助动作，而且耸肩不但制约了本来应该完全放松进入创作状态的身体，也影响到今后吐字发声过程中的台风仪容。还要注意，在吸气的过程中小腹肌肉微微往里收，这样才能更充分的扩张两肋达到吸气完全。

在进行吸气练习的过程里，有的人认为自己从来没有进行过这样的呼吸训练，所以要“下猛药，对重症”，把气吸得非常满，以至于要不就是一吐为快，要不就是动弹不得。这样也不是正确的方法，因为吸气是为了吐气，吐气是为了发声，吸得那么满是无法自如的控制气息的流动的。正确的方法是吸到七八分满，有明显的气息充满肺部的感觉就可以了。

还有人认为，为了让吸气过程变得短一些，用口鼻帮助一起往里吸气。这时往往在呼吸过程里发出很明显的气息流动声音，打断了创作。如果在创作过程中你需要缩短吸气过程，其实只要快速地打开两肋，气体自然就会很快灌入。

在训练过程中，可以把双手放在后背两肋处，往里微压，给一定的压力，再用气息顶开这部分的压力。这个练习对于两肋肌肉原本无力的同学来说，只要坚持进行就会看到变化，逐渐改变原来的浅层呼吸的习惯。

在这个练习之后也可以尝试进行闻花练习。闭上眼睛，想象眼前有一朵芬芳的鲜花，尽量把这芬芳全力地吸入身体。

(3) 呼气过程

吐气过程与吸气过程在肌肉运动上是相反的。吐气过程中要求两肋肌肉保持不动，而小腹肌肉往回推。这个动作很像在挤压身体这个气囊，而动作要求是缓慢的、持续的、平稳的。很重要的一点就是，在呼气过程中小腹位置始终要保持好像气息源头的感觉，这感觉大致在脐下三指，也就是气功当中所说的“丹田”位置。这样，气息从“丹田”到声带的中间位置，就有了粗细一致的“气柱”，支撑着发声时候的字音，这时候的字音仿佛就是从身体底部发出来的一样了。

吐气可以进行的练习是在吐气过程中发一个简单的元音，例如“一”，在发音过程中检查“一”的音量大小、音高的高低等参量是否有变化。变化要越少越好，因为变化越少，证明吐气越均匀。

2. 呼吸所连带引起的生命活动

我们在前文提到过人体的肺循环和体循环，而两个循环之间有密不可分的关联。肺循环和体循环之间可以互相影响。比方说，憋住气，过一会儿之后肺循环的节奏就被打乱了，而引发的是体循环没有足够的氧气，供氧不足，人就会感到脸红、心跳加快。这就是肺循环影响体循环造成的。如果跑一千米，冲刺过后由于体循环的节奏被打破，身体需要更快的代谢排出运动后的代谢产物，就需要更多参与循环的氧气，这时候呼吸就会自然加快，来帮助身体从外界获得更多的氧气。这个过程就是体循环影响肺循环节奏。在这个过程中，脸红、心跳、呼吸频率加快等，都是呼吸所连带引起的生命活动外在特征。

呼吸是全身参与的生命活动。我们对这个说法要充分的理解，这在今后的学习过程当中是相当有用的，找到属于自己的艺术学习途径，和对呼吸的了解也有一定的关系。人作为自然生物，对外界的刺激会做出相应的生理反应。类似于踩到地上的钉子，末梢神经马上会提供疼痛的感受给大脑，大脑做出判断后给出痛感，这是简单的神经运动，可能不会马上影响到呼吸运动，但是如果伤害较大，甚至因此而受到惊吓的话，那呼吸活动就会参与。因此我们也可以说，作品中需要表现的绝大多数情感类型和程度，用呼吸运动的外在特征可以描述，用呼吸运动可以进行创作辅助。

比方说生气。生活中我们可能经常会生气，而生气最表层的生理反应，是我们日常说的“气不顺”，情绪刺激大脑，大脑皮层兴奋并发出指令给呼吸系统，呼吸系统的频率发生变化，生出了一股气，呼吸加重。再比方说失望，也是我们熟悉的一种情绪，这种情绪则是大脑皮层因为主观期待而变得兴奋，对呼吸系统预先给出指令，呼吸频率很快，体循环也很积极，但是外界给出的刺激与预料的相反，大脑并没有得到持续的刺激，很短的时间内无法继续给出运动指令，于是呼吸频率马上变慢，体循环需要的能量没有及时跟上，生命活动状态马上变更，类似于没精打采这样的状况就出现了。

对于入门者而言，尽管老师将作品分析得很透彻了，自己仍然找不到“兴奋”、“期待”、“愤慨”等等情绪应该如何用外在的技巧去表达，这个问题常常成为最大的困扰。而列举这样的情绪分析，是教会大家从呼吸频率这个角度出发，去找到要表现的作品内部所要表达的情感与自身可以发生的感受联系。触发了恰当的感受，往往离正确表达作品就差得不远了。平常生活中，建议同学们对与情绪相关的生命活动要熟悉了解，对引起这些生命活动的呼吸频率更要熟悉了解，艺术工作者往往是借用自己身体进行创作的，因此了解自己的身体，也就是了解自己的创作工具。

三、一般作品处理过程中的呼吸解析法

1. 变文字形象为视觉形象，变可知形象为可感形象

在朗诵与表现的过程中，最难跨越的障碍和最显功力的创造都是对文字作品的解读。我们之所以把这样的艺术创造称之为“二度创作”，就是因为这不是简简单单的重复，而是在把可阅读的材料变成用视听进行传播的作品过程中，需要加入你对作品的理解，并且用艺术化的手法进行再现，这个过程不是程式的可原样复制的，条纲的一二三无法进行创作。我们需要找到个性化的表达角度和方法，但是，这个角度和方法也要符合人们的理解和认同。

我们都非常熟悉朱自清的散文《春》当中的一段：“‘吹面不寒杨柳风’，不错的，像母亲的手抚摸着你，风里还带来些新翻的泥土的气息，混着青草味，还有各种花的香，都在微微湿润的空气里酝酿。”

这段文字当中，我们完全可以用呼吸频率的分析方法来把握：“吹面不寒

杨柳风”是诗句的引用，日常念诵诗句的时候人们往往陶醉于诗的意境，陶醉状态下呼吸是不会太快的。呼吸平稳，因此语速缓慢，但是由于陶醉是力量集中的一种情绪情感，所以语义肯定，语言要有一定的力度。“像母亲的手抚摸着你”，这一句首先应该让读者回忆起母亲在儿时临睡前对自己的轻轻拍打，不轻也不重，像是抚摸，能够让人感受到被安全地保护着。被母亲这样的爱护着，情绪一定更为放松，有的人似乎都要甜蜜入梦了，而这种昏昏欲睡的状态下呼吸是最为放松的。呼吸的节奏频率较之刚才念诵诗歌更为平稳放松，力度更小。在亚睡眠状态下眼睛当然是闭上的，闭上了眼睛之后，其他的感官就更大程度上发挥了作用，“风里还带来些新翻的泥土的气息”就是嗅觉发挥了作用。但是嗅觉相对于视觉来说，更需要一个辨别认识的过程，这种辨别过程是很细微的，包括气味从哪里来，是什么气味，从引起注意到分析得出结果，不可能那么顺利的进行，所以这句的过程里要听得出辨别的思考、分析，呼吸就不可能很大很猛烈，太过于猛烈的话，刚才睡眠的状态就显得非常假，非常不投入了。而如果两句之间接得太紧的话，呼吸节奏发生的变化和捕捉空气当中气味的过程就体现不出来了。不能因为要念东西就变得不要正常呼吸了，要知道没有了正常呼吸频率，就不能用一个正常生命体的情感去感动听众。再往后，“混着青草味”是又从气味中辨别出来的一个新气味，春天闻到青草气味总会让人产生些愉悦的情绪吧，情绪变得高涨起来，呼吸频率加快，可以为声音的音量放大提供支撑。“还有各种花的香”则区别于青草香味，成为了最后被辨别出来温润的气味，也成为了最让人陶醉欣喜的气味。这种“欣喜”的情绪对于呼吸频率起到了全面积极促进的作用，让“我”开始大口呼吸起来，充分的用鼻子来看这一切“都在微微湿润的空气里酝酿”，呈现出对春天的喜爱，呼吸下放松弛，因为“看”到了整个春天的美好气味而深吸深吐，气息绵长，语音有一定的延长。

2. 用打破已构成的呼吸节奏来达到意外效果、特殊效果

在一些情节起伏变化的作品朗读过程中，我们往往需要达到“意外”的效果，就是突如其来的让听者觉得惊喜、惊讶或者害怕、恐惧、紧张等等。这是故事讲述过程中的精彩一笔，如果大家没有对这个情节感到意外，那么这个故事可以说就不够扣人心弦，不够成功。这里往往需要突然打破原来故事讲述的节奏及原来呼吸频率的方法。

我们来看一个灵异故事：

> 小丁星期天加班，疲惫不堪准备回家，天色已晚，整个大楼里没有什么人了。她独自一个人坐电梯从20楼到底楼，到了7楼，电梯门打开了，外面有两个人，很奇怪，他们没有进电梯，就是探头进来四处张望了一下。就在电梯门即将关上的时候，小丁突然听到这两个人嘀咕了一句："真奇怪，又不是上下班高峰，这电梯里怎么都是人啊……"

这个故事是到最后"甩包袱"的，也就是说，前面大部分都可以用一种平静的口吻进行讲述，为的是让听者跟着你，达到平稳的呼吸状态。在出乎意料的故事情节刺激下，讲述者可以在最后一句话的时候放慢讲述节奏，甚至显得有些古怪，打破了已经建立起来的呼吸频率，而这种突如其来的变化是听者没有准备好的，他们自然会觉得这个故事让人害怕了。

要使用呼吸解析的方法来分析作品，对自身运用呼吸的节奏变化要非常熟悉，可以从日常生活中的时时处处找到素材和学习榜样，尤其要注意的是呼吸引起了其他的什么生理反应，处理作品时外化成为声音为主的外部形象，这才能称作用呼吸进行了创造。

四、呼吸对于人物塑造创作的帮助

1. 每个人都有自己的呼吸频率范围

喜怒哀乐是每个人日常最多的情绪变化，而每一种情绪变化都涉及到呼吸频率的变化，那么与其说我们要塑造一个真实的人物要熟悉他的各种情绪变化，塑造成一个立体的人物，不如说我们要掌握他的各种呼吸频率的变化从而把握这个人物的本质生命特征。定出人物塑造的作品的基调，其实也就是从呼吸以及呼吸连带的生命活动来确定这个人的生命活动特征，让这个人物在属于他的生命活动范围里进行活动。

在《致猫王的信》当中，崇拜者玛乔莉福萨是阿尔维斯疯狂的痴迷者，她的人生几乎可以说是围绕着自己的偶像而进行的，她在信的开头是这样说的：

亲爱的阿尔维斯：啊，最后，我终于在星期六，6月10日，在麦迪逊广场花园见到了你。

我现在像是在九千英尺的云层上。

我根本无法吃饭、睡觉、开车或工作。50年代，从你震撼舞台的第一天起，我就一直是你虔诚的狂热崇拜者。我从来没有喜欢过别人的音乐，在高中时代我失去了许多男朋友，仅仅因为他们都嫉妒你。我将我所有的钱都用来买你的唱片。在学校时我做三份兼职，只有这样我才能够继续买所有你的音乐以及其他一切我能发现的与你有关的物品。……

作为一个狂热的崇拜者，玛乔莉用了全身的热情来追随崇拜猫王，在开始的时候她为能够见到猫王而感到那样激动，那种激动的心情仿佛是在一个举国欢庆的节日里登上了最高的山峰望到了从没有看到过的美景，或者是在游乐园的过山车上飞驰过至高点的那一个瞬间。而这样的情绪对于一个正常人来说是不可能一直保有的，哪怕玛乔莉对猫王已经爱得忘我了，她仍然要像一个正常人那样喘气呼吸，要在大出了一口气之后稍稍平息一下，好让自己不至于窒息。“我根本无法……”这句开始就是从高空掉落仍然无法相信的情绪，呼吸不像刚才那样是一口气憋住了忘记了呼吸的，而是渐渐恢复到有些“气喘吁吁”的快节奏呼吸里来。激动仍然在继续，情绪仍然在高处迟迟不肯掉落，呼吸的快节奏也在延续，“我从来没有喜欢过别人的音乐……”这句话说的如此的真诚，是一个歌迷发自内心的表白，所以气息不能再像刚才那样漂浮在云端，而要沉下来全身心的用一点力度来讲。呼吸节奏就从刚才的狂喜过后开始逐渐正常，形成兴奋的主旨。“仅仅因为他们都嫉妒你”这一句则表述了主人公女性的特殊心情，带着一点自豪和撒娇的感觉对于人物的表述是恰当的，那么呼吸则要配合情绪变化的要求再弱一些、平静一些。“在学校时……”这句话到结束又是一个上扬的情绪表达过程，因为面对偶像，崇拜者玛乔莉忍不住要抓紧机会好好说说自己对他的忠心崇拜，所以越说越激动，越说呼吸节奏就越加快，身体都甚至忍不住手舞足蹈起来。

作为一个真实的崇拜者，在塑造玛乔莉这个角色的过程当中，要注意千万不要一个劲地把呼吸加快，声音提高，这只会让玛乔莉变成一个机器疯子，没有一个正常人的身体禁得住那么长时间的高亢兴奋的；当然，也不能很随意很平静的就念诵出来了，这毕竟是一个崇拜了10年以上的忠诚歌迷。正确的塑造方法就是先给玛乔莉定出一个“活动范围”，这个“活动范围”要符合歌迷写信给歌星的真实心情，而玛乔莉在这个范围内一定要有合理变化，要能够让人很清楚地感觉她呼吸频率的变化，不能一成不变的一气呵成，这样听者不但觉得不真实，更会觉得听着“累得慌”。

2. 每个人都有自己的呼吸习惯，这流露的是人物潜在的信息元素

生活中我们往往有自己的呼吸习惯，这和我们的身体构造有关系，比方说个子小的女孩子往往肺活量不够大，说话轻声细气；比方说长期从事重体力劳动的人往往会粗声粗气。但是也有例外，比如说小个子的人声音洪亮，气息充沛；或者很高很胖的人说话声音细小，噤若寒蝉。这样的现象，我们往往需要去分析现象背后的隐含信息了。

在名人萧伯纳写给自己情人的信中他这样写道：

> 我非常好，你尽管离开吧。失去一个女人并不意味着世界末日。太阳依然在照耀，游泳让人感到很高兴，工作也使人充实，我的心灵可以自由自在的飞翔。但是，我被深深地、深深地、深深伤害了。

萧伯纳是一个瘦高个，这并不是决定他个性化声音的主要方面。我们需要在作品当中听到一个刁钻刻薄爱讥讽人的萧伯纳形象，这个形象是所谓的上等社会为主人公烙上的烙印。“我非常好，你尽管离开吧”这一句根本就是口是心非的假话，但是为了面子他不得不这样说。说假话，并且是违心的说了假话，这无法触动萧伯纳的呼吸，显然让他平静而语气冰凉。“失去一个女人并不意味着世界末日”是一句显露他自我认定的话，他认为自己身份地位高贵，不应该为了这个不懂得欣赏他的女人生气，所以呼吸就更倾向于轻蔑的情绪，仿佛鼻子里“哼”出了声，并且是用鼻孔看人。“太阳依然在照

耀……飞翔”这句话让人更深刻地看到了萧伯纳的真实想法：他其实并不像说的那么快乐。所以表现的过程中语言很张扬，呼吸却依旧平静收敛，似乎和语言的飞扬形成了一种背离式的对比。这让我们联想到生活中路边卖假货的人，越是东西不好的吆喝的越是响亮夸张。正是因为内心没有支撑力，呼吸频率会暴露内心的真实想法，所以才要加倍地用表面的形式化掩盖内心的虚空。“但是，我被深深地、深深地、深深地伤害了”这句才是他经过了一个过程后无法压抑的真实，是一种爆发，并且是一种逐渐的爆发，三个“深深地”造就了这样一个渐进的阶梯。呼吸在过程中逐渐加重，情绪也慢慢加码，把最重的音放在“伤害”上，萧伯纳自己打破了自己硬扯出来的“面子”。在通篇作品中，这种呼吸不积极的状态时不时会出现，即便在说得非常激动的过程中，因为萧伯纳自认为是上流社会的一分子，要保持“良好的风度”，就会表现出那种高傲冷漠、呼吸不积极的状态。许多具备一定历史感或者特殊时代背景的人物的塑造过程中，特殊的呼吸习惯往往混杂着历史背景、家庭环境、特殊境遇等，要反复推敲选择之后再进行创造，找准人物的呼吸习惯，结合呼吸频率，进行塑造。

呼吸是人人都会进行的生命活动，在刚开始进行艺术学习的过程中从呼吸着手是走创作路线的好入口。我们首先要意识到呼吸既可以成为分析作品的切入点，也可以成为表现作品的立足点。并且呼吸是独有的，对于一篇作品存在相似相仿的处理，却不应该有复制式的处理，除非这两个人是复制的。同样，呼吸作为生命现象，在生活中会有无数种变化，艺术创作会有无数种可以探寻的表达。

第二章　字音基础

主持人要掌握标准的普通话，这恐怕已经成为了主持界的共识。而如何纠正自己原有的语音问题，使用标准的普通话，需要从吐字发音的最基础处着手。

据调查，目前在我国使用普通话的比例达到53%，可见越来越多的人开始使用普通话。在入学专业练习中，普通话的标准程度也是需要注意的一大问题。由于我国幅员辽阔，大多数地方都有地方方言，生活在其中的人们可能无法一下子意识到自己说的是方言，或者意识到了而无法一下子改正，这里我们就需要重新复习一些我们曾经学习过，但是可能已经被遗忘的语音基础常识。

一、拼音

拼音当中我们分声母和韵母，这些都是我们从小学开始就很熟悉的元素。声母是位于音节前面的拼音，而后半部分我们称为韵母。很容易分辨的是，韵母当中含有元音，有时候一个音节只含有一个元音也可以成立。但是声母单独是不能成立的。我们先来看一幅图，来认识一下我们口腔内关于发声的各个部位，这能够帮助我们更好地发音。

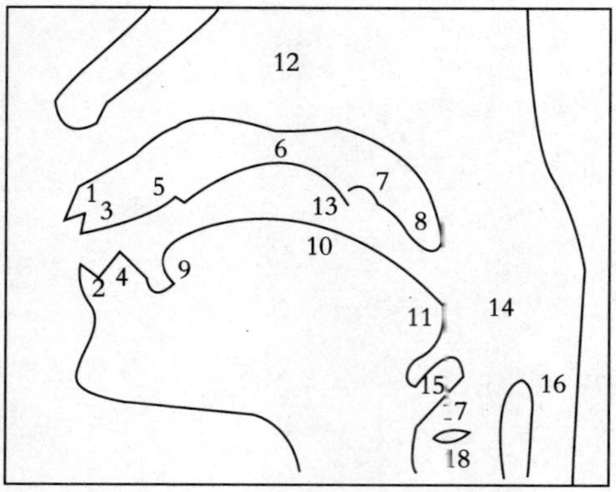

发音器官图

1.上唇　2.下唇　3.上齿
4.下齿　5.齿龈　6.硬腭
7.软腭　8.小舌　9.舌尖
10.舌面　11.舌根　12.鼻腔
13.口腔　14.咽　15.会厌软骨
16.食道　17.声带　18.气管

1. 韵母

(1) 单元音韵母

单元音韵母有 6 个，是可以单独成为一个音节的，发音时气流通过口腔不受任何阻碍。

a：口腔打开，属于最大的一个元音，不用把嘴唇撮拢变圆。要注意的一点是，南方人发音普遍舌头抬得很高，在发元音的过程中这一点大大阻碍了气流在口腔的正常通过，想要把元音发好，应该把舌头压低。教大家一个比较形象的方法，那就是把舌头想象成一把喝汤的汤匙，舌根位置较高，舌面低而凹陷，安置在下颌中。此外要注意普通话发音过程中，上颚后部要保持紧张上提状态，类似于受到惊吓后嘴巴往里猛地一吸气的感觉，这可以使用提笑肌的方法开始训练，一开始强化训练时可能会觉得牙关、面部肌肉和上颚位置都比较酸，可以放松一下继续练。

例如：爸爸、妈妈、打靶、大厦

o：比起 *a* 来，o 的口腔开度要小一些，舌头向后微缩，舌尖下垂，将嘴唇微微撮拢变圆。

例如：伯伯、饽饽、萝卜、磨墨

e：舌头位置和 o 等同，但是口腔开度更小，不用圆唇。注意这个音容易被发得过于扁，好像被挤压出来一样。这样是不对的，因为它属于元音的范畴，即便口腔前半段较小，后口腔仍然要保持张开，保证发音的正确与悦耳。发音的时候感觉到声音仿佛是竖着被发出来，而不是被挤扁了横着发出来的。

例如：特色、合辙、吝啬、饥饿

i：舌面向硬腭升起，舌尖下垂在下齿背后，嘴角展开。因为发音的口形，很容易被挤压发出的一个音，所以也要注意 e 发音时候的问题，要努力感觉字音是竖着被发出的。

例如：依依、脾气、荸荠、体力

u：舌头往后缩，舌根向软腭升起，圆唇但是比 o 的圆唇要小。要记住把元音发到嘴唇位置，也就是我们所说的“推出来”，不要以为混沌在口腔里就算发出来了，要顺利通过口腔并且使人很清晰地听到。

例如：轱辘、古墓、父母、陆路

ü：舌头位和 i 发音位置相同，小圆唇向内撮。

例如：区域、渔具、聚居、寓于

此外还有 4 个单元音，要通过组合才能发挥作用，单独无法成为音节，我们在说到单元音的时候通常忽略不计。它们是 ê、-i（前）、-i（后）和 er。ê 是要和 i 或者 u 组合才可以成为 ye（夜）或者 yue（月）的，口腔开度小于 e，舌位上升，舌根部位推向前。而-i（前）是我们在发 zi、ci、si 音节的时候才发，舌尖推向前置于下齿背，舌面上抬靠拢上腭。-i（后）就是发 zhi、chi、shi、ri 翘舌音节的时候才发的，整个舌头卷起上抬，让气流从上腭和舌之间的部位流过。er 是在 e 的基础上产生的卷舌，要注意这个音和儿化韵的区分。

（2）复韵母

复韵母也称为复合韵母，一个韵母要包含两到三个音素，发音时音素要求连续过渡，不能一个一个单独发出，要记住从一个元音过渡到另外一个元音的过程中，每个元音的口型都要到位准确，但是这几个元音不可能占据相同的重要位置，必有主次。我们把韵母分为韵头、韵腹、韵尾，最响亮发声的就是韵腹。我们发现有的复韵母没有韵头，有的没有韵尾，就是韵腹每个复韵母都有。所以确定一个复韵母的发声，最主要的就是确定韵腹在哪个位置。

前响复韵母：顾名思义就是韵腹在韵母前端的韵母，韵尾在后，发音的时候后面那个元音只要很短促的给一个元音口形就基本可以了。

ai：买卖、白菜、派来、爱戴

ei：妹妹、蓓蕾、配备、畏贼

ao：到老、报告、号召、照耀

ou：欧洲、口头、稠粥、偷偷

后响复韵母：韵腹在后，韵头在前。要注意发音过程中要从韵头过渡到韵腹，不要突然发一个很大的音。

ia：假牙、下嫁、掐架、恰恰

ie：爷爷、谢谢、结业、铁屑

ua：挂花、娃娃、画画、画刷

uo：过错、蝈蝈、火锅、霍霍

ue：月月、略略、雀跃、约略

中响复韵母：由三个元音组成，发音时中间的元音是最响亮的韵腹，前是韵头，后是韵尾。注意发音时的紧密衔接和过渡。

uai：摔坏、外快、拽歪、怀揣

uei（ui）：葳蕤、追随、摧毁、罪魁

iao：寥寥、杳渺、叫嚣、巧妙

iou（iu）：悠久、牛油、瘤牛、锈有

这部分当中有两个我们既熟悉又陌生的复韵母，那是因为我们平常习惯把它们缩写了，但是发音的时候一定要注意发成三个元音的组成，不然最响亮的韵腹反而没有了，那音节就念错了。

(3) 鼻韵母

鼻韵母是由元音和辅音字母组成的韵母。鼻辅音 n 和 ng 与元音进行组合，带 n 的称为前鼻韵母，带 ng 的称为后鼻韵母。

前鼻韵母有 8 个：

an：安然、谈判、灿烂、勘探

ian：片面、浅显、电线、潋滟

uan：转换、贯串、团段、转弯

uan：源泉、全权、原宣、卷圈

en：恩人、认真、根本、深痕

in：亲信、拼音、邻近、姻亲

uen（un）：温润、论文、伦敦、顺轮

un：逡巡、军训、均匀、群云

要注意发 en 和 in 的时候，往往南方同学舌尖推得不够靠前，最后发出来的只是一个中鼻音，要记住这是从 e 和 i 过渡到 n 的鼻韵母，所以只需要在 e 或者 i 的长音发音之后盖上一个 n 的“小帽子”就可以了，舌头不能怕麻烦不能犯懒。

后鼻韵母：共有 8 个

ang：昂扬、康藏、帮忙、厂房

iang：洋洋、响亮、想象、奖项

uang：惶惶、狂妄、状况、网状

eng：风声、更正、争锋、绷正

ing：评定、命令、刑警、行星

ueng：嗡嗡、蓊郁、老翁

ong：工农、公众、从容、中东

iong：汹涌、穷凶、炯炯、雄勇

后鼻韵母发音的过程中，要注意的问题是，不要因为找不到发音的位置而拼命让发音位置靠后，结果把后鼻音发成了鼻后音，弄得完全和鼻腔不发生关系了，这显然是错误的。后鼻韵母归音时候必须穿过鼻腔，这点从气流感受上我们可以自我检查。

(4) 四呼

我们讲求发音的准确性，在练习的过程中我们应该更注意发音位置的正确性。按照韵头的区分，我们把韵母分为四个大类：

开口呼——没有韵头的时候，韵腹也不是 i、u、ü，发音时候用力点在上颚，上颚努力上抬。例如：a、ou、en。

齐齿呼——以 i 为韵头或者韵腹、发音时候用力点在上齿。例如：iao、ing。

合口呼——以 u 为韵头或者韵腹，发音时满口用力，或者我们可以理解为两腮用力。例如：uai、uen。

撮口呼——以 u 为韵头或者韵腹，发音时着力点在双唇。例如：u、ue、uan。

找到这四类韵母的发音特点有助于我们更好地吐字归音，让字音相连而又个个清晰。

2. 声母

我们先来看一张声母表：

发音部位 发音方法			双唇	唇齿	舌尖	舌根	舌面	翘舌	平舌
塞音	清	不送气	b		d	g			
		送气	p		t	k			
塞擦音	清	不送气					j	zh	z
		送气					q	ch	c
擦音	清			f		h	x	sh	s
	浊							r	
鼻音	浊		m		n				
边音	浊				l				

从这张表格上我们可以很清楚地看到按照发音部位来区分的声母。

（1）双唇音

双唇音靠上下唇阻塞气流发声。

b：双唇紧闭、阻塞气流，然后爆破除阻，除阻时不送气。

例如：白、波、辨别。

p：与 b 不同的是除阻时送气。

例如：怕、排、批评。

m：双唇紧闭、软腭下垂、声带振动，气流从鼻腔透出。

例如：骂、买卖、猫毛、面貌。

（2）唇齿音

f：上门齿和下嘴唇接触、气流从缝间挤出，摩擦发声。

例如：飞、方法、反复。

（3）舌尖音

舌尖和上齿龈接触成阻后发出的音称为舌尖音。

d：舌尖抵住上齿龈成阻，然后舌尖用力弹开。除阻时不送气。

例如：大、店、等待。

t：成阻和 d 相同，区别在于除阻送气。

例如：吐、图腾、探讨。

n：舌尖抵上齿龈成阻，软腭下垂、声带振动，气流从鼻腔透出。

例如：努、牛奶、能耐。

l：舌尖抵上齿龈成阻、声带振动，舌头中间的通路阻塞，气流从舌头两边流出。

例如：路、老李、联络。

(4) 舌根音

舌根和软腭接触发出的音叫舌根音。

g：舌根顶住软腭，然后突然放开，除阻时不送气。

例如：顾、骨干、国歌。

k：成阻和 g 相同，区别在于除阻送气。

例如：可、宽、刻苦。

h：舌根接近软腭，气流从舌根与软腭的中间擦出。

例如：户、欢呼、辉煌。

(5) 舌面音

舌面音就是舌面前部接触软腭发出的音。受到港台风气的影响，现在很多同学愿意把舌面音发到舌尖位置，咬得死死的，这样的做法其实非常不利于练习，在这部分发音的学习中希望大家能好好琢磨。

j：成阻时舌尖向上贴紧硬腭前端，舌尖下垂，除阻时气流从窄缝间透出，不送气。

例如：健、积极、经济。

q：成阻与 j 相同，除阻时送气。

例如：气、切、欠、请求。

x：舌面向上接近硬腭前端，除阻时气流从舌面与硬腭之间擦出。

例如：嬉戏、学习、虚心。

(6) 翘舌音

舌尖翘起接触硬腭前端发出的音叫翘舌音。要注意千万别矫枉过正，把整个舌尖没有方向的往咽喉延伸，这样发出的翘舌音是不正确的。

zh：舌尖上翘，接触硬腭前端成阻。除阻时气流从舌尖与硬腭间透出，不送气。

例如：政治、主张、折纸。

ch：成阻和 zh 相同，除阻送气。

例如：炒、出产、车床。

sh：舌尖上翘，接近硬腭前端，除阻时气流从窄缝间擦出。

例如：事、少、省市、手书。

r：成阻同 sh，属于浊音，因此发音时声带振动。

例如：日、柔韧、仍然。

(7) 平舌音

舌尖抵下齿背发出的音叫平舌音。

z：舌尖平伸与下门齿背接触戍阻，除阻时气流从窄缝间透出。

例如：字、在、自尊。

c：成阻同 z，除阻时送气。

例如：次、草、粗糙。

s：舌尖平伸，前部接近上门齿背，气流从上下齿之间擦出。

例如：思索、琐碎、缫丝。

二、声调

声调是汉语发声中的一种语言现象，从古到今都一直沿袭。古汉语当中声调的变化远比今天要多，今天我们将普通话中的声调归为四类。

阴平声：妈 mā

阳平声：麻 má

上声：马 mǎ

去声：骂 mà

在汉语当中，四声起到区别汉字的作用，也为汉语语音增添了音乐性的美感。要把其中的音乐性的美感表运出来，关键要发正确调值，也就是声调的实际升降。

我们来通过下面的图解来理解调值：

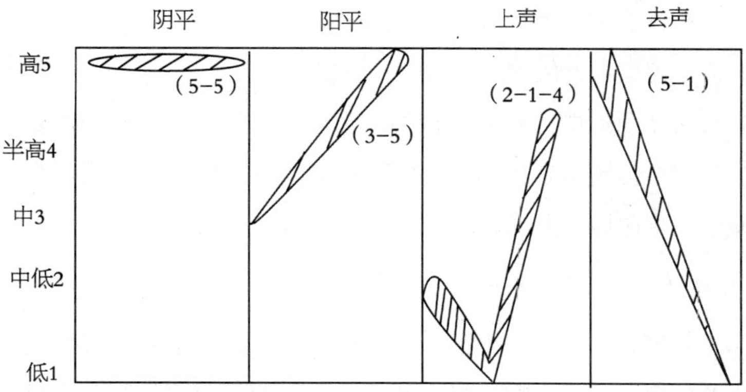

注：图中标识的粗度变化代表音量的变化。

我们看到了一幅类似于五线谱一样的图表，事实上我们也可以将其理解为广义意义上的“多来米发嗖”，只不过每个人的音域确定了每个人的五线谱都有高低的细微差异。有的同学阴平声发不到位，除了音准感觉不够以外，还有就是气息不够支撑。因为气息而造成阳平、去声无明显变化以及上声不到位现象是现在同学中很普遍的现象，大家对于气息的使用，要通过字音综合练习，这样很多问题都能够得到解决。

这里要提到一个音变的问题，那就是上声变调。上声在句尾词尾念成2—1—2格式，而当

(1) 上上相连的时候前一个字只读后半上，近似于阳平声。

(2) 上声在其他声调前读“前半上”，只降不升。例如：祖国、解放、尾声。

三、轻声和儿化

1. 轻声

轻声的概念是指有的音节失去了原来的声调，读成一个短而轻的调子。

以下的情况我们要特别注意：

(1) 语气词：吧、嘛、啊。不要因为港台腔就变得反而更为强调这些语气助词，请记住它们是应该读成轻声的。例如：去吧。

(2) 助词：得、的、地。例如：满满的。

(3) 名词词尾：们、头、子。例如：桌子。

(4) 动词后面的“了、着、过”。例如：走了。

(5) 重叠词的第二个音节。例如：妈妈。

(6) 表示趋向、方位的字。例如：出去。

(7) 由习惯而形成的轻声。例如：明白、力气。这部分轻声要同学们在生活中、学习中慢慢积累，尤其是南方的同学，在日常生活用词当中很少有轻声的概念，更应该多多学习。

2. 儿化

er 是普通话当中用得很少的一个音节，但是儿化韵却很多。前文中提到过，儿化韵不等同于 er，它是半个音节，要依附于前面的音节来发声，并且发音的长度和完整性几乎都是 er 的一半。

儿化韵的作用主要是以下几点：

(1) 区别词义。

例如：眼（眼睛）、眼儿（泛指小洞）；嘴（嘴巴）、嘴儿（小的出水出气的孔）；天（天空）、天儿（天气天色）；一点（一些）、一点儿（比一点更少）。

(2) 区分词性。

画（动词）、画儿（名词）

亮（形容词）、亮儿（名词）

盖（动词）、盖儿（名词）

(3) 表示短、小、少等含义。

例如：一会儿、一丁点儿、小碗儿。

(4) 表示喜欢喜爱。

例如：小猫儿、小孩儿。

(5) 表示轻蔑。

例如：小流氓儿。

绕口令练习：

- 八百标兵奔北坡，炮兵并排北边跑，炮兵怕把标兵碰，标兵怕碰炮兵炮。

- 一平盆面，烙一平盆饼，饼平盆，盆平饼，饼碰盆，盆碰饼。
- 哥挎瓜筐过宽沟，赶快过沟看怪狗，光看怪狗瓜筐扣，瓜滚筐空哥怪狗。
- 买白菜，搭海带，不买海带别想买到大白菜，买卖改，不搭卖，不买海带也能买到大白菜。
- 奋发商店卖混纺，有红混纺，黄混纺，粉红混纺花混纺，纷繁的混纺让大娘着了慌，眼也花，手也忙，吩咐女儿快快来，赶忙帮我挑混纺。
- 一条裤子八条缝，横缝上面有竖缝。缝了横缝缝竖缝，缝了横缝缝竖缝。
- 你会糊我的粉红活佛，来糊我的粉红活佛，你不会糊我的粉红活佛，别胡糊乱糊糊坏了我的粉红活佛。
- 打南边来了两队篮球运动员，一队是穿蓝球衣的男运动员，一队是穿绿球衣的女运动员。男女运动员，都来练投篮，不怕累，不怕难，齐努力，攻难关。
- 东街计家买了个氢气球，西街徐家买了个气球轻。也不知是东街计家的气球比西街徐家的气球轻，还是西街徐家的气球比东街计家的气球轻。
- 东洞庭，西洞庭，洞庭山上一条藤，藤条顶上挂铜铃。风吹藤动铜铃鸣，风停藤定铜铃静。
- 进了门儿，倒杯水儿，喝了两口运运气儿。顺手拿起小唱本儿，唱一曲儿又一曲儿，练完了嗓子练嘴皮儿。绕口令儿，练字音儿，还有快板儿对口词儿，越说越唱越带劲儿。

第三章 表达基础

俗话说，巧妇难为无米之炊。主持人应当是一个在表达情感和表述信息过程中的“巧妇”，而表达的基本技巧就是“巧妇”手中的炊具。熟练的掌握了表达的技巧，可以帮助主持人更完善的塑造自我的形象，与观众进行更有效的沟通。

往往初学艺术语言表达的同学会有着这样的困惑：一篇文章，从中心思想到每段落的大意自己都明白，甚至对遣词造句都能分析得头头是道，可是碰到朗读出声这个环节，还是一筹莫展。有时候念得像小学生念语文课文夸张得过分，有时候则不敢放开胆子，读得畏畏缩缩。这时候我们往往需要懂得一些基本的表述基础。

就好像过马路我们要遵守交通规则一样，在朗读过程中也是有一定的基本规则需要遵守的。好在过马路要等绿灯这样的习惯我们从小就养成了，而表述基础也在日常生活中、我们的对话中也不断地体现着，注重观察生活中的人很容易就找到可以借鉴互通的地方。

一、重音

写文章需要有重点这大家都懂，没有重点的表述和没有重点的文章一样，会让人不明白真正需要表述的意思，是无法正确表达的语句。而错误的重点表述更是会曲解正确的表述意图。在表述中我们通常称之为“重音”。

其实所谓重音，就是在一句话中，组成句子的部分词语、词组因为比较重要，被强调、突出出来。这些词语、词组就被称为重音。在这里要特别提到的是，很多同学认为“重音”就是“重读”，这个概念是不对的，因为除了“重读”以外，还有很多可以用来强调突出的方法，只使用“重读”会让表述变得很单一也很单调。

重音在作品处理中通常被分为：语法重音、逻辑重音、修辞重音和情感重音四类。

(1) 语法重音

从语法结构的角度来说，一句话中，我们不准备表述什么特殊的意思特殊的思想与情感，其中部分音节被稍稍加重，就称为语法重音。

在日常表述习惯中，句子中的谓语或者宾语通常成为语法重音。比方说这样一个句子：“春有百花，秋有月；夏有凉风，冬有雪”，“百花”、“月”、“凉风”、“雪”这些宾语成分就是语法重音。而如果一句话没有宾语，则谓语部分成为语法重音。比方说：“一个人活着。”“活着”就是语法重音。

疑问代词做主语时，我们习惯将主语作为重音。“谁在那儿?”“哪里最漂亮?”这时候“谁”和“哪里”就成为重音。

当“你”、“我”、“他”这样的人称代词成为宾语时，谓语成为重音。“我喜欢他”，“他很在乎自己”这样的句子当中，谓语成为了重音。

当然，一般来说，作品中的语句不会成分总那么简单，往往会有定语、状语、补语，和主干成分相比，附加的成分会成为重音。上面的句子如果变成“一个孤孤单单的人苟且的活着”。重音就发生了变化，成为了“孤孤单单”和“苟且”。

我们从上面的举例可以看出两点：一、语法重音与其说来自于艺术表现的领域，不如说更多地来自于日常交流领域，我们用日常语、用习惯来作为判断语法重音的标准。二、语法重音没有什么特殊多样的表达方法，只是稍稍比其他部分突出一些来达到重音的效果，如果强调错了语法重音当然不能正确表述句子的正确意思，但是过分强调了语法重音也是错误和没有意义的。在练习的过程中，大家可以尝试着把“随口说话”变成“有心说话”，在实际的交流领域有意的练习，比在家蒙头苦练要行之有效得多。

(2) 逻辑重音

不受语法限制，由真正表达的意图来决定强调的音节，被称为逻辑重音。

在作品中确定逻辑重音往往需要一个确定无误的语言环境，这样一句话中的逻辑重音需要表述的是这个潜在的表述意图所驱使下的意思。因为语言环境不同，那么同一句话的逻辑重音其实可以发生变化。我们来看这句话："你今天吃饭了吗？"

语境一：一群人中，依顺序问到关于吃饭的问题，轮到你了，问："你"今天吃饭了吗？（强调不是别人，是你）

语境二：你前几天没有吃饭，被我知道了。今天碰面我特地问一下：你"今天"吃饭了吗？

语境三：两人碰面，我生怕你还没有吃饭饿到了，问你：你今天"吃饭"了吗？

短短一句话，就可以在三个不同的语境发挥不同的作用，特殊的语境造就了三句逻辑重音不同的句子。

逻辑重音在具体段落中往往还和情感表达有关系，这在下文的"情感重音"部分会有所提及。

(3) 修辞重音

在修辞重音部分，我们会联想到第一部分语法重音中定语、状语、补语的部分，因为这些部分承担的就是修辞的作用。艺术作品区别于日常表达，修辞部分的适当夸张是用于区分的一大成分，所以对于这些修辞部分采用修辞重音的处理是恰当的。例如这样一个句子，描述了春天的美景："绵绵细雨携着料峭的春寒，轻轻地敲打着我的门窗……""料峭"、"轻轻"都是对"春寒"和"敲打"的修辞，强调后春天那拟人化的生动形象一下子来到了眼前，栩栩如生。

再比如这样一篇描写青春的文章："我们的年龄，应该是美丽的开放着微笑花的年龄；是大大方方的对每个人都说你好的年龄；是在舞厅里潇洒的让许多视线发热的年龄。"这三个排比中不同的修辞成分将年轻人洒脱不羁的形象做了具体的描述，都是修辞"年龄"，展现的却是不同场合下的表情、语言和形象，如果我们要描述一个人，也不过就是这些方面了，而使用修辞重音来描述这些，更能够突出年轻人在日常生活方方面面的多种神采，还没有开始说什么，就让我们开始羡慕起这个年龄来了。

当然，修辞重音的使用方法当然不是单一的。如果一个段落中需要使用修辞重音的地方很多，而你只会一种重音表达方法，那肯定会让你的朗读变得单调，也不能够充分用声音表现文字所呈现给你的修辞魅力。下文我们将介绍表现的个性化技巧。

(4) 情感重音

情感重音的用法是需要统筹全篇的，所谓情感重音，也就是这类重音的确定条件是和情感逻辑发生联系的。

我们日常比较熟悉的是在作品的结尾会使用情感重音，因为按照行文的线索，通常到了结尾处是情感最高潮的地方。蕴蓄了全篇的情感积累，到了结尾的时候，情感激发出充沛的气息，带出比前文更有力的表述。当然，情感重音切忌乱用，考场上老师们常常会碰到这样的情况：某些同学，在念一首诗的开始的时候，就大喊一声“啊”，作为情感重音的表达。其实在诗歌散文刚开始的时候是最不适合表述这么强烈的情感的，试想听者刚刚开始展开对你念诵的接受，情感还没有预热，就受到这“突然一击”，所能达到的效果当然不是感染了听者，而是吓到了听者。

使用情感重音来表达作品，需要先熟悉并且分析作品的情感线索，深刻理解并且唤起自身的情感呼应，用“真实”的感受引领情感重音。在作品中、作品结束处，甚至只要表达方法恰当，在作品开头都可以出现情感重音。

我们看这篇作品：

挫折纵然无亲情，却给人无尽的砥砺；失败固然残忍，却使人趋于顽强。

人生就在这样不甘寂寞与幻灭中周而复始，演绎出一幕幕亘古至今的忧伤和难忘——人生多风雨，世事足悲泣。

终于发现：是自己奢望太高——何不归于平淡?! 是自己不尽完美——何不奋起直追?!

“人生多风雨，世事足悲泣”，这句话当中前一个“多”，后一个“足”，前后呼应，表达的是对经历过很多事情之后的感慨；而“终于”带出了“奢望”和“平淡”的相对，“完美”和“奋起直追”，这些，都是感慨后对人生的顿悟，而没有“奢望”就不会想到“平淡”也是人生的百味之一，因为不尽“完美”，所以“奋起直追”。这几个情感重音之间，就好像对一个问题的逐步了解一样，层层情感也是步步推进的。“奋起直追”要比“归于平淡”要来得更令人兴奋，让人跃跃欲试。

二、停顿

停顿，在很多专业书籍上也称为停连，就是指文艺作品在朗诵过程中何处相连何处停顿。

正确地使用停顿不仅可以在朗诵过程中清楚地表述出文字结构所需要表述的意图，更可以增添文字在二度创作中的魅力。

也有同学提出，为什么停顿是朗读时必须要用到的基本技巧呢？在生活中，我们吃饭是一口一口吃的，为什么不能一下子全倒进嘴巴里？因为我们吃东西分咀嚼和吞咽两个过程，吞咽完成了才能顺利进行下一口咀嚼。我们念诵文章的道理也是一样的，只不过吃饭是送进嘴里，朗诵是送进他人耳朵里。我们的日常交流就是信息的传递过程，而在信息传递过程里分传播者、接受者这两者关系，一个成功的信息传递一定是要传播者传播后，接受者接受到了这个信息才算完成的，假如只是单纯的按照你的意思传递出去了这个信息，不管对方接受时是不是障碍重重，这只能被称为失败的信息传递。停顿就等于是吃西餐时把牛排切的大小刚好，这样送到嘴里不仅味道鲜美，而且不会因为大小不恰当而影响品尝。

（1）结构停顿

为了正确显示文字脉络结构的停顿，称为结构停顿。我们在学习语文的过程中其实都学到过，段落和段落之间朗读过程中要停顿，句子和句子之间要停顿，逗号前后也要停顿。这些都是最基本的结构停顿。停顿的长短，一般按照段落、层次、句子、分号、冒号、逗号、顿号，依次递减。这样的例子在大家日常的语文课本上就能找到，这里就不再举例了。

对于一些特殊的句子，字数很多语句很长，我们就需要运用结构分析的方法来为它划分了。比方说散文《湖水》中有这样一句：“水鸟不懂湖水的深沉就像风儿不懂湖水的静。”要是一口气念完，那读的人会上气不接下气，听的人会莫名其妙。所以按照作者文字表述的意思我们予以这样的划分：“水鸟不懂湖水的深沉｜就像风儿不懂湖水的静。”当然，按照层次，前半句中“水鸟”和“不懂湖水的深沉”之间可以稍作停顿，后半句“风儿”和“不懂湖水的静”之间也可以稍作停顿，这里的停顿就要比这两句中间的停顿要短些了。

（2）强调停顿

这类停顿比较好理解，就是在一些需要提请听者特别注意的内容前“刹一下车”，以达到强调突出的作用。

这类停顿需要事先的设置，对全文有了一个了解之后确定在何处需要特别提醒听者注意。比方在散文《迎春》中第一句是这样说的：“风终于不冷了。”我们念诵的时候就把停顿留在这里：“风｜终于不冷了。”强调的是等了那么久之后风如愿以偿的不冷了，加深了听者对于作者等待春天的过程之长的印象。

（3）心理停顿

从表述时心理需要出发产生的停顿，我们称之为心理停顿。心理停顿在生活的例子非常好找，很多同学都觉得自己在表述一些意思的时候因为没有充分准备好，说话容易总因为思考而被打断，比方说：“今年春节啊｜我是在我奶奶家过的，其实｜一开始我们全家是想去旅行的，｜可是后来｜因为爸爸妈妈没有足够的假期｜就｜哪里也没有去。”我们把这位同学的话复述出来，会发现他因为又想说在奶奶家过年，又想说没有成行的春节之旅，所以一直在思考，而这样的思考不断地打断他的表述，让他的这样几句短短的话充满了心理停顿。由此我们可以理解，心理停顿是因为情感的变化思路的变化而引起的。像刚才那位同学这样结结巴巴说话在练习的过程中当然是不受赞赏的，但是，在其他作品的诵读过程中运用心理停顿，则是将文章的领悟过程真实地再现在听者眼前。

比如散文《白卷》中教授有这样一段话：

"我只想 | 要给你们留下一个深刻的印象，即使你们完成了四年的工程学学习，但关于这个学科 | 仍然有很多的东西是你们还 | 不知道的。这些你们不能回答的问题，是与每天的日常生活实践相联系的。你们都将通过这次测验，但是记住，| 即使你们现在是大学毕业生了，你们的教育也还只是 | 刚刚开始。"

这些停顿，充分地说明了这位教授除了教授专业知识以外，对于学生为人道理的启迪。一个慈祥亲切的老教授形象，通过这些心理停顿就栩栩如生起来。

(4) 生理停顿

在塑造人物的时候，有时候我们需要使用到生理停顿。比方说口吃的人，那他语言中的停顿就要比正常人多，而且一般人不停顿的地方他恐怕都要停顿。还有一些因为身体状况而造成的停顿，比方说咳嗽、气喘等等，这些都属于生理停顿范畴，想要把这些停顿都真实还原，就需要大家好好的观察人物、观察生活了。

三、表述技巧

重音的呈现要避免单一的表述方式，需要大家对表述的多样有一个全面的了解。我们再次从日常的生活出发来发现一些我们已经熟悉的表述方法。假设你要叫已经走远的一个同学，你会拔高嗓门大声叫："小×，等等我!"字和字还会拖长。但是，当老师要求你在课堂上模拟喊人的时候，你可能就会很小声很快速的就喊完。也许你自己也觉得这个命题没有完成好，但是你就是掌握不了从哪些方面去还原生活中那个真实的场景。再比方说，老师在讲台上分析题目的时候，你和另外一位同学在下面小声地讨论，你们的声音当然不可能很大，因为一旦声音很大会受到老师的批评，而当你们讨论到很激烈的时候可能也会情绪激昂，但是仍然会把声音的音量控制在适当范围内。从这个角度来看，每个人其实都会表述，都掌握了一定的技巧。

(1) 音量的大小

音量的大小在日常生活中是属于比较常用的表述技巧。两个说话的人离得近，音量就会小些，离得远或者需要声音达到的范围广些，音量就很大。

这是最经常会碰到的情况。生活中这样的例子比比皆是，促膝谈心的音量当然是适中的，因为如果太大声的话就会听起来很吵嚷，或者本来的秘密反而因为音量大了而被别人听去了。上文中提到的喊人就是最经常在生活中出现的例子，因为距离遥远了而放大音量。音量还会有和情绪相关的因素，比方说，因为情绪激动了，很高兴，很兴奋，就会很大声地呼喊。老师来教室里宣布外出比赛的获奖情况，班级获得了第一名，这时候同学们正常的反应是欢呼雀跃，也会情不自禁地大声呼喊。这里的大音量不是单纯由音量这一个参量确定的，但是的确有音量的变化参与，需要我们综合的分析了。

在日常对于音量的变化训练上要注意一个问题，音量变化在每个人的音量变化范围内有无数种调整和选择。可以选择一个绕口令或者一句话，单纯就音量的变化进行训练，每一遍都比上一遍大一点点声或者小一点点声，注重训练对于音量变化的控制能力。要记住音量大，不能大到喊破声，不能喊劈了；音量小，不能小到听不见。因为我们学习表述技巧，归根到底还是为了交流而准备的，不能让对方听清，就根本上违背了交流的原则。

(2) 速度的快慢

语言速度的变化也是很能增添语言表现力的变化参量，并且“很显功力”。因为一般人的语言速度范围都比较小，而且一般来说有一个固定的语速。观察一下你身边的人，哪些人语速通常很快，哪些通常很慢？性格比较急躁的人通常语速很快，慢性子语速就很慢了。这是和呼吸频率有一定的关系的，上一章已经详细说过了，周身的外在表现归根到底还是要统一的，这统一的地方就是呼吸了。我们念诵小说或者散文等作品的时候，常常会碰到人物的塑造，这个人物特定的语速就成为这时候我们需要斟酌模仿的部分了。

所谓“很显功力”，是指通过一定的语言训练让自己可快可慢的范畴得到拓宽。语速的范畴在于不能慢到让句子不成为句子，成为一个一个分离的词组，快不能快到字音模糊，字音不完整。如果辨字能力不强，嘴皮子功夫跟不上，那么在作品需要很快的时候就快不起来或者妨碍交流了。

(3) 力度的强弱

很多同学在艺术语言学习的过程中还会碰到这样的烦恼，对作品把握没有什么大的障碍，自己的语感也不错，但是在最终呈现的时候，觉得自己从头到尾情感表达很单一，没有什么大的区分。这时候我们往往需要力度的帮助了。

力度简而言之，就是力量感。强烈的情绪往往都会在语言表达的过程中表现为强的力度。兴高采烈的时候，说话往往“很带劲”，这股子“劲”就是力度；而愤怒的时候生气的时候，言语中也是带有力度的。结合第一章的内容来看，我们知道了情绪的调用和呼吸的强弱密切相关，而呼吸如果强烈了，被气息推动的语言当然也强烈了。反之情绪低落，呼吸跟不上，语言的力度感弱也就很容易理解了。

在塑造人物的时候，力度往往和人物的体型体力以及个性相关。日常生活中与体力劳动关系密切的人物力度感总体要比日常运动量少的人强一些，这是身体用力的惯性造成的；而性格方面，开朗的人说话的平均力度感也要比内向的人强，这则是是否敢于或者愿意用力造成的了。

依然要指出的是，力度还是不能与其他的语言参量混为一谈。用力的时候我们不见得会大声说话，最显而易见的例子就是拦路抢劫：“把钱拿出来!”因为要对你造成一定的威慑力，一定是语言很有力度的，而因为是做坏事，不能大声声张以免被其他人发现，所以音量是小的。

力度是语言当中比较难以把握的一个参量，因为大家在日常的生活当中用多了电话、网络等等通讯工具，对于语言本身的传情达意的功能并没有太多的机会作出放大的练习，所以对于力度的分层一定要多多琢磨才能透彻地掌握。

（4）音高的高低

音高是大家都比较熟悉的一个参量了，去卡拉 ok 唱歌，有人会说，这首歌“调”太高了，我唱不上去。这其中的“调”就是音高，对于一首歌而言，就是平均音高。

也许有的同学会发出质疑，学习语言又不是学习唱歌，怎么也会涉及到音高的问题呢？事实上，人的语感还真的包括了对于音高的感受，唱歌经常跑调的同学，也许日常生活中说话就会一个调，缺少我们平常说的“抑扬顿挫”。我们在第二章中提到的普通话中的四声问题，其实就是由音高造成的，如何达到的问题我们已经作了讨论，那么知道了方法该如何去靠拢呢？那就需要我们在听辨上为四声寻找一个可以用以靠拢和模仿的标准了。这就是音高标准。

每个人的音域都是不同的，男生可能趋向于中低音，女生可能偏高。但是男生与男生、女生与女生之间也是不同的，从创作角度来说，这是好的，因为有了独一无二的嗓音，我们在语言方面就有可能作出独一无二的创造。但是每个同学是否都很了解自己的音域，或者借助声乐和语言的训练努力让自己的音域得到拓宽和加强呢？音高就好像一个个高度不同的小山头，语言创作中有了音高的变化，我们通常能够得到更为具象的描述。比方说，我们喊一个人："喂！钱包掉了！"这个人已经走出了差不多 20 米远，我们叫他时候的音高一定会比近在眼前的叫他要高。假设这个人没听到，继续往前走，走出了 100 米，我们此时再叫他，就要比刚才的音高还要高。他走得越远，我们叫喊的音高就越高。为什么呢？日常的经验告诉我们，距离之间有很多可以阻挡声波传递的障碍，要想跨越这些障碍，只能高于这些障碍而跨越他们，我们的声源——身体虽然不能跨越，但是我们的声音可以替代我们往更高的地方传递，因此我们对于远处的声音感受，往往和高的音高相关联。

生活中这种声音替代身体完成动作的情况其实很多。我们日常评价一个人"趾高气昂"，他的声音也必定是高高在上的，这样的音高把在日常生活中似乎无法拉开的此人和其他人的"距离"人为的拉开了。这样的现象很多，同学们在生活中要注意收集分析和整理。

总体而言，把握日常生活中的基本感受，拓展基本感受的类型和程度感受，是结合表述技巧进行训练的最行之有效的方法。在以往的培训课中，老师们经常发现许多同学念文章或者"有口无心"，或者"虚张声势"，难得有一部分念得有声有色，也很少是有意识的从自我的内心真实感受出发来把握作品的。这样的状况可能和大多中学语文教学直奔高考，重笔头轻口头有关。感性的认识文字、感受文字，才是学好艺术语言的扎实根基。

拿到作品后，先找寻文字需要表述的情感和自己已经具备体验的情感之间的联系，找到某种相似点，用"移情"的方法来创作作品，这种"由内而外"的方法虽然看起来难度很高，但却为艺术语言的长期学习打了一个良好的创作基础，特别是对于创作而不是复制艺术，开了个好头。

重音语段练习：

1. 如果一所学校一天一两位老师情绪不好，大概还可以对付，如果七八位、十来位老师情绪都不好，那可如何是好？再说，情绪这东西，实在是很难测量的，又有什么标准来判定情绪是不好呢？我想，难，实在是难，肯定是难。
2. 据那位家长说，其实，那次卷子只错了几道题，成绩并不是零分，当然也不是倒数第一。仅是因那位老师一时生气而随随便便说的一句话，也许是出于无心，可对孩子的伤害却是极大的，不可挽回。这种伤害，甚至会影响孩子的一生。
3. 也许这就是生活，也许这就是一个人必须面对的状态，生活总会比我们一厢情愿设计的未来要复杂艰涩得多。这个道理，在我们很年轻的时候并不会太明白，只有当我们经历了一些纷繁的世事和挫折，在及时地回望时，才会从中顿悟到这一点：我们根本没有能力让自己的路走得没有一点点波折，尽管我们总是小心翼翼地绕开一些自认为不屑一顾的俗事，一厢情愿地希望把日子过得简单一些。
4. 人不见得是慢的。其实慢的有可能是善的，如同朱光潜说的，小的才是好的。庄稼长得比草慢，鸡翅木比速生杨慢，美丽的风景、树与石头长得都慢。

第四章　诗歌朗诵

主持人应该学习朗诵技巧，因为在许多大型晚会的主持中，有大量篇幅的诗体型语句存在，故掌握诗歌朗诵是十分必要的。初学者往往只注意自己的音量是否大，或是故意拉长音调，甚至挤眉弄眼、手舞足蹈。就像一个不会吃螃蟹的人，把螃蟹放进嘴里乱嚼一气那样，这都无助于表现诗歌的内涵。要像会吃螃蟹的人那样，细细分析，慢慢品尝，你就一定会回味无穷。

一、创作要领

(1) 看清楚诗歌的表述空间

相对于散文来说，诗歌是更没有创作疆域的文体形式了，可以任由作者天马行空地写，因此我们在诗歌中往往会看到很浓重的属于诗人的个人色彩。我们创作以前要认清诗歌当中通常有两个世界，一个是属于我们共同能够认知的客观世界，比方说诗人描述一棵树一朵花，那一定就是我们也能够用肉眼所看到的一棵树一朵花。还有一个世界是诗人的想象世界，比方说诗人将这棵树说成伟岸的大丈夫，那朵花是较弱的女子，并且为他们想象了很多本属于人的情感和故事，这些就只存在于诗人的想象世界里。在念诵以前我们就应该深切地理解作者的想象世界，把他用文字描述的世界用语言再现出来。从这点来看，念诗之前了解作者的背景资料、该篇作品创作的背景资料等等，都是很必要的功课了。

(2) 整理好诗歌的全篇布局

不论是现代诗歌还是古体诗歌，处理的时候我们都要注意从平常的状态进入到高亢或者热烈中，上来就大喊一声“啊”并不能证明你对诗歌有着深刻的理解，这种状况在考场上也经常见到。这些同学为什么会有这样的表现呢？我们分析得出，他们通常认为诗歌已经浓缩了，不能再浪费时间在情感的变迁爬坡上了，就直奔主题吧。听者在一个准备被引导的位置上，是静待的，没有做好听到这么强烈的情感表达的思想准备，被这么突如其来的大叫一声，肯定只会惊吓而没法惊喜。

所以对诗歌的处理，要做好全篇的处理和布局。也就是说，先确定好全篇从哪些句子起始，在哪句转折而上，最高潮的句子是哪些，使用何等程度的强音来表述才能最符合整篇诗歌的情感基调，而后在尾声处是要留下思考，还是留下疑问。特别要多加考虑的是，由于诗歌的篇幅较小，所以这些处理都不能是占据大篇幅的，那么段落和段落之间的衔接如何才能自然顺畅，这点也要重点考虑避免生硬和生涩。

我们来看一首席慕蓉的《长城谣》

尽管城上城下征战了一部历史
尽管夺了焉支又换了焉支
多少个隘口有多少次悲欢啊
你永远是个无情的建筑
蹲踞在荒莽的山巅
冷眼看人间恩怨

为什么唱你时总不能成声
写你不能成篇
而一提起你便有烈火焚起
火中有你万里的躯体
有你千年的面容

有你的云　你的树　你的风

敕勒川　阴山下
今宵月色应如水
而黄河今夜仍然要从你身旁流过
流进我不眠的梦中

我们首先能确定通篇诗歌描述的是诗人对故乡祖国深深的乡情，何谓“不能成声”，是泣不成声，何谓“不能成篇”，是思不成篇。诗人进入到最浓烈的思乡情也要有个过程，开头的两句“尽管……尽管……”就是起始。在起始的句子里诗人作为一个旁观者来回望祖国的历史，似乎还没有动用到自己的切身情感，而到了“多少个隘口”这句，诗人就已经开始展开自己的想象了，因为那些悲欢其实无从考证，口耳相传而已，不想象是难以将这些作为画面呈现眼前的。再后来“你永远是个无情的建筑”一直到第一段结束都用对待人的视角描述了诗人眼前和心中的长城，长城已经从听说变成了亲见。一下子看到了梦中的长城，人是不可能一下子就兴奋起来的，因为期待的太久，反而被眼前的长城震慑到了。在接下来的句子中，“为什么唱你时总不能成声/写你不能成篇”则到了情感爆发的点，长久思念得以相见，那些折磨了诗人日日夜夜的乡情一下子都涌到了眼前，所以感情一下子强烈起来。“而一提起你”这两行，更让诗人进入到再度丢弃眼前视像的回忆中去，那种不可抑制的强烈的游子心情，让诗人仿佛不仅能看到长城的纵与横，还能看到长城的古与今。一直到“你的云/你的树/你的风”，这种激动才慢慢平缓，而唤起更为深沉而绵延的情感。“敕勒川/阴山下”这是诗人儿时念过的儿歌，这让诗人找到了回归母亲怀抱的感觉，而再度安静下来。只是情绪无法听从诗人的指挥，在结尾处再次有翻腾的趋势，要“流进我不眠的梦中”。

诗人席慕蓉是蒙古人，但是从小离开家乡，因此在她的诗歌当中常常充满了对故乡故土的思念。我们确定了这个大背景资料以后，就很清楚这不是单纯的在看景色叹古怀今。在这样短短的数十行诗句中，诗人凝练了差不多可以写成上千字的内容，而上千字内容所反映的内心情感被浓缩在这里，造就了强有力的表达和快速的情感爬坡。这样看来，是否能够读好诗歌，对诗歌所需要表达情感的自我内心把握是很重要的。

(3) 使用符合真实感受的语言技巧

我们在前面的章节中说到，要把我们所看到的文字形象转变为视觉形象，但是往往很多同学说，老师给分析过的材料我就能找到感觉，自己找一篇材料就很不能把握，就算自己拼拼凑凑找到了，也没法知道这样的处理是不是正确。其实在语言处理过程中，个人的真实感受是十分重要的，大家千万不要认为“是艺术语言，肯定和生活语言完全不一样”，毕竟艺术来源于生活，我们在学习语言的初期从自我的生活感受、生活体验出发去找寻创作的感觉，是绝对正确的。

我们先来看一首诗《老师的微笑》中的几个段落：

你的微笑是春天的雨
在光秃秃的岩石上
溅起一段童年的回忆

你的微笑是一缕阳光
在雪白的跑道上
托起一排排大雁的翅膀

你的微笑是数轴上的繁星
闪烁着点点星光
解析着人生成长的轨迹

这段诗有一个特点，就是充满了各种比喻，这些比喻还都属于现实生活范畴。春天的雨大家一定都看到过，那是一种细小雨滴的雨，有时候只是比雾水的水滴大那么一点，打在身上软软的，让人感觉很惬意。人们经过了一个冬天，总是盼望春天的，而春天的雨更是春天的使者，人们对于春雨是亲近的、趋近的，并且因为春雨并不磅礴，而春天代表着新一年的开端，属于新生事物，人们总带着呵护弱小的心情去迎接春雨。那么我们可以得到一些处理的关键词：亲切、呵护、惬意。亲切是两个人距离很近时候的说话感受，两个人离得很近那么音高肯定不会高，因为没有必要，我们确定了音高较低。呵护是小心地维护那么肯定不会用很大的劲所以力度也不会大，我们确定力度较小。惬意是一种放松状态，人放松的时候思维不会很集中，更不会高速运转，所以语速不会快，我们确定了速度是较慢的。整合了这三个要素，我们知道“春天的雨”是音高较低、力度较小、语速较慢的表述。大家可以用同样的方法来分析一下“一缕阳光”和“数轴上的繁星”，一定会比刚才更有感受的。

这种从具体事物中抽离出感受的分析方法具有的优势是，我们所使用的“原料”，也就是对事物的一般感受，是我们每个人在日常生活中都具备的，就算个别事物缺乏一定的认识，也能够很快地通过实实在在的现实渠道去体会一下。这样就能够确定，激发我们创作的根本是真实的生活，避免了初学者很容易走到的虚张声势却毫不动心的误区。

二、诗韵

诗歌在写作阶段就非常注重形式的美感，富有音乐性。既为“诗歌”，那就具备了歌的基础，韵律的美感是我们念诵诗歌时必须注意到的要点。现代诗特别是散文诗，已经不完全属于诗的形式，更多的兼备了其他文体的特征，因此，我们在这部分重点来探讨古体诗。

古体诗是很多同学所喜欢的，因为很多古体诗或者气势磅礴或者隽永绵长。这里要注意古体诗朗诵时候的很多技巧。

1. 咏唱

在古代，诗人并不是读诗的，而是唱诗。到了今天，虽然那种传统的吟唱方法已经不为现代观众所欣赏，但是“咏”的方法也很大程度地保留了诗歌的原味。古体诗讲究“平仄”，也就是演变为今天我们所说的四声。延长音节进行“咏”，对诗歌中的四声进行适度的夸张，比一般的日常表述更强调抑扬顿挫，浓缩的诗歌中的“韵味”就能够被准确形象地表达出来。

比如陈子昂的《登幽州台歌》：

前——不见——古——人，

后——不见——来——者。

念——天——地——之——悠——悠，

独——怆——然——而——涕——下。

这样的处理使诗人登高望远、心胸开阔、思绪翻滚的状态再现了出来，“延长音”的确是我们在念诵古诗时候可以借助的有效办法。

2. 节拍分明

诗歌既为歌，那么除了音高的部分之外，节律必然也是很重要的。我们念诵其他的文体时也会注意节拍，但是在浓缩的诗歌当中节拍就更为分明。我们最熟悉的儿歌式的《鹅》，节律明显易找：

鹅，|鹅，|鹅，

曲项|向天歌，

白毛|浮绿水，

红掌|拨清波。

节拍的定夺不要太过于轻易了，要注意到兼顾语义的表达和诗歌的整齐节拍，更要注意显现诗歌的优美韵律。提醒大家不要为了所谓的标新立异而读了破句，也就是根本上破坏了语义，这样就得不偿失了。

3. 注重韵脚

诗歌的文字特性有一项就是押韵。所谓押韵就是每行最末尾的一个字都使用了相同韵腹的韵母，以达到整篇诗歌的整齐统一。押韵是诗人用来加强节奏感的方法之一，等于每一句都敲响一个相同的节律，因此念诵的时候要强调这个押韵的字。

我们来看王昌龄的《从军行》：

秦时明月汉时关，

万里长征人未还。
但使龙城飞将在，
不教胡马度阴山。

这里“关”“还”“山”都有 *an* 韵，要念诵的明显一些，把诗歌的韵味充分地展现出来。

和其他文体的处理一样，诗歌虽然念诵过程中有很多约定俗成的规定，但是还是需要从内心感受出发，如果在备考阶段只是为了所谓的出挑而选择了一首自己根本不能彻底理解的诗歌，那么只能变成很机械的念诵，自然也不可能取得成功了。

诗歌朗诵练习：

游子秋归

又见了你，那片红高粱
扑向你的怀抱，
掘出童年寄存的梦想
没有酒，我醉了
碰倒秋的杯子
把秋风洒了满天
秋风里沁着酒香
秋天也醉了吗？

故乡的思念有田埂那么长
于是，我睡在田埂上
听着这星球的心跳
不用轻叩也知道它熟透了
黑土地端出一片火红和金黄
月亮吃成一个胖女孩的脸

啊，这是个慷慨的季节
父老乡亲们笑成了葵花
归乡的游子啊，拿什么来奉献
背囊里只有都市的尘埃
我羞愧地躲回高粱地
把一首小诗挂在高粱穗上

我有一个梦想

我有一个梦想，
那一天世界不再动荡，
没有战争、贫困和饥荒，
幸福的生活充满阳光，
和平的鲜花到处开放。

我有一个梦想，
那一天人类不再忧伤，
没有恐惧、歧视和眼泪，
欢乐的歌声响彻四方，
自由的鸟儿展翅飞翔。

我有一个梦想，
那一天天地不再凄凉，
没有破坏、掠夺和污染，
秀美的山川环保家园，
清澈的江河一片蔚蓝。

我有一个梦想，
那一天将化为美好的希望，
让我们携起手来，

迎接这一天的来临，

用我们的爱实现梦想。

乐游原

李商隐

向晚意不适，

驱车登古原。

夕阳无限好，

只是近黄昏。

除 日

王安石

爆竹声中一岁除，

春风送暖入屠苏。

千门万户曈曈日，

总把新桃换旧符。

青玉案元夕

辛弃疾

东风夜放花千树，更吹落，星如雨。宝马雕车香满路，凤萧声动，玉壶光转，一夜鱼龙舞。

娥儿雪柳黄金缕，笑语盈盈暗香去。众里寻她千百度，蓦然回首，那人却在灯火阑珊处。

第五章 寓言朗诵

主持人的语言应具有生动性、形象性，寓言是语言表达表现的基础。

寓言是我们从小就接触的一种文体样式，常常用拟人的手法描述一个故事，而后揭示一个深刻的道理，很有点借古讽今、借物讽人的意味。从通篇来考虑，我们讲这个故事都是为了最后能揭示这个道理，所以对于故事中的动物、植物等等有了人的特性的主角来说，我们要致力于刻画他们独一无二的个性。

一、刻画个性鲜明的故事主角

因为寓言要做到的是揭露寓意，而直接把寓意告诉听众肯定不能达到以理服人的效果，那么要如何让听者自己领悟这个道理而和最后结尾处的揭示相呼应呢？首先，我们要对寓言的全文有一个把握，如何让人物的基本个性一上来就鲜明显现，而需要别人慢慢体会的和寓意相关的部分个性逐渐显露，是需要设计好的。直接把要说的全部开宗明义地说了，只能是跟直接说寓意达到相同的教育作用，并不能真的让听者接受这个道理。可见“含而渐露”是寓言创作的一大特点。

我们来看这篇短小的寓言《饥饿的狐狸》：

一只小狐狸对一只老狐狸抱怨说，“真是生不逢时啊！我想得好好的计谋，不知为什么，几乎总是不成功。”

老狐狸问：“你告诉我，你是在什么时候制订你的计谋的？”

小狐狸说：“啥时候？都是肚子饿了的时候呗。”

老狐狸笑了：“对啦，问题就在这里！饥饿和周密考虑从来走不到一块。你以后制订计谋，一定要趁肚子饱饱的时候，这样就会有好的结果了。”

这里有两只狐狸，平常我们认为扮演狐狸这样的角色只要捏着鼻子说话，那么两只狐狸在一起该怎么办啊？首先我们先抓住寓意，这篇寓言的寓意并没有直接点出，而是通过老狐狸的话来告诉听者，那就是因为某个眼前的利益而制定的计划通常不能真正实现，而考虑了长远的利益才能有缜密的好点子。两只狐狸必然要有所区分，小狐狸可能年龄很小，做事情缺乏周密的考虑，属于“咋咋呼呼”的类型，说话比较夸张，虚张声势。这样的语言形象和它所说的话以及犯的错误都是很匹配的。而老狐狸因为老谋深算，通常一语双关，表情和说话的情态都比较收敛，只有这样才能不让人一眼看出内心的真实想法，这和它一语道出小狐狸犯的错误也是完全匹配的。而就两只狐狸谈话的内容来看，它们的关系是友好的，是属于朋友关系，所以小狐狸的抱怨是真实放松的，而老狐狸也诚恳地为它解答。在表现的过程中，千万不要为了所谓“刻画”狐狸的形象，忘记了它们实际上是代表了两类与它们性格相符的人，不要语调很夸张地塑造了两个没有任何个性特色的角色，反而导致了整篇文章的失败。

二、结合寓意的表达，合理分配笑声

因为寓言中的人物大多数都是动物或者植物这类本来不会说话的角色，我们并没有能够在生活中找到可以模仿或者参照的原型，此外我们也需要在一个小小的故事里集中地刻画人物的特别个性，导致很多同学认为在寓言当中“不夸张不成文”。

寓言当中很多的人物本身的使命就是受到讽刺和嘲弄，从而让人们领悟到寓意，这使得我们可以在设计人物语言和行为动作的时候设计的故事化一些，夸张一些，好让这些角色像小丑一样惹人好笑。但是，我们也必须看到，我们要达到的是幽默的效果而不是单纯的滑稽，所以要让人笑后有所思考，对于笑在何处、笑的程度和目的都要事先设计好。

我们来读这篇寓言《宙斯和绵羊》：

绵羊生性软弱，不得不忍受许多动物的欺凌。于是，它来到宙斯眼前，请求宙斯减轻它的苦难。

宙斯对绵羊说："看起来，我是把你造得太缺少自卫能力啦。这样吧，你来选择一种克服这个缺点的办法。让我在你嘴里装上可怕的獠牙，在你脚上装上尖利的爪子好不好？"

"噢，不，"绵羊回答，"我完全不想跟那些猛兽一个样子。"

"那么，就让我给你的唾液加进毒素吧？"宙斯又说。

绵羊摇摇头说："我也不愿意与毒蛇为伍，毒蛇遭人痛恨！"

"在你额头安上角，并且让你的脖子变得强劲起来。这样可以吗？"

"也不要。那一来，我很会变得像山羊一样好斗了。"

"可是，"宙斯说，"你想要保护自己不受别的动物伤害，就必须有伤害别的动物的能力呀！"

"唉，"绵羊叹了口气，说，"仁慈的上帝啊，那就让我还是老样子吧。因为我担心，有了伤害别的动物的能力，会唤起伤害别的动物的欲望。"

从此，绵羊便忘记了诉苦和抱怨。

绵羊生性懦弱，所以到最后什么也没有从宙斯那里获得，而让人觉得好笑的是，它通过对宙斯这么一说，就摆脱了原来的烦恼。可见这篇寓言讽刺的是那类总是嚷嚷抱怨却没有勇气真正解决问题的人。

每一个与宙斯对话的回合都让绵羊感到害怕，一次一次的对话都让绵羊更害怕。第一个对话回合中，绵羊充满了嫌弃的口吻，毕竟是自己来求宙斯的，拒绝时还多少带着点不好意思，带着点委屈。宙斯第二次进一步询问绵羊，对给予它的防御能力进行了范围和能力的缩小，绵羊的反应却更为激烈了，仿佛宙斯是在陷害它，这段对话当中语言较上段夸张，力度也比上段更强，表示了绵羊对这一安排更为不满的情绪。这两段对话中，按照人们的一般认识，宙斯已经答应了绵羊的要求，绵羊应该满意了，可是绵羊一次比一次更不满意，这是出乎意料的，所以两次回答的差异应该比较大，这样可以突出强调绵羊不同一般的说法，造成笑料。不要去逗弄你的观众和听众，把人物本身值得笑的地方表现出来，并且注意好安置笑声的位置，学一点中国相声“抖包袱”的本领，就自然而然可以让你的观众愉悦了。

三、用真实的人物作为虚拟的蓝本

先前说过，在寓言当中，我们通常指定动物或者植物这些本不具备人类语言的角色来做主角，我们可以在真实生活的基础上稍作夸张来达到强调的效果。但是我们也不要忘记，我们赋予人物的还是人的语言，说什么、怎么说，都要符合人运用语言的一般规律，太脱离了人的世界是不可行的。更进一步地说，行为逻辑、说话的思维逻辑等等都要符合人的世界中的一般规律。为什么？因为这是人说给人听的故事，需要传递人所能明白的信息，这就要遵循人传递信息的规律了。

我们来看这个寓言：《好心肠的熊》

熊在狐狸面前自吹自擂：“亲家，你不要以为我总是像这样面目凶狠。这一带有些人对我怀恨在心。不必装模作样，实话实说，最善良的野兽莫过于我。如果不相信你就去问问，看我到底吃不吃死人？”

“啊，亲家！”狐狸回答，“你是不是善良暂且不提，有一件事倒是值得考虑：假如你能吃死人，让活人安宁，你尽可到处炫耀自己的好名声！”

对谎话连篇的伪君子来说，这则寓言的含意算不上新鲜：他们一读就明白，却故作镇静，似乎这嘲讽跟他们毫不相干！

这篇寓言当中，熊给人的印象当然是笨重，不仅是体型的笨重，更是思维方式的笨重，对于熊来说，能想出这样一个为自己美名的主意，真的是很不容易的事情。我们可以想象一个这样笨重的人物，声音低沉，说这些话的时候心中还充满着自我欣赏的喜悦，一副义正辞严的样子。而狐狸是个聪明人形象，并且狐狸知道在这样的傻大个面前，一语点破是不可取的，会激起熊发怒，所以狐狸的说话拐了个弯，用了声东击西的方法，说了反话，以便强调自己才是好的。狐狸一方面说出自己“吃死人”是个善良行为，同时在过程中强调了“好名声”，让这只笨熊听起来好像得到了夸赞。它没有忘记强调几个关键词：“善良”、“死人”、“活人”，这几个关键词连在一起，就让人明白了狐狸真正要说的意思。狐狸说话是见风使舵的，我们可以想象它说话的过程中挤眉弄眼、时刻观察着熊的反应。那么狐狸的表现就是语调越来越高，兴奋之情越来越重，上窜下跳很活跃。这两个动物的对话在朗诵者的眼中，应该化为两个人的对话，他们具备着与动物的某些相符的特性，却更多地在表述人的语言讲人的事情。这样处理的好处在于，我们能够从我们所熟悉的生活和经验当中来寻找借鉴的根源，我们所诠释的人物不会被误解。

总体而言，寓言的讲述为我们提供了很多可以施展发挥的空间。因为故事短小并且幽默偏多，听起来也会让人感到愉快，但是即便从表演当中寻找部分灵感，也要注意寓言最终还是要用语言来呈现的，所有的动作和心理依据最终要用语言来外化，不能在台上肢体语言丰富而语言依旧贫乏。也不要认为寓言朗诵可以无边无际地“发挥”，讲述清楚这个道理就是我们要依照的准则，艺术创作中“过犹不及”，我们在朗诵的过程中也要注意保有一定的含蓄性。

课后练习：

鸭子与狐狸

提示和指导 鸭姐妹互相的对话要能够听出姐姐和妹妹不同的个性特征，而狐狸在诱骗两姐妹的过程里也不是那么过分谄媚，多少带着点假作的真诚，还有对两只鸭子口水嘀嗒难以控制的食欲。

每天大清早，鸭姐妹俩总是顺着大路摇摇摆摆地走向池塘去游泳。

“这条路真好，”鸭姐姐说，“但是我在想，我们是不是另外找一条路走走。还有许多路都能通向池塘去呢。”

“不，不，”鸭妹妹说，“我不同意，我实在不想找另一条新的路。这条路我已经走惯了，很舒服。”

一天早上，鸭姐妹看见一只狐狸坐在路边的一个篱笆上。

“早晨好，鸭小姐。你们是去池塘游泳的吧?”

“唉，对啊。我们每天都要走这条路呢!”鸭姐妹说。

“真的吗？有意思。”说着，那狐狸露出尖尖的牙齿笑了笑。

第二天，太阳升起了。鸭姐姐说：“如果我们今天还是走那条老路的话，我们一定会遇到那只狐狸的。我不喜欢看到他那副嘴脸。今天我们一定得找条新的路走。”

“你真是傻透了，”鸭妹妹笑着说，“那只狐狸看上去可像一位绅士啦，昨天他还朝我们笑呢!”

就这样，鸭姐妹俩还是沿着老路摇摇摆摆地向池塘走去。果然，那只狐狸仍旧坐在篱笆上，手里还拿着一只麻袋。

“可爱的小姐们，我正在迎候你们呢。你们没有让我白等，我真是太高兴了。”说着，他打开麻袋凶猛地扑向鸭姐妹。鸭姐妹呷、呷、呷地喊叫着，扑闪着翅膀飞也似的逃回了家，赶紧把门闩上。

第三天，为了安定一下情绪，鸭姐妹呆在家里没有出去。

第四天，她们小心谨慎地找到了一条能安然无恙地到池塘去游泳的路。

可见，有时改变一下习惯是十分有益的。

两只山羊

提示与指导 两只山羊必然是剑拔弩张，在语言中营造这个氛围很重要，不能达到这个氛围怎么会让两只山羊不顾一切地争斗起来呢？另外两只山羊要分别塑造出不同的声音，只有这样才能在听者眼前营造出一个立体而形象的具体环境来。

一只黑山羊正朝家里赶路。他走的是一条陡峭的山路。在一座狭窄的独木桥上，他遇见了一只白色的山羊。白山羊大声嚷嚷道：“喂，小老弟，两眼别往边上瞧！这地方怎能容下我们俩？你快点儿滚开，让我先过去！”

黑山羊一听这话，不高兴了，也大声呵斥道：“咩咩，你脑子没有不正常吧？我宁可在这里渴死倒下，也绝不会后退半步！”

他们就这样对峙着，各不相让，然后就打起架来，四只羊角互相撞击，互相推搡，互相格斗。尽管在这狭窄的桥面，大家都觉得很危险，犄角相撞也很疼痛，可是谁也不肯退让半步。

空中太阳高照，炎热难熬；桥下河水流淌，波浪滔滔。可怜两只山羊一起坠落下去，沉入了深深的河底。

跳蚤和绵羊

提示与指导 跳蚤身形轻巧灵活，行动敏捷，语言肯定也是这样快速短促的，当它高呼“妙极了”的时候，我们可以想象它在毯子上又蹦又跳。而跳蚤对于羊皮的向往也要描绘得生动些，这驱使了它无论如何都要把羊皮占为己有的愿望。小小的跳蚤要爬到羊毛根部是费尽了全身的力气的，要注意从跳蚤的角度去诠释。

一只跳蚤生活在狗身上。一天，它嗅到了羊毛的鲜膻味。

“这是什么？”跳蚤问自己。

它姿势优美地一跳，那小小的身躯就离开了狗。这时，它发现，原来狗躺在羊皮上睡觉哩。

“妙极了，妙极了！这张皮才是我需要的！”伶俐的跳蚤说，“它又厚实，又柔软，特别是比狗身上安全多了。在这里不必担心狗爪子搔痒，也不必怕那个没有教养的汪汪叫的家伙用牙齿咬。绵羊皮真使我感到十分甜蜜。”

跳蚤是这样开心，也没有更多地想一想，就钻进它将来的卧室——厚厚的羊毛里了。

突然，在跳蚤的小脑袋瓜里产生一种感觉：在厚厚的羊毛里，毛是那么密，爬到毛根上很不容易。

“我应当有些耐心。”跳蚤安慰着自己。

它试了一次又一次，分开一根羊毛又一根羊毛，连时间也没有计算，渐渐地开出一条通路，最后才来到毛根。

“我到达目的地了，胜利了！”跳蚤高兴地叫道。

是啊，是啊！跳蚤真利索！不过，绵羊绒是那么细，又那么厚，闷得跳蚤连气都喘不过来了，就别再提如何享受羊毛的膻味了！

跳蚤精疲力竭，汗流浃背，垂头丧气。它想回到狗身上，可是，狗已经跑了。

可怜的跳蚤！为自己的过错感到难过，痛哭了好几天，最后饿死在厚厚的羊皮上。

在下决心之前，需要对事物深入研究。如果像跳蚤那样，后悔就晚了。

第六章 散文朗读

主持人语言学习中的字音问题在“朗读”中是个重要问题，即使是语音系统没有什么问题的人也不能掉以轻心，要知道，字音错误时常会在不经意中发生。

下面，我们通过一些散文片段的朗读，练习字音。为了使这些短文相对完整，我们不分难易，一统点评如下。

在船上，为了看日出，我特地起个大早。那时天还没有亮，周围是很寂静的，只有机器房的声音。

天空变成了浅蓝色，很浅很浅的；转眼间天边出现了一道红霞，慢慢儿扩大了它的范围，加强了它的光亮。我知道太阳要从那天际升起来了，便目不转睛地望着那里。

果然，过了一会儿，在那里就出现了太阳的一小半，红是红得很，却没有光亮。这太阳像负着什么重担似的，慢慢儿，一步一步地，努力向上面升起来，到了最后，终于冲破了云霞，完全跳出了海面，那颜色真红得可爱。一刹那间，这深红的东西，忽然发出夺目的光亮，射得人眼睛发痛，同时附近的云也添了光彩。

“在船上”不是“在床上”。

“起个大早”不是“娶个大嫂”。

“寂静”、“声音”、“太阳”，与其他词有些不同，要求把第二个字念得比前一个字低一点。

“慢慢儿”，第二个“慢”是儿化的，但不能念第四声了，要念第一声。因为 AA 式的形容词往往第二个字儿化，并且时常会音变为第一声。

“升起来了”、“望着那里”、“升起来”，都是动词后头跟着趋向词、时态词，要求把动词后头的字都念轻声。

“似”在这里念 shì，而不是 sì。“似”在喻体之后的念 shì，这里的喻体是“负着什么重担”；“似”在喻体之前的念 sì，比如“好似花一样”，“花”是喻体。或者简单地记忆：后头跟“的”的念 shì，不跟“的”的念 sì。

“刹”念 chà，不能念 shā！

一阵台风袭过，一只孤单的小鸟无家可归，落到被卷到洋里的木板上，乘流而下，姗姗而来，近了，近了！……

“乘”念 chéng，不能念 chèng。

真好！朋友送我一对珍珠鸟。放在一个简易的竹条编成的笼子里，笼内还有一卷干草，那是小鸟儿舒适又温暖的巢。

有人说，这是一种怕人的鸟。

我把它挂在窗前。那儿还有一大盆异常茂盛的法国吊兰。我便用吊兰长长的、串生着小绿叶的垂蔓蒙盖在鸟笼上，它们就像躲进深幽的丛林一样安全；从中传出笛儿般又细又亮的叫声，就格外轻松自在了。

阳光从窗外射入，透过这里，吊兰那些无数指甲状的小叶，一半成了黑影，一半被照透，如同碧玉，斑斑驳驳，生意葱茏。小鸟的影子就在这中间隐约闪动，看不完整，有时连笼子也看不出，却见它们可爱的鲜红小嘴儿从绿叶中伸出来。

我很少扒开叶蔓瞧它们，它们便渐渐敢伸出小脑袋瞅瞅我。我们就这样一点点熟悉了。

三个月后，那一团愈发繁茂的绿蔓里边，发出一种尖细又娇嫩的鸟叫。我猜到，是它们有了雏儿。我呢？决不掀开叶片往里看，连添食加水时也不睁大好奇的眼去惊动它们。过不多久，忽然有一个更小的脑袋从叶间探出来。哟，雏儿！正是这小家伙！

有些带“儿”的词是要儿化的，有些带“儿”的词却不能儿化，只是为了修辞或节奏的需要。要分清楚，要儿化的一定要“化”进去，“儿”不能游离在外；不能儿化的，“儿”要念轻声。

“小鸟儿”、“那儿”、“小嘴儿”、“雏儿”都是要儿化的。

“笛儿”不能儿化。但“儿”是轻声。

有些词虽然后头没有写“儿”，但在口语里通常是儿化的：“小绿叶”、“蔓”、“一半”、“黑影”、“里边”、“鸟”、“叶片”、“添食”、“小家伙”。其中“影”的儿化发音要注意，儿化的同时要保留后鼻音，不能发得像“乙儿”。还有，“叶”在儿化时含有 e 的音素，不能像“燕儿”，也不能像“意儿”。

“自在”、“指甲”、“伸出来”、“瞅瞅我”、“里边”、“惊动它们”、“小家伙”都是轻声词语。“伸出来”的“出来”两个字都要念轻声，因为是跟在动词后头的趋向词。“惊动它们”的“它们”要念轻声，因为是人称代词作宾语。“瞅瞅我”的“我”也是人称代词作宾语，所以也要念轻声。“瞅瞅”本身也是轻声词。“小家伙”的“伙”是轻声。

发轻声时要发出轻声的色彩，就要有“符点感”和“堵塞感”。比如“瞅瞅”，第一个字要尽可能长，第二个字要很短很短，并且使第二个字有一种堵塞的感觉。

“生意”是前低后高（**后重格式**）的，如果相反了，那就是买卖的意思了。“熟悉”是前高后低（**前重格式**）的。

“指甲”的“指”是第三声，不要念第一声。

“中间”有两个正确念法，不要互相混淆：“间”不儿化时念第一声；要是儿化的话，只能念第四声，不能又儿化又念第一声。

“蔓”在这里都是名词，是藤蔓的意思，所以只能念 wàn。只有在表示形容词义时，“蔓”才念 màn，比如“蔓延”。顺便说一下，它还有个特殊用法，很少见：蔬菜芜菁的另一名字叫蔓菁，这里的“蔓”念 mán。

> 盼望着，盼望着，东风来了，春天的脚步近了。
>
> 一切都像刚睡醒的样子，欣欣然张开了眼。山朗润起来了，水涨起来了，太阳的脸红起来了。
>
> 小草偷偷地从土里钻出来，嫩嫩的，绿绿的。园子里，田野里，瞧去，一大片一大片满是的。坐着，躺着，打两个滚，踢几脚球，赛几趟跑，捉几回迷藏。风轻悄悄的，草软绵绵的。

3个“起来了”和1个“出来”都是轻声。因为它们都是跟在动词或形容词后头的趋向词和语气词。

“欣欣”念得高一点，“然”念得低一点。

“捉迷藏”是后重格式的，所以“迷”念得低一点，“藏”念得高一点，不要把“迷藏”念成轻声。

“轻”、“软”念得高一点，“悄悄”、“绵绵”念得低一点。“悄”、“绵”在这里念第一声。ABB式的形容词都是前重格式的，而且后两个字大都变调念第一声。

“小草”和“打滚”在口语里通常是儿化的。“偷偷”也应该是儿化的。

> “吹面不寒杨柳风”，不错的，像母亲的手抚摸着你。风里带来些新翻的泥土的气息，混着青草味儿，还有各种花的香，都在微微湿润的空气里酝酿。鸟儿将巢安在繁花绿叶当中，高兴起来了，呼朋引伴地卖弄清脆的喉咙，唱出宛转的曲子，跟轻风流水应和着。牛背上牧童的短笛，这时候也成天嘹亮地响着。
>
> 雨是最寻常的，一下就是三两天。可别恼。看，像牛毛，像花针，像细丝，密密地斜织着，人家屋顶上全笼着一层薄烟。树叶儿却绿得发亮，小草儿也青得逼你的眼。傍晚时候，上灯了，一点点黄晕的光，烘托出一片安静而和平的夜。在乡下，小路上，石桥边，有撑起伞慢慢走

着的人，地里还有工作的农民，披着蓑戴着笠。他们的房屋，稀稀疏疏的，在雨里静默着。

"抚"是第三声，不要念成第二声了。第二声的是"扶"。

"和"在这里是第四声，不能念第二声。"应和"是前重格式的，不能把"和"念得比"应"高。

"笼"在这里是动词，要念第三声。名词的"笼"才念第二声。

"鸟儿"不是儿化词。"儿"是轻声的。

"时候"是轻声词。

"一点点"在这里不是"少"的意思，而是连成一片的意思，所以"点"不能念成儿化。

"稀稀疏疏"是前重格式的，第一个"稀"要念得高。第二个"稀"要念轻声。AABB式的形容词通常都会这样的。这类形容词的后头两个字还往往音变为第一声，比如"马马虎虎"的"虎虎"。

年少的时候，我们差不多都在为别人而活，为苦口婆心的父母活，为循循善诱的师长活，为许多观念、许多传统的约束力而活。年岁逐增，渐渐挣脱外在的限制与束缚，开始懂得为自己活，照自己的方式做一些自己喜欢的事，不在乎别人的批评意见，不在乎别人的诋毁流言，只在乎那一分随心所欲的舒坦自然。偶尔，也能够纵容自己放浪一下，并且有一种恶作剧的窃喜。

……

就让生命顺其自然，水到渠成吧，犹如窗前的乌桕，自生自落之间，自有一分圆融丰满的喜悦。春雨轻轻落着，没有诗，没有酒，有的只是一分相知相属的自在自得。

"束"是翘舌的，不要念成平舌的。

"束缚"两个字都是第四声。

"一分"的"分"是第四声，同"份"。

“乌桕”wūjiù，不是乌柏，看清字。

“属”在这里念 zhǔ，不是 shǔ。

晚饭过后，火烧云上来了。霞光照得小孩子的脸红红的。大白狗变成了红的了，红公鸡变成金的了，黑母鸡变成紫檀色的了。喂猪的老头儿在墙根靠着，笑盈盈地看着他的两头小白猪变成小金猪了。他刚想说：“你们也变了……”旁边走来一个乘凉的人，对他说：“您老人家必要高寿，您老是金胡子了。”

“墙根”以儿化为好。

“笑盈盈”是前重格式的，并且后两个字音变为第一声。

“老人家”，不仅“家”是轻声，“人”也是轻声。

这地方的火烧云变化极多，一会儿红彤彤的，一会儿金灿灿的，一会儿半紫半黄，一会儿半灰半百合色。葡萄灰，梨黄，茄子紫，这些颜色天空都有，还有些说也说不出来、见也没见过的颜色。

“红彤彤”、“金灿灿”都是前重格式的，但是“彤彤”音变成第一声了，“灿灿”却不音变，仍然第四声。

大雪整整下了一夜。今天早晨，天放晴了，太阳出来了。推开门一看，嗬！好大的雪啊！山川、河流、树木、房屋，全都罩上了一层厚厚的雪，万里江山，变成了粉妆玉砌的世界。落光了叶子的柳树上挂满了毛茸茸亮晶晶的银条儿；而那些冬夏常青的松树和柏树上，则挂满了蓬松松沉甸甸的雪球儿。一阵风吹来，树枝轻轻地摇晃，美丽的银条儿和雪球儿簌簌地落下来，玉屑似的雪末儿随风飘扬，映着清晨的阳光，显出一道道五光十色的彩虹。

“啊”是要随前一个字的尾音 ê 发生音变的，所以这里念 ya。句末、句中的语气词，不管作者写的是什么样的语气字，都要按“啊变”的规律念音变后的读音。语气词都是轻声的。

"毛茸茸"、"亮晶晶"、"蓬松松"、"沉甸甸"都是前重格式的，后两个字不管原来是第几声，这里都念第一声。

"似"后面有"的"，所以念翘舌音。

它由一个大基座和三个拱顶组成，占地逾 18 万平方米。远远望去，既像一簇洁白的贝壳，又像一队扬帆的航船。

"逾"是第二声，不是第四声。

他对初评出来的 10 个方案都不满意，便又仔细地审阅了被淘汰的 213 个方案，从中挑选出 38 岁的丹麦建筑师耶尔恩·乌特松设计的方案。

"213"不能念 èrbǎishísān，要念成 èrbǎiyīshísān。

去的尽管去了，来的尽管来着；去来的中间，又怎样地匆匆呢？早上我起来的时候，小屋里射进两三方斜斜的太阳。太阳它有脚啊他轻轻悄悄地挪移了；我也茫茫然跟着旋转。

"中间"可以儿化也可以不儿化，不儿化时念第一声，儿化时念第四声。

"时候"是轻声词。

"啊"在这里随"脚"的尾音念 wa。

"轻轻悄悄"是前重格式的，第一个"轻"要念得高。第二个"轻"要念轻声。

"茫茫然"是前重格式的。大概除了"大自然"、"自然界"的"然"会重读外，"……然"都是前重的。

"旋转"，"转"在这里是第三声，不是第四声。

过去的日子如轻烟，被微风吹散了，如薄雾，被初阳蒸融了；我留着些什么痕迹呢？我何曾留着像游丝样的痕迹呢？我赤裸裸来到这世界，转眼间也将赤裸裸的回去吧？但不能平的，为什么偏白白走这一遭啊？

“什么”，“什”是第二声，不是第三声。
“赤裸裸”是前重格式的。但“裸”不用音变成第一声。
“啊”随“脚”的尾音念 wa。

瞧，那只穿着好看袜子的小腿已经抬了起来，踩在了人行道的边沿上，但孩子还没有下定决心登上第二只脚，有那么一会儿他就那么站着：一只脚在人行道上，而另一只脚还在原处没动。

“小腿”，儿化为好。
“一会儿”，“会”是第四声，不是第三声。

太阳在白天放射光明，月亮在夜晚投洒青辉，——它们是相反的；你能不能告诉我：太阳和月亮，究竟谁是谁非？

“月亮”是轻声词，“太阳”是前重格式词。
“谁是谁非”有书面语色彩，“谁”念 shuí。“谁”在口语里念 shéi。

正在澡盆里的师父眼看弟子倒掉剩水，不禁语重心长地说：“世界上的任何东西，不管是大是小，是多是少，是贵是贱，都各有各的用处，不要随便就浪费了。你刚才随手倒掉的剩水，不就可以用来浇灌花草树木吗？这样水得其用，花草树木也眉开眼笑，一举两得，又何乐而不为呢？”

弟子受师父这么一指点，从此便心有所悟，取法号为“滴水和尚”。

万物皆有所用，不管你看上去多么卑微像棵草，渺小得像滴水，但都有它们自身存在的价值。

“师父”是轻声词。

“禁”在这里念第一声，不要念第四声甚至第三声了。“禁”表示忍受时念第一声，比如“忍俊不禁”；只有在表示制止的时候才念第四声，比如“有禁则止”。

“这么”，可以念成 zhè me，但在口语里常常是说 zè me 的。

“看上去”，“上去”是轻声的。

“多么”，“多”是第一声，不要念成第二声。

江南有位书生，他父亲在国子监里当助教，他也随父亲住在京城。有一天，他偶然路过寿字大街，见有一间书肆，便走了进去。书肆里有一个少年书生，挑中了一部《吕氏春秋》，点数铜钱交钱时，不小心，一个铜钱掉在地上，轱辘到一边去了，少年并没有发觉。江南书生看见了，暗中把钱踩在脚下，没有做声。等买书少年走后，他俯下身子把铜钱拾了起来，装入自己衣袋中。他以为自己做得巧妙，没人看见。其实旁边坐着的一位老者，早就看见了，老者忽地起来，问他姓啥名什。书生办了昧心事，只得如实说出自己的姓名。老者听罢，冷笑一声走了。

后来这个书生读书倒也刻苦，进了誊录馆，接着拜求选举，被授予江苏常熟县县尉职务。他春风得意，整理行装赴任途中，投递名片去拜见上司。这时候，汤公任江苏巡抚，一见递上来的名片，就传话说不见。书生多次求见，一次也见不到汤公的面儿。巡捕传达汤公的话说：“你的名字已经被写到弹劾书上了！”书生一听愣了，便问：“下官因何事被弹劾？”巡捕传话说：“只一字——贪。”书生考虑，一定是弄错了，于是急切要求面见巡抚大人陈述理由。

巡捕进去禀报后，汤公还是不见，仍让巡捕出来传话说：“你不记得前几个月在书肆中发生的事了吧。当秀才时，就把一个小钱儿看得像命一样，如今侥幸当了地方官，手中有了权柄，能不托箱探囊，拼命搜刮，做头戴乌纱的窃贼吗？你赶紧解职回去吧。”

这时书生才明白，以前在书肆中询问姓名，讥笑他的老者，就是今天的巡抚大人。

“书生”是前重格式的。

“轱辘”是轻声词，“轱”是第一声，不是第二声。

“拾了起来”的后 3 个字和“递上来”的后两个字都是轻声。

“姓啥名什”，“什”shén。

“上司”、“时候”、“名字”、“记得”、“秀才”都是轻声词。

“只一字”，“一”在这里变调为第二声。“一”在作基数词（**不是“第一”义的序数词**）时，都要跟着它后头的那个字的声调发生音变：在第一、二、三声字前念第四声，在第四声前念第二声。

“地方”在这里是后重格式的，不能念轻声，只有当它表示区域、部分时才念轻声，比如“螺丝掉什么地方了”、“这话有的地方对有的地方错”。而这里是表示行政区划的，不能念轻声。

离开家乡已经六年了，在梦里也想念那条小河。我在那里长大，在那里经历风雨，小河知道童年的我所经历的一切。

小时候，我喜欢站在小河边看哥哥、姐姐在河里游泳，他们一会儿游入水底，在水中捉迷藏，一会儿浮出水面，泼水打仗。我好羡慕他们啊。一次，我见他们向远处游去，幼小的我带着好奇走入水中，恍惚在梦境中一般。幸好母亲发觉我不在岸上，又见水中直泛水泡，不会游泳的母亲费了许多力气将我从死神手中拉了回来。

“已经”、“那里”、“知道”、“时候”、“他们”都是轻声词。

“梦里”、“河里”、“岸上”，“里”、“上”在这里都念轻声，因为是方位词。

“捉迷藏”是后重格式的，“羡慕”是前重格式的。

“啊”随“们”的尾音变读为 na。

“拉了回来”，“拉”后头的时态助词“了”、趋向动词“回来”都念轻声。

黎明时分，张望着东方白茫茫的云雾中，一轮血色的太阳，从多少耸立着的高楼背后冉冉升起，觉得它离自己好近啊，还猜测着纵横交错排列成一长串队伍的高楼里，也应该有数不清的人们，同样都热情澎湃地欢呼它艳丽的光焰。比起在大平原上、浩瀚的海边，或峰峦的顶巅观望日出，心中竟有着完全不同的感受，那儿是寂寞的、孤独的、忧郁的，这儿却是热闹的、昂扬的、欢快的。

站在高楼里面，眺望左右前后的高楼，比起在马路上翘首仰视，要从容镇静和悠闲自在得多。那方方正正伸向空中的大厦，真像古代庄严的城堡，而在它旁边矗立着的多少高楼，却像挺拔的峭岩、圆圆的宝塔、漂亮的戏台，或者是启碇远航的轮船。

"时分"不念 shífēn，而念 shífèn。它是前重格式的。

"白茫茫"，"茫"念第一声或第二声都可以，但都应该念成前重格式的。

"血色"，"血"在这里念 xuè，而不是 xiě。"血"在组词或书面语时念 xuè，在单用或口语时才念 xiě。"血债要用血来还"，"血债"是词，要念 xuè，"血"是单用，所以念 xiě。在毛泽东的古词"残阳如血"里，因为是书面语所以念 xuè。"血色"在这里是组词了，而不是单用。

"觉得"、"热闹"、"自在"是轻声词。

"啊"随"近"的尾音变读为 na。

"澎湃"念 péngpài，而不是 péngbài。

"那儿"、"这儿"要儿化。

"翘首"的"翘"念 qiáo，而不是 qiào。"翘"在组词时念 qiáo，单用时才念 qiào。

"从容"念 cóngróng，而不是 cōngróng。

当我们重登凉亭时，远处的蝙蝠山已在夜色下化为剪影，好像就要展翅扑来。拒马河趁人们看不清它的容貌时豁开了嗓门韵味十足地唱呢！偶有不安分的小鱼儿和青蛙蹦跳成声，像是为了强化这夜曲的节奏。此时，只觉世间唯有水声和我，就连偶尔从远处赶来歇脚的晚风，也悄无声息。

"蝙蝠" biānfú，不是 piánfú。

"豁" huō，不是 huò。

"嗓门" 要儿化。

"小鱼儿" 是儿化词。

"偶尔" 的 "尔" 是第三声，不是第二声。

"悄无声息" 的 "悄" 是第三声，不是第一声。"悄" 只有在 "悄悄" 中才念第一声。

设若单单是有阳光，那也算不了出奇。请闭上眼睛想：一个老城，有山有水，全在天底下晒着阳光，暖和安适地睡着，只等春风来把它们唤醒，这是不是理想的境界？小山整把济南围了个圈儿，只有北边缺着点口儿。这一圈小山在冬天特别可爱，好像是把济南放在一个小摇篮里，它们安静不动地低声地说："你们放心吧，这儿准保暖和。"真的，济南的人们在冬天是面上含笑的。他们一看那些小山，心中便觉得有了着落，有了依靠。他们由天上看到山上，便不知不觉地想起：明天也许就是春天了吧？这样的温暖，今天夜里山草也许就绿起来了吧？就是这点幻想不能一时实现，他们也并不着急，因为这样慈善的冬天，干什么还希望别的呢！

最妙的是下点小雪呀。看吧，山上的矮松越发的青黑，树尖上顶着一髻儿白花，好像日本看护妇。山尖全白了，给蓝天镶上一道银边。山坡上，有的地方雪厚点，有的地方草色还露着；这样，一道儿白，一道儿暗黄，给山们穿上一件带水纹的花衣；看着看着，这件花衣好像被风儿吹动，叫你希望看见一点更美的山的肌肤。等到快日落的时候，微黄的阳光斜射在山腰上，那点薄雪好像忽然害羞，微微露出点粉色。就是下小雪吧，济南是受不住大雪的，那些小山太秀气。

"眼睛"、"暖和"、"地方"、"时候"、"秀气" 都是轻声词。其中 "暖和" 的 "和" 因为轻声音变，音素的改变特别大：huo。

"圈儿"、"口儿"、"这儿"、"下点"、"树尖"、"一髻儿"、"山尖"、"银边”、“厚点”、“道儿”、“水纹”、“一点”、“那点”、“露出点”都是儿化词语。但是，“风儿”却因为修辞的需要而不儿化，“儿”独立成音节，念轻声。

“着落”和“着急”的“着”读音不一样：zhuóluò，zháojí。“着落”是前重格式的，“着急”是后重格式的。

“看护”是守护的意思，“看”念 kān。“看”在表示只用眼睛时才念 kàn。

“露着”和“露出点”的“露”都是单用的，念 lòu。“露”在组词时才念 lù，比如“裸露”。

“薄雪”意思是“薄的雪”，“薄”是单用的，念 báo。它在组词时念 bó，比如“厚今薄古”。

练习朗读时一定要勤查字典，不要自以为是，不要想当然。朗读的字音是以《异读词审音表》和 2002 年 5 月修订的第 3 版《现代汉语词典》为标准的。如果《现代汉语词典》的读音出现与《异读词审音表》有不一致的情况，那么要以后者为准。

字音问题除了勤查字典外，还可以多听老师的示范。

字音问题上还想谈及的是关于译音人名、地名的读法。人名、地名的译音都要按汉字读音来念，不能念成像译制片里的洋腔洋调。有些人不习惯按汉字读音来念，但是要想想，洋腔洋调算是哪国的语言呢？洋腔洋调的“耶尔恩·乌特松”暂且算是英语，那么，“纽约”你为什么就念“纽约”了，而不念成“NewYork”？那么，“阿沛·阿旺晋美”你得用藏语才对呀？有的人甚至把中国人的名字——丽娜——都念成洋腔洋调的，那就更没有道理了。译制片用洋腔洋调，是为了营造异国风情，也是为了让观众进入一种异国氛围，不出戏。

关于字音问题就谈这些了。下头该谈谈语调偏误问题了。

语调偏误，简单地说就是方言所导致的一种错误语调。

如果你把语调全升地念：

没有一片绿叶↑没有一缕炊烟↑没有一粒泥土↑没有一丝花香↑只有水的世界↑云的海洋↑

这是全升的方言语调。

如果把语调全降地念：

> 没有一片绿叶↓没有一缕炊烟↓没有一粒泥土↓没有一丝花香↓只有水的世界↓云的海洋↓

这是全降的方言语调。男的较容易念成这种语调。

全升、全降的语调都是错误的。全升的语调在两广、港台等地区广泛存在着。

正确的普通话语调应该随着表意的需要，有时升有时降。通常说来，意思没完大都升调，意思完了，大都降调：

> 读小学的时候→我的外祖母↑过世了↓外祖母生前↑最疼爱我↓我无法排除自己的忧伤↑每天在学校的操场上↑一圈又一圈地跑着↓跑得累倒在地上↑扑在草坪上痛哭↓

朗读最基本的任务是正确地表情达意，这里有两个要素，一个是正确地停连，另一个就是找到正确的意义重音：

> 俗话说，“瑞雪兆丰年”。这个话有充分的科学根据，并不是一句迷信的成语。

很多人把后一句的重音放在“成语”上，这就不对了。它不是要说明这句话是成语还是俗语等等，而是要说明这句话不是迷信的，所以重音应该放在“迷信”上。

> 燕子去了，有再来的时候；杨柳枯了，有再青的时候；桃花谢了，有再开的时候。但是，聪明的，你告诉我，我们的日子为什么一去不复返呢？

很多人没有去强调“日子”，但这里“日子”是非常重要的。作者要表达的意思是：什么都可以再生，为什么日子不能呢？可见强调“日子”是非常重要的。

在闽西南苍苍茫茫的崇山峻岭之中，点缀着数以千计的圆形土楼，充满神奇的山寨气息。这就是被誉为“世界民居奇葩”、世上独一无二的神话般的山区建筑模式的客家人民居。

这一段后一句的定语里有4个并列重音：

这就是被誉为“世界民居奇葩”、世上独一无二的神话般的山区建筑模式的客家人民居。

还有些人，朗读时有一种不是表情达意的怪腔怪调（所谓的“朗读腔”），听着哪儿都是重音，使重音异化。这样朗读，让人听了不知所云。

“语调偏误”中还有一个问题要引起大家注意的。有一些轻声问题，看起来是字音问题（语音问题），但是它们和语调密切相关。

比如方位语素。

起先，这小家伙只在笼子四周活动，随后就在屋里飞来飞去，一会儿落在柜顶上，一会儿神气十足地站在书架上，啄着书背上那些大文豪的名字；一会儿把灯绳撞得来回摇动，跟着逃到画框上去了。只要大鸟儿在笼里生气地叫一声，它立即飞回笼里去。

如果把加点字都重读，听着就有南方味。

再比如语气词“啊、吧、吗、呢”。

我们试试看，如果下面这些句子里的语气词不念轻声，那是一种什么样的语调。

1. 我呢？决不掀开叶片往里看

2. 就让生命顺其自然，水到渠成吧

3. 你们那么爱吃花生，就开辟出来种花生吧

4. 你们爱吃花生吗

5. 好大的雪啊（ya）

6. 我们的日子为什么一去不复返呢

7. 现在又到了哪里呢

8. 来去的中间，又怎样地匆匆呢

9. 太阳他有脚啊（wa）

10. 在千门万户的世界里的我能做些什么呢

11. 除徘徊外，又剩些什么呢

12. 我留着些什么痕迹呢？我何曾留着像游丝样的痕迹呢

13. 我赤裸裸来到这世界，转眼间也将赤裸裸地回去吧？但不能平的，为什么偏白白走这一遭啊（wa）

14. 你刚才随手倒掉的剩水，不就可以用来灌浇花草树木吗

15. 一举两得，又何乐而不为呢

16. 你不记得前几个月在书肆中发生的事了吧

17. 能不托箱探囊，拼命搜刮，作头戴乌纱的窃贼吗

18. 你赶紧解职回去吧

19. 我好羡慕他们哪

20. 你是出来散步的吧

21. 完工后就送给你吧

22. 喜欢渥太华吗

23. 难道你看不出我是这里的下士吗

24. 什么是永远不会回来呢

25. 屋前顺山势辟出了一片空地，算是院落吧

26. 拒马河趁人们看不清它的容貌时豁开了嗓门韵味十足地唱呢

27. 你们放心吧，这儿准保暖和

28. 明天也许就是春天了吧

29. 干什么还希望别的呢

30. 最妙的是下点小雪呀

31. 就是下小雪吧，济南是受不住大雪的

这种语调听着就不像是普通话，像方言区的人说话。

动词后的趋向词不念轻声也会带有方言语调：

我知道太阳要从那天际升起来了

它的光线却仍从云里透射下来

太阳出来了

山朗润起来了，水涨起来了，太阳的脸红起来了

挤开那些绿叶钻进去

鲜红小嘴儿从绿叶中伸出来

决不飞出去

（这里的“了”是语气助词，也该念轻声。）

人称代词作宾语时也要注意：

水手撵它它不走，抓它，它乖乖地落在掌心

我很少扒开叶蔓瞧它们，它们便渐渐敢伸出小脑袋瞅瞅我

在方言语调问题上，还要注意词语的“轻重格式”。

普通话里两个字以上的词除了要注意声韵调外，还要注意轻重格式。这是很重要的。比如，后头念得重的“电话”不能念成前头重，前头念得重的“艺术”不能念成后头重。普通话词有的是后头重，有的是前头重。

那怎么掌握它呢？后重的有哪些？前重的有哪些？目前还很难总结出整齐的规律来，轻重格式的主要依据只能是语言生活实际（**这也是任何语言规律的根本依据**）。这只能慢慢积累，养成语感。但是可以这样说，普通话词绝大多数都是后重的，什么“普通话”、“主持人”、“电视”、“朗读”。前重的是少数，我们可以“记少不记多”，多记住一些前重的词，那么剩下的就是后重的了。

轻声词自然是前重的了。我们要记住的是那些不是轻声的前重词。比如

“艺术”、“效率”、“毛茸茸”、“气氛”、“将军（军衔）”。这里轻重格式的轻读，与轻声在念法上还是有区别的。轻声字念得非常短促，尾音有堵塞感；轻声词语还有鲜明的“符点感”，像音乐节拍里的符点音符。轻读却用不着这样。轻声字已经失去它原有的声调了，而轻读字的声调一般还依稀可辨，只是它的调低了。念词语好像唱歌，要定一个调。前一个字还在 D 调上，到轻读字却降到 C 调了。

在这样不多的一些前重词里，有极少数念成前重格式和念成后重格式会有词义区别的。对这样一些词语就要格外注意。比如“将军”，念成前重——将军——那是“将级军官”的意思，念成后重——将军——那是下棋，把对方的老帅置于死地了。再举个例子：“忙活”。念成前重格式——忙活——那是应该先干的紧急的活儿，“这是忙活，应该先干。”念成后重格式——忙活——忙于干活儿，“我正忙活呢，你别打扰！”当然，这个词除了前重和后重两种格式之外，还有轻声读法——“我忙活了一早上。”忙碌的意思，这里顺便提一下。

请大家在生活里多积累。也可以多跟着规范性好的有声作品模仿，慢慢儿养成语感。

朗读中的语调偏误是个比较复杂的问题，这里挑比较重要的问题给大家作了些介绍。

朗读中更大的问题是停连、断句不当。

首先是卡壳问题。大家要多花功夫，把每篇短文读熟，这样就不会卡壳了。所谓读熟，就是没有语音错误了，没有添字、漏字了，没有拗口卡壳的地方了，这就算读熟了。

解决卡壳问题，还有一个小技巧大家可以运用的，这就是“快看慢读”。很多人自觉或是不自觉地已经有了这个好习惯。“在船上，为了看日出，我特地起个大早。”当念到“船”的时候，眼睛应该看到下一句了；当念到“日”的时候，眼睛应该看到再下一句了；当念到“个”的时候，眼睛又看到再下一句。有的人可能提前得更早一些。总之“看”要超前。如果念在哪个字上，眼睛停在哪个字上，甚至语流停顿在哪里眼睛也停顿在哪里，那没有不卡壳的。这是一个很重要的习惯，大家可以练一下。

停连、断句的另一个问题是破句。有些人认为，有标点符号的地方就要停顿，没有标点的地方就不停顿，甚至说按标点符号的级别高低安排停顿的长短。这种认识是片面的，不正确的。标点符号是书面文字停顿的标记，而有声语言里停顿的标记是语气。这两者之间有些联系，但它们是两个概念，毕竟不是一回事。比如口语里说“桌子上放着苹果香蕉梨什么的”，在书面上肯定会有两个顿号——“桌子上放着苹果、香蕉、梨什么的”，那么，如果口语说成“桌子上放着苹果——香蕉——梨什么的”，那就恐怕不像是生活里正常的人说话了。有声语言里的停顿究竟应该以什么为依据呢？依据应该是语意关系的疏密程度。我们举些例子来说明。（**应该说每句话都存在着语意关系的疏密问题，我们这里为了说明问题，只能举些例子。**）

这谜语比课本上的“日历挂在墙壁，一天撕去一页，使我心里着急”和“一寸光阴一寸金，寸金难买寸光阴”还让我感到可怕。

这个“比”管到什么地方？不是管到“课本上的”，而是管到“寸金难买寸光阴”。这个“比”应该“比”课本上的两样东西：“日历挂在墙壁，一天撕去一页，使我心里着急”以及“一寸光阴一寸金，寸金难买寸光阴”。那么，这个结构内部的语意关系是很密切的，语气应该很连贯，停顿应该很少。在“比”的前面和“寸金难买寸光阴”的后面可以有大一点的停顿。但是，这还不是一个完整的意思，它还仅仅是句子中的一部分。所以，它和整个句子有着第二个层次上的语意关系。它与句子的关系是密切的，但比起它内部的关系来说要疏松些。那么我们该这样来念它：

这谜语▼▼▼比▼▼课本上的▼日历挂在墙壁▼一天撕去一页▼使我心里着急↑▼和▼一寸光阴一寸金▼寸金难买寸光阴↑▼▼▼还让我感到可怕↓

为什么在“寸金难买寸光阴”后面要把语气扬得很高呢？因为在这儿意思还没完。在意思没完时要停顿的话，可以把语气扬起来，让人感到后头还有话。这又是一个朗读上的小技巧：意思没完可以停顿，但一定要使语调上扬。同样，意思完了，语调一定要下降。语调扬着，即使停得稍长些也不会让人认为破句。

如果机械地按标点符号停顿，那么就会使人听不清意思，感到支离破碎：

这谜语比课本上的↓——日历挂在墙壁↓——一天撕去一页↓——使我心里着急↓——和↓——一寸光阴一寸金↓——寸金难买寸光阴↓——还让我感到可怕↓

不妨再举两个例子：

常把“下辈子再也不做女人”这句话挂在口头。

“常把”什么？“常把‘下辈子再也不做女人’”还是“常把‘下辈子再也不做女人’这句话”？应该是“常把‘下辈子再也不做女人’这句话”。那么应该这样念：

常把↑下辈子再也不做女人这句话↑挂在口头↓

再举个例子：

甚至连男人可以在夏天穿短裤、背心、理短发都羡慕得要死。

有两个顿号的这句该怎么处理？“穿”只管“短裤、背心”，并不管“理短发”。应该念成：

甚至↑▼▼连男人可以在夏天▼穿短裤背心▼理短发↑▼▼都羡慕得要死↓

下面这段话里，大家能把语意关系的层次理清楚吗？

这个由一百多个国营、民营基金会，两百多家大公司及五十多万会员相助支持的民营机构，收藏了数十万件价值连城的物品……

这句话是说“这个民营机构收藏了物品”。它在“民营机构”和“物品”前都有定语，“民营机构”前的定语比较复杂。这个比较复杂的定语是由1个结构完成的：“由……相助支持的”。由3个方面相助支持的：1. 国营、民营基金会；2. 两百多家大公司；3. 五十多万会员。

这样把语意关系的层次理清楚了，就能处理停连了：

这个↑▼▼由一百多个国营、民营基金会↑▼两百多家大公司↑▼及五十多万会员↑▼▼相助支持的↑▼▼民营机构↑▼▼▼收藏了↑▼▼数十万件↑▼价值连城的↑▼物品↓

毛泽东主席先后三次观看了他们父子的演出并挥毫作诗《七律——和郭沫若同志》，留下了“金猴奋起千钧棒，玉宇澄清万里埃”的千古绝唱。

这“绝唱”是“作诗”留下的，不是“观看演出”留下的。那么，这里的停连应该这样处理：

毛泽东主席↑▼先后三次观看了他们父子的演出↓▼▼▼并挥毫作诗↑▼《七律——和郭沫若同志》↓▼▼留下了↑▼▼“金猴奋起千钧棒↑▼玉宇澄清万里埃”的↑▼▼千古绝唱↓

破句问题是每句话都可能存在的，大家应该看语意关系的疏密程度来处理。

如果你养成了“快看慢读”的习惯那就要好多了。你可以提前知道下一句与你正在念的这一句之间的关系，从而你就可以决定正在念的这一句结尾时应该念升调还是念降调，与下一句之间的停顿是长些还是短些。当然，还有一个办法那就是多模仿规范性好的有声作品。

朗读中还有一个小问题是语速问题。如果你稍微快点，或稍微慢点，并不影响表情达意，那是允许的。比如，对同一作品，有的人处理稍偏沧桑，有的人处理稍偏热情，这都是可以的。但是那种脱离朗读轨道，念字式地拖沓，或者跌跌撞撞地赶，都是破坏朗读的表情达意原则的。

经常有人问朗读时要不要感情。这个问题要这样来看：所谓“感情”就是表达思想，这是朗读任何东西的推动力。我们赞成带上点“感情”，这有利于停连、断句，有利于语调语速，甚至有利于语音音色饱满。

再强调一下，一篇作品怎样才算准备好了呢？应该是没有语音错误了，没有卡壳了，停连和语调都是正确的了，基调、感情也就把握对了。

第七章　戏剧影视人物独白、单白

学主持的为什么要学习朗诵戏剧影视人物独白、单白呢？这个问题很简单，戏剧中有矛盾冲突、人物关系，戏剧表演讲规定情境和交流，台词训练中有语言形象、动作性、音乐性、潜台词、中心台词等元素。学生在训练中会从古今中外各种模拟的情境中体验到什么是正确的语感，什么是沟通与交流，怎样运用想象，在假设中真实地表达情感，使学生们学会在内在感受与外部技巧之间架起有效的桥梁，成为表达与沟通的能手与强手。

剧本朗诵和其他文体朗诵不同，它是一种戏剧文体。其中戏剧人物的台词来自于剧本主题赋予角色的语言任务，无论谁朗诵戏剧人物，台词都不是他（她）自已、而是剧中人物，是在演别人。所以，此类朗诵的难度远远大于其他文体，不过不用担心，只要了解和掌握一些较为具体的方法，对于朗诵戏剧人物的台词片断就会有所帮助。

一、熟读剧本、熟悉剧情、熟识人物

希望你在朗诵剧本人物台词前，先把剧本故事情节的来龙去脉搞清楚，进而把剧本中的事件与人物关系搞清楚，以确定表演的这个人物在剧中的地位和作用，并帮助你熟悉这个人物的一切。当然，如果有些剧本是根据小说改编的，那么熟悉一下原著更会给你的创作带来益处。

每个初学者应该懂得，从文字中去了解剧中人物以形成艺术印象，是艺术创造由简单走向复杂的初级阶段。依靠文字展开想象对于一个朗诵者来说是很重要的。有些同学并不理解熟读剧本和了解事件背景的重要性，他们往往会拿起某段台词就背诵，根本不了解剧中人在故事发展中的思想感情、行为逻辑，对事件的态度、意图，甚至连剧中人长什么样都不知道，这样所表现出来的东西肯定会与作者的创作意图大相径庭，甚至背道而驰。有经验的艺术家认为剧本要反反复复地读，只有那样才能找出对创造有价值的东西来。有些朗诵爱好者可能有这样的体会，在进行人物朗诵创造时，一开始很顺利，可是到了半途，无论怎样都进行不下去了，因为他们找不到人物形象和语言感觉，但当他们再次熟读一遍剧本后，就会惊讶地发现其中的真谛。

比如《哈姆雷特》当中有这样一段台词：

……一大群官僚虫正在举行会议来对付他，那蛆是会餐的皇帝，我们往往喜欢用蛆去钓鱼，然后再去吃那吃了蛆的鱼，我们喂畜生是为了喂自己，喂完自己然后去喂蛆……胖国王和瘦要饭的只是味道不同，可是两道菜都上一个席，就是那么回事……你经过走廊的时候就会闻到他的……

单独看这段台词时，任何人都不可能弄懂那是什么意思，但你只要了解了整个剧情后，你就会知道，原来是哈姆雷特误杀了大臣勃鲁涅兹之后，遇到了新国王（他的叔叔）问起大臣在哪里时，才说出这番冷嘲热讽的话来。

二、建立人物形象

朗诵者应从剧本的字里行间找到那些有助于想象的文字依据，在脑海中形成较为清晰的人物形象，它不只是一个简单的外形轮廓，那是一种和你面对面的活动的立体影像，你要做好以下的具体工作，为塑造好人物做好准备：

1. 人物性格特征：

人物性格特征是指人在行为方式上所表现出来的心理特点。人有各种性格，通常我们在形容别人的性格时会说，“此人是内相的，那人是外相的”，就是这个意思，并由此推断此人是属于大胆好动，还是胆小怕事，是热情兴奋还是深沉安静，是敏感浪漫还是麻木呆滞，是粗犷勇猛还是细腻娇弱。朗诵戏剧人物台词时，应该更细致地分析人物的心理活动、思维方式、情感、世界观等。

2. 人物生理特征：

年龄、体质、体型、体态、体魄、体重、体味、体病都属于生理特征。更细致地分析到脸型、发型、眉型、须型、嘴型、习惯表情等，还不能忘了性征属相，这一点也和性格有关。

3. 文化教养，地位身份

学历、学科、学习环境、爱好、偏嗜、职业、职务、职称、职责、社会阶层、社会公认程度。

4. 语言习惯：

何种语言环境、语言的个人特征、语病、口头语。

5. 事件、历史影响：

一生中有无重大事件发生，对其人生的影响程度。

以上诸条并不是互不关联的，它们应该是一个整体，换言之，人物的人格信息应当综合地分析，这种细化的做法只是为了更具体、更清晰地读解人物而已。

举例：如《基督山伯爵》在法庭上的独白：

……法官先生！陪审团的先生们！我是证人基督山伯爵。我起誓，我说的全是事实，绝无谎言。我首先要强调一点，被告贝内迪托刺死了卡德鲁斯完全是出于自卫……检察官先生，请您不要笑，等我讲完以后你就不会笑了。我作为证人是要向你们提供情况，对被告人的陈述提供证据！不过我先要讲一下死者的情况。我和死者卡德鲁斯很熟，在一次旅行中，曾在他开的小客店里住了一夜，我绝不会忘记，他是怎样接待我的。那天夜里他要把我杀死，他想谋财害命！当然我不是要讲死者的坏话。因为死者曾经是警察局和法院的得力助手！比如：在很久以前他就曾使一个拿破仑党的叛乱分子遭到逮捕、受到扣押，以至于想把那个人置于死地。卡德鲁斯跟您很熟，检察官先生，想一想吧！在您的记忆里搜索一下吧！多亏了他您才能签发那道关押的命令，签发那个反正的死亡证！回忆一下吧，回忆一下依富堡死牢、回忆一下爱得蒙·当泰斯……您受惊了，看来您没有忘记……法官先生，请您不要急，我当然要讲具体事实，不过先介绍一下卡德鲁斯的为人还是很有必要的。自从离开那个小店以后，我发誓非要找到卡德鲁斯不可！因为要杀死你的人，你是不会忘记的。就在一个月前我找到卡德鲁斯，而且从他那儿了解到年轻的贝内迪托是什么样身份的人，检察官先生您刚才说贝内迪托从小就犯罪，是的，他从小就犯罪，可这不能怪他。先生们！一个被遗弃的孩子，饱受了饥寒……检察官先生，请您不要急于打断我的话，我知道，不能借口苦难饶恕那些犯罪的人。可更不能饶恕那些制造苦难的人！此时此地我指的就是贝内迪托的父亲！他父亲有名有姓，又在场，就在我们中间，而且非常傲慢……法官先生，我能证明贝内迪托的父亲是谁。我找到了当时的证人，一个是给他接生的医生，另一个是他出生客店的女店主，他出生在1812年12月14日半夜，他的父亲抛弃了他，一个捡垃圾的人在雪地里找到了他并把他抚养大，他们随时都能出庭作证！不过我看还是让他自己来说吧。让他拿出点勇气来吧。……我想他父亲不会不认识戴在贝内迪托手上的戒指吧，这是一个向女人表示爱情的信物……检察官先生，就是你！亨利·德·维也福。这个看着你的孩子就是你的儿子，过去你认为给了他生命是你的耻辱，刚才你还要置他于死命，现在，你还敢要求判处他死刑么？你还想再埋葬他一次吗？不管你愿意不愿意，在他的面前你不仅不配做一个检察官，而且还是一个遗弃杀害亲生儿子的真正罪人！……

这段独白的综合信息是这样的：1.17世纪，法国，基督山伯爵的原名叫爱得蒙·当泰斯，这位年轻的船长因受人陷害蒙冤入狱，因而失去了青春、人生自由和心爱的人，17年的地牢生涯，使他充满绝望……复仇的愤怒心理的底层是对心爱的人梅塞蒂斯的爱，这种爱一直支撑着他熬过了17年的光阴，他回来复仇，就是为了证明他的爱是永恒的、纯洁的、神圣的。2. 当他变成基督山伯爵重返故地时，已经人到中年，并学会了用种种方式包装自己，已是一个成熟老练的人。3. 他的伯爵头衔虽然是买来的，但在不明真相的上流社会人看来，他的身份依然是个谜。4. 英俊而冷酷的外表以及充满神秘感的言行举止，吸引了许多人的目光，尤其是上流社会女人的关注。5. 由于年龄、阅历和身材的关系，使他的嗓音充满着魅力。这是他总体的精神面貌。

所以，我们不能用阳光男孩的嗓音或者是中性男孩的柔美嗓音来塑造基督山伯爵的形象。这是一种非常特殊的形象，由于巨大的改变，连剧中人爱得蒙·当泰斯自己都不认识自己了，剧情的尾声证明了这一点；梅塞蒂斯要求他留下时，他自己都说："走的是基督山伯爵，再回来的才是爱得蒙·当泰斯。"

如果你在揣摩人物的过程中，没法找到具体的形象时，你还可以借助观察现实生活中类似的人或是影视资料等方法来完成。

三、感受与体验

简而言之，就是找到人物感觉，这个问题几乎所有从事表演艺术的人都会遇到，包括斯坦尼斯拉夫斯基在内的戏剧家们一再谆谆教导过我们，必须把剧情的假定变为你认为的真实，因为剧本提供的人物台词对于朗诵者来说，都是非真实的，必须信其有，信其真，让你的感觉和戏剧人物的感觉重叠、融合在一起，才能更好地表现人物的语言。但是，做到这一点确实很难的，它所考验的是一种想象的拓展能力，谁的想象力拓展的疆界越宽越广，谁就能获得艺术创造的丰富资源，当然，缺乏合理性的空想是无济于事的。

对于表演戏剧人物来说，应学会用语言意图来考究人物的心理活动，语言意图是语言动作性的基点，它反映出表演者对剧情、主题、人物的认识及态度，人作为社会的一分子，在其社会交往中都是以主观的眼光来看待客观存在的，人又是以言语作为主观的认定来进行语言交流的，人的内心意愿是通过语言意图来表现的。诸如：请求、询问、告知、允诺、命令、警告、愤恨、劝说、鼓励、欺骗、引导、奉承等等，有意图就有态度，无论哪一种态度都会通过语言真实地表现出来，如果朗诵者理解了这一点，就应学会怎样找出人物台词中每句话的意思来。

把意图具象化并延伸想象动作、神态、表情，这也是找到人物感觉的一种方法。我们还是用《基督山伯爵》这一段台词来进行分析：肮脏的政治和充满着邪恶的社会以及利欲熏心、心怀鬼胎的小人，把一个原本正直善良、高尚的人（爱得蒙·当泰斯）沦为囚徒，当这一切发生时，只有用被邪恶社会残害过的人的复仇火焰，才能把社会邪恶烧成灰烬，这就是作者的原意。所以，朗诵时要把握好这个基调，然后再去找到丰富人物基调的其他素材。17 年死牢的灵与肉的感觉，使他呈现出冷酷的面容和烙铁一样的眼神。蔑视上流社会的嘴角与开合交替的肢体语言。深沉的喉音和坚定的语调，刀剑般铿锵的语态和马车轮子滚过大街时的语势，如此富有攻击性的言语而又极其利落地在嘴边滚动，就像一个经验老到的斗牛士把蛮牛玩弄于腰胯之下……然而这并不是决斗场，他也并不想用武器来复仇，而是用揭露仇人的隐私和鲜为人知的黑幕来完成的。在法庭上语言成了他真正的武器。

如：《基督山伯爵》在法庭上的独白：基督山伯爵一走进法庭便放慢脚步、环视四周，以确立他的存在、其他人的存在、法庭的存在，这就是规定情境。

……法官先生！陪审团的先生们！（朗读这段词时要有对象感，这就是交流。）我是证人基督山伯爵。（伯爵两个字前是小停顿以证明他身份地位的重要性，这就是停连与重音。）我起誓，我说的全是事实，绝无谎言。（这些都是套话无需做特殊处理，虽然是冷静理智的开场白却是冷却了的钢铁表面，内心仍是烈火熊熊，然后话锋一转）我首先要强调一点，被告贝内迪托刺死了卡德鲁斯完全是出于自卫……（这是基督山伯爵在法庭上第一次以证人的身份把案情的真相告知于人。接着他在听到检察官的笑声以后缓慢的转过头来用鄙视的目光看了他一眼，冷冷地说）检察官先生，请您不要笑，等我讲完以后您就不会笑了。（这是第一次试探性的攻击，应当掌握好语调和力度不可太重，只是掸掸灰而已，然后变换语调用稍快的节奏说出）我作为证人是要向你们提供情况，对被告人的陈述提供证据！（突然放慢节奏说出引人注意的话题）不过我先要讲一下死者的情况。我和死者卡德鲁斯很熟，在一次旅行中，曾在他开的小客店里住了一夜，我绝不会忘记，他是怎样接待我的。那天夜里他要把我杀死，他想谋财害命！**（他用回忆的方式描述了他跟卡德鲁斯的这段小插曲，是为了说下面的话）**当然我不是要讲死者的坏话。因为死者曾经是警察局和法院的得力助手！**（得力助手四个字是基督山伯爵斟字酌句说的，潜台词是"鹰犬爪牙"。他在法庭上不想说得那么难听，接下来的台词令人震惊，）**比如：在很久以前他就曾使一个拿破仑党的叛乱分子遭到逮捕、受到扣押，以至于想把那个人置于死地。卡德鲁斯跟您很熟，检察官先生，想一想吧！在您的记忆里搜索一下吧！多亏了他您才能签发那道关押的命令，签发那个反正的死亡证！回忆一下吧，回忆一下依富堡死牢、回忆一下爱得蒙·当泰斯……您受惊了，看来您没有忘记……**（显然这是一些如惊雷如闪电的言语，让检察官振聋发聩，连法官都被他的话吸引，急于想知道真相）**法官先生，请您不要急，我当然要讲具体事实，不过先介绍一下卡德鲁斯的为人还是很有必要的。自从离开那个小店以后，我发誓非要找到卡德鲁斯不可！因为要杀死你的人，你是不会忘记的。就在一个月前我找到卡德鲁斯，而且从他那儿了解到年轻的贝内迪托是什么样身份的人，**（这段台词显然已经快接近核心问题了，可他停顿了，故意放慢进攻的节奏改为旁敲侧击，借以戏弄检察官并用煽动的语言让听众听得更明白）**检察官先生您刚才说贝内迪托从小就犯罪，是的，他从小就犯罪，可这不能怪他。先生们！一个被遗弃的孩子，饱受了饥寒……**（检察官预感到了威胁急于打断他的话，伯爵还是不急于揭底，用铿锵的语调说出了剧中的中心台词）**检察官先生，请您不要急于打断我的话，我知道，不能借口苦难饶恕那些犯罪的人。可更不能饶恕那些制造苦难的人！此时此地我指的就是贝内迪托的父亲！他父亲有名有姓，又在场，就在我们中间，而且非常傲慢……**（他又一次接近了核心问题，但他又停住了，以下的陈词语调变得非常利落）**法官先生，我能证明贝内迪托的父亲是谁。我找到了当时的证人，一个是给他接生的医生，另一个是他出生客店的女店主，他出生在 1812 年 12 月 14 日半夜，他的父亲抛弃了他，一个捡垃圾的人在雪地里找到了他并把他抚养大，他们随时都能出庭作证！**（这一次他又停住了，又放慢了进攻的节**

奏）不过我看还是让他自己来说吧。让他拿出点勇气来吧。……（**这次他把进攻的势头推进到最后的防线以外仅咫尺之遥**）我想他父亲不会不认识戴在贝内迪托手上的戒指吧，这是一个向女人表示爱情的信物……（**这次攻击由于离得太近、太狠、太突然使检察官恼怒了，伯爵抓住时机不容其喘息，以排山倒海之势给了检察官致命的最后一击**）检察官先生，你不必发怒，我会住口的。可我先要大喊一声。这孩子的父亲就是你，检察官先生，就是你！亨利·德·维也福。这个看着你的孩子就是你的儿子，过去你认为给了他生命是你的耻辱，刚才你还要置他于死命，现在，你还敢要求判处他死刑么？你还想再埋葬他一次吗？不管你愿意不愿意，在他的面前你不仅不配做一个检察官，而且还是一个遗弃杀害亲生儿子的真正罪人！……

整个朗诵的过程就像是一场戏牛、斗牛、杀牛的表演，充满了刺激和魅力。由此基督山伯爵也掀开了自己的神秘面纱。

四、交流与规定情境

每一个人都是社会的个体、个体与个体之间通过交流形成社会关系。人只有在人们中间才能成为人，人只有在人们中间才能认识自己，交流是很重要的，社会生活中人们的交流是有对象的，彼此之间对应才能完成物质和精神的相互传递，人的语言交流过程是一种思想情感的对应与冲突的过程。在实际生活中这种对应与冲突是真实的，而戏剧人物台词朗诵表演的交流是非真实的，演员必须替代角色在规定情境中去看、去听、去说、去做。这些是创造角色的重要元素。事实表明，人都有想象力，想象力丰富的人又具有假设定位的能力，人物朗诵表演就是要看朗诵者是否具备这种能力，有经验的表演者会在任何一个空间里找到假设的对象与其产生交流，而没有经验的人却很难适应，遇到这种情况我们在课堂教学中会找一个真实的人放在你的面前，先让你用手去触摸他（她），和他说话，然后让他（她）走开，你根据短暂回忆来感觉这个在一秒钟前曾经占据过这个空间的真实的人，再进行你的交流想象，最后你就会慢慢适应过来。

在朗诵人物独白的时候，除了有与想象中的人物交流外，还要与观众交流，与自己交流。

比如：《复活》卡秋莎单白：

您说什么？要跟我结婚？哈哈……什么，什么？您要不跟我结婚就对不起上帝？……上帝！公爵先生！我又从您的嘴里听到上帝了，可那是多么残忍、吃人的上帝啊！我倒是记起那天晚上的事了，您要听吗？

《基督山伯爵（二）》贝内迪托单白：

请原谅我，审判长阁下，我看您是采用了普通的审问程序，用那种程序，我将无法遵从。——我要求——而且不久就可以证明我的要求是正当的——开一个例外。我恳求您允许我在回答问题的时候遵从一种不同的程序，但所有的问题我都愿意回答。我 21 岁，说的更确切些，再过几天就满 21 岁了，因为我是在 1812 年 12 月 14 日在巴黎附近的阿都尔生的。最初我是一个伪币制造者，然后变成一个贼，最后我成为一个暗杀犯。在座的诸位，请不必惊奇，我并不是卡凡尔康德王子，仅仅是一个孤儿。你们似乎对我的姓名很感兴趣，可是我不能把我的姓名告诉你们，因为我的父母遗弃了我，我根本就没有姓名。但是我知道我父亲的姓名，可现在不能告诉你们，我需要先解释一下，为什么我是个孤儿。

以戏剧人物的身份在舞台上表演都存在着规定情境，它是指围绕剧情的发展和人物命运有关联的时空、社会背景、事件等，你应该像穿越时光隧道、亲临当时的现场那样去行动，去完成你的思考、感受、体验。

五、外部动作

在戏剧人物独白中所表现的是人物的语言意图（既内心活动）是一种情感活动。如果你已经明确了人物的语言意图，但又不能够把它表现出来时，你可以借助气息的感觉和外部动作来刺激自己，如语言意图很明确是“愤怒”

时，你可以握紧拳头、绷紧牙关肌肉，将气息收至腹腔深处，找一下感觉，把你要说的话说一遍，再将剧中人物的语言说一遍，再进行修正。

毕竟朗诵是有声语言的艺术，要把能量释放出来，气息、声音的运动是最关键的，气息是内心积聚的情感的突破口，是连接外部形体动作和内在心理动作的关键，心理情感活动首先会影响到我们的生理，引起我们心律和气息的变化。呼吸的快慢轻重不但可以直接传递出内心的情感，而且还决定了语言和声音的情绪色彩，一位朗诵爱好者这样形容自己："在我的脑海中确立了人物形象后我加深了、加强了我的呼吸，立刻感到了自己心潮起伏，全身的血液流得更快了，情绪开始激动起来，同时感到要说话的不仅是我的嘴、我的眼、我的手、我的全身都要说……情感的节奏、画面的节奏、语言的节奏、形体的节奏最终在生理的呼吸节奏中得到了统一。"

视觉感官的运用，也是人物台词独白朗诵时，利用动作来帮助情感刺激的方法，眼睛是用来看客观事物，但它也会带来人的主观感受，而通过某些实例你会发现眼睛的转动变化会带来不同的内心感觉，通常这在下意识的动作中不被人注意，但只要你留意，就会有发现其奇妙之处。

我们在进行人物台词朗诵时，不可忽略有声语言和体释语言的结合运用，因为人表达思想感情一般都是通过有声语言和体释语言两种方式并举进行的。如：当你说"我爱你"时，那是一种爱情的流露，然而一个眼神也可以表达同样的意思，甚至有时眼神还有"此时无声胜有声"的意境，虽然沉没不语，但内心情感的能量并没有停止释放：欲言又止时的呼吸状态、倾听对方说话时的耳部动作，心情紧张时的喉头动作、手部动作等。体释语言不仅是表达上生理的需要，也是视觉上审美的需要，而且它可以先于语言创造情境。恰到好处地体释语言也是表演节奏的具体化。但是，体释语言绝不可以乱用，而一定要符合人物的内心依据，要注意表演的条件和环境，要注意与作品的基调一致。

体释语言是语言表达的一种特殊方式。人的整个身体均可透露出内在的语言，而且这种无声的传达方式，往往比嗓音语言来得更为真切而直接。通常当我们在倾听对方说话而深有所感时，往往会很自然地双手叉于胸前。

手的动作是语言的必要配合。在人的身体的各个部位中，手是活动最为灵便的一个部分，人的手势种类繁多、含义丰富，是身体语言当之无愧的主角。

手势语言是通过手和手指活动所传递的信息。摊开双手，表示真诚坦直；用手支头，表示不耐烦；用手托摸下巴，表示老练、机智；不自觉地用手摸脸、摸鼻子、擦眼睛，是说谎的反映。

目光语言是指通过眼神的变化来传递某种信息的体语。是人体传递信息最有效的器官。人的喜、怒、哀、乐等深层心理情感都会从眼神的微妙变化中反映出来，而且能表达最细微最精妙的差异。

六、语言的动作性和音乐性

在朗诵人物独白时，语言的动作性与音乐性相结合，对语言的表现张力是有帮助的。

有一点要明白，语言的动作性，并不是指在说动词的时候要特别强调，也不是指说话一定要有动作，而是指语言意图。

语言意图就是语言的动作性，即使在一个人的手脚都没产生动作时，它都是存在的。这种特性在广播剧中尤为明显。我们所要强调的语言的动作性，可以用物化的想象来体现。语言的物化是与主观设计相联系的，用声音塑造人物时，需要找到合适的喻体，让语言可以被形象感知。比如，常有人形容某人说话像“刀”一样，像“机关枪”一样，有人说话像“涓涓流水”一样，像“春风”一样温暖人心，这个人说话像“夜鼠磨牙”，这人说话像“蝉鸣”一样令人讨厌，这就是听者对言者语言动作物化感知的反馈。攻击性语言的表现可以把它想象成武器，武器中又可分冷兵器和热兵器，更具体可把冷兵器分为明器、暗器、刀、枪、剑、棍、戟、针、箭、绳、鞭、镖等，（非攻击性语势的描述正好相反）。语言的物化是与修辞手段紧密相连的，语言的物化也体现在动作的语言上，表现为语言的力度。一个人的言行举止会表明一个人的内在品质，遇到人物标志性的动作时，我们就要大胆想象、小心表现。比如贝内迪托和基督山伯爵的动作就是两种完全不同的动作系列，基督山伯爵的动作是高雅的、处乱不惊的，处理他的语言动作就应该稍慢些，充满力度；贝内迪托开始时则是玩世不恭的，处理时就用稍快的、调侃的方式。语言的音乐性指的也是言语在表达中力度与速度的变化而产生的对比，它通过音量、音色、节奏而表现出来，比如轻与响、大与小、高与低、急与缓、长与短、快与慢。请记住，生活中人说话的语调和节奏变化都是有规律的，它们都受制于人的情绪变化和行为方式的变化，如一个人由于愤怒而情绪冲动向对方发动言行攻击时，他的语调是高亢的，节奏是偏快的。某人因爱情而陶醉时，他的语调可能会委婉温柔，甚至有些微微颤抖，节奏会纷乱。某人因失败而垂头丧气时，他的语调可能会低缓而粗重，节奏会变得混乱。某人因情感受到挫折、长期不能自拔时，他的语调会微弱而喃喃自语，节奏变得迟滞，重权者音量会扩大，善用心计的人语速会较慢，尖酸刻薄者嗓音会怪异，心境平和且又热爱生活的人嗓音会有美感，当然，所有这一切呈现都和人的气息有关，因为它是形成嗓音形态的动力。一个人的嗓音形态能够较完整地体现出他（她）的人格面貌，如：长期疲惫不堪或生活不规律时，会使嗓音粗糙。长期心情压抑会使嗓音变暗。爱吃甜食的人会使音频偏高，长期患胃病的人，嗓音会发虚，等等，这些都是人物台词朗诵所应该研究的问题。

七、细节

对作品的驾驭还可以体现在宏观和微观两个方面，宏观是指为受众着想合理安排情节发展与节奏起伏；微观则体现在对具体细节的关照上。

细节是缔造作品血肉的最主要元素，细节的串联才构成了情节的步步推进。在各类艺术形式中，细节可以直接击中人们的软肋，与人们的某一种情愫相契合。比如美术作品中《蒙娜丽莎》神秘的微笑是细节；戏曲中，水袖轻轻的一抖也是细节；语言艺术同样如此，一声叹气、一句调侃都可以成为细节，甚至成为点睛之笔，起到意想不到的效果。我们这里所说的细节主要是指剧本中细节描写的处理，并不包括语气元素的形体配合。细节在语言表现中的作用主要有三点：①细节可以为人物语言提供心理依据。我们说“通过一件小事看清一个人”，也就是说细节可以透露出一个人的本质。通过细节完全可以表现出任务的生理特征、性别特征、心理特征，这比靠一大堆语言形容出来要高明得多。所以我们必须在作品中仔细寻找可以表现人物内心、支撑表达方式的“蛛丝马迹”。比如《巴斯妇的自由》中的独白，其中有一句

“我一把抢过书来撕了三张”，就表明了巴斯妇放荡、口无遮拦而又傻得可爱的性格特点。②细节可以表明事件的因果。有了细节的层层递进，事件的发展才是脉络清晰的，抓住细节也就等于抓住了线索。比如《基督山伯爵》，爱得蒙的证词中有很多话是富有深意的：“自卫”、“得力助手”、“关押的命令”、“依富堡死牢”……强调好了这些词，听众就明白爱得蒙的王牌一张张打出来，明白检察官先生已经被逼到了无处可逃的角落。③细节可以充分表达感情。比如《蠢货》中的“小胖子”，一个称谓就可以完全体现出主人公此时此刻的心理状况，集中体现着波波娃对丈夫爱恨交织的复杂情感；再比如《人证》中的“草帽和诗集”已经不再是普普通通的物什了，而是辛酸岁月和深沉母爱的结合体，但八衫恭子又不得不亲手毁掉这可能威胁自己家庭与前途的爱的证据。所以，当“他来了，还拿着那本诗集和那顶草帽”时，那种“动摇”的心情就物化为了这两件小小的东西，这句话的处理也就不应该索然无味了。作品中的细节应该是再现式的，也就是说，作者在创作过程中已经安排好了这些细节，我们只需要发现它、表现它。发现，实际上就是在脑中对细节进行想象的过程。表现则是需要精心设计的，只要符合情理、符合美感，都是可以的。

八、语感与语调

在第三节，我们讲了“用语言意图来考究人物的心理活动”，也说明了“语言意图是语言动作性的基点”，“人的内心意愿是通过语言意图来表现的”，其实，都是围绕语感问题在做文章。然而，有时候感觉是无法形容的，特别是某一事物出现在大脑中时，那是影像或是直觉，不是文字，不是思维，是什么呢——？很难描绘清楚，语感也是如此。人在说话时不仅有思维显现，更多的是感觉显现，识字的人往往凭着文字格式来说话，但在生活中不是只识字的人才会说话的，如果那样的话文盲就会变成语盲，那些不识字的人就是靠着语感来说话的，根据这点，我们希望朗诵者要说人话，而不是读文字，不要根据文字的规律去处理戏剧人物语言。语调的变化是建立人物语言感觉的外在形式，它的内核还是语感，不同的语调来自不同的语感。如何用变化的语调来处理人物独白，举一个例子：

《王子复仇记（一）》哈姆雷特

啊！但愿这太、太结实的肉体溶了，结了化成一片露水。但愿神明并没有规定严禁自杀的戒律。上帝啊！上帝啊！我觉得人世间这一套是那么的无聊、乏味、无一是处，真可耻啊！可耻！这是个荒废的花园一天天的零落，一些个杂草把他全部给占据了。居然有这样的事情，才死了两个月，不！还不到两个月，这样好的一位国王，比起这个简直有天壤之别。对我母亲又那样的恩爱，甚至于怕风吹疼了她的脸蛋儿，天哪！一定要我记住吗，过去她跟他寸步不离，仿佛时间越长越有滋味儿。然而不到一个月，我简直不敢想，脆弱啊，你的名字是女人！才一个月，她给我父亲送葬的时候，哭得像个泪人儿一样，那时候穿的鞋子还一点儿没有旧，她呀，居然会……啊！上帝啊！连无知的畜生都会哀痛得长久一点儿的，跟我叔父结婚了。我这位叔父可不像我父亲，毫无相似之处，还不到一个月，她结婚了。真是快得可耻，就这样轻巧地钻进了乱伦的寝被。这不是好事，也不会有什么好结果，碎了吧，我的心，因为我有口难开。

这段台词朗诵的语调处理有四种：一种是充满哲理的语句，这类语句的处理可以是较随意、没有任何情绪的、独立的语调，就像学生读文章一样，因为有可能这些句子是哈姆雷特从书里看来的，随口说出而已。另一种是充满情感的语句，这类语句可处理成富有现象感的抒情描绘或形容，极富有表情和诗意以及情感状态。最后一种是思维状态的外在形式的语调，表现为思考、思虑、思索、眼睛无神地看着某处。还有一种是三种交织在一起的语调。

三种语声状态的产生都是由想象画面的回忆、闪动的念头和哲理的思考所组成的，这一切也就自然而然地带动出表演状态，当然那是一种超然与自然，客观与主观，虚幻与脆弱融汇在一起的感觉，只有哈姆雷特这样的“精神上的儿童”才会有。

九、人物语言的中心台词、重音、潜台词的意义

中心台词是整篇独白中最突出的部分，是重中之重，它虽然出自于剧中

人物之口，却也反映出剧作家本人的创作主旨，它是戏剧创作的动机，也可以说是作家的心声，这种心声来自于长期的内心活动，当它的能量积聚到了无法抑制的时候，就会像火山一样喷发出来，所以没有中心台词，就没有剧本，如小仲马《茶花女》中玛格丽特的独白：“……阿尔玛有权力爱我，却没有权力娶我……！”大仲马《基督山伯爵》：“……我知道不能因为苦难饶恕那些犯罪的人，可更不能饶恕那些制造苦难的人！”《哈姆雷特》：“……脆弱啊，你的名字是女人……”

虽然，这些台词一听上去就能感觉到它们的内心的张力，但剧中人说的这些话和整个台词的前后语句在感觉上有些跳跃，在关系上也有些不连贯，而那是合理的，也是在名著中经常出现的情况。我们该怎么处理呢？要将这些语句放在十分显要的位置上，要“拔高”处理。在重音处理上可视朗诵者对作品的理解进行，有关重音在前面的章节中已经阐述过，但在这里必须强调的是，重音是指我们着重强调的词或词组，它体现了句子中的主次关系和语句目的。中心词和重音主要的区别是：重音体现语句目的，中心词不仅体现语句目的，而且体现语言情境、主题思想；重音是以句子为单位的，而中心词可以以段落甚至全文为单位。换句话说，重音是基础，中心词是重音中的重音；所有的中心词肯定是重音，但不是所有的重音都是中心词。潜台词是指台词中所包含的未能由台词完全表达的言外之意，俗话说“听话听声，锣鼓听音”就是这个意思，在人物独白或单白中，有很多这样的例子，如：《基督山伯爵》中的“因为死者曾经是警察局和法院的得力助手！”。中心台词、重音、潜台词的表现手法多种多样，可以用符号来记录，但不能唯符号化，我们不提倡在朗诵创造中根据标记来进行创造的设定，那就定死在某个框框里了，人在框框里呆久了就变成了“囚犯”。符号是用来记录创作感觉的，不能将它视为唯一的依靠和支撑点。

因此在处理人物语言时一定要掌握好一个度，既不要低估了听众的智商，也不要低估了自己的感觉。

十、想象力

为了说明艺术语言中想象力的重要性，我们要讲一个事实，那就是在我国中小学语文教学中，更多的是采用文字识读的形式去了解世界、事物、人，又更多的采用死记硬背的学习方法，这对青少年想象力的开发留下了一个缺憾。许多青少年的大脑功能没有完全开放出来，大脑功能记忆这一部分被使用，无意中竟然忽略了右脑功能的开发，为了便于大家了解大脑功能的概况，我们为大家列一个表来说明左脑和右脑在功能特征上有什么不同。

左脑		右脑	
理性	根据理由和事实得出结论	非理性	不需要以理由和事实为基础，自动自发的不做出判断
词汇性	能使用词汇进行命题，描述和定义	非词汇性	使用非词汇性认识来处理感知
分析性	有步骤地解决问题，一部分一部分地进行	综合性	把事物整合为一个整体
逻辑性	根据逻辑得出结论，把事物按照逻辑顺序排列，比如说一个数字定律或一个理由充分的依据	直觉性	根据不完全的规律感觉或视觉图象调查出事物的真相
象征性	使用符号来象征某些事物	真实性	涉及事物当时的原样
抽象性	取出很少的一点信息代表整个事物	类似性	看到事物的相同地方，理解事物象征性的含义
线性	进行连贯性思维，一个想法紧接着一个想法，往往引出一个集合性的结论	整体性	一下子看到整个事物，熟知整体规律和结构，往往引出分散性的结论
时间性	有时间概念，将事物排序，首先做什么，然后做什么等等	非时间性	没有时间概念
数字性	使用数字进行计算	空间立体性	看到事物与其他事物之间的联系，以及怎样由各部分组合成一个整体

艺术语言表现正是左右脑共同的结果。

十一、克服胆怯

凡初学者在临场时，总会紧张，我们称之为“怯场”，严重者可导致大脑空白、中途晕倒、休克。艺术语言表演过程是一种超常的心理和生理的剧烈活动的过程，既要全力以赴，又要张弛有度，面对身心压力，我们应该学会用行之有效的方法去释放、转移能量，有一方法可以推荐给大家，这是一整套从头到脚的放松练习，步骤：

1. 额头绷紧、屏住呼吸（保持十秒钟，那是一种僵硬、冰冷、麻木的感觉，然后放松，用深呼吸调整，以下练习依此类推）
2. 紧蹙双眉
3. 紧闭双眼
4. 收紧鼻翼
5. 撮紧嘴唇
6. 拉紧下巴
7. 收缩后颈
8. 下颌顶胸
9. 双肩耸起
10. 合肩收胸
11. 挺胸开肩
12. 双臂张开握拳，向头顶收拢
13. 收紧胸腹并提气于肩
14. 撑开胸腹并续气于丹田
15. 收紧双臀
16. 夹紧双膝
17. 单足独立，一只脚翘起脚面成勾姿，十秒钟后左右交换
18. 蹲下，双手抱膝，蜷作一团
19. 站立，四肢张开

这些练习可以帮助人兴奋起来，对消除紧张，转移注意力也很有帮助。

最后，我们想告诉艺术院校的同学们，初学者就像一群玩沙器的孩子，

一定要有尝试的精神。自己点火自己启动，无论发生什么事都不要把自己吓着，应该学会自己去解决问题，去寻找自己内心火山的突破口。突破口自然在那最“薄”的地方，而且每个人是不一样的。有的初学者可能沸点很低，一开始就激情四射以至于乱了方寸。方法和技巧就像为激情铺设轨道，既高速向前又平稳踏实，一定要防止在没有办法的情况下去寻找一种极端状态。歇斯底里，声嘶力竭，就像是穷途末路的政客的煽动，又像是自做自贱的弄臣，那是一种丑态，是一种不自信的表现。有些初学者很怕把已经确定的东西推翻掉，不必忧虑，其实培养这件不确定的习惯正是一种创造的习惯，既然是创造，那就有很大的非限性空间。记住，听众永远是受朗诵者的引导去体验爱与恨、美与丑，如果我们把僵化的样板留给观众，那么朗诵者将和观众一起成为审美的“化石”。

初学者应该懂得朗诵的“风范”，体验宇宙，体验天地，体验人生，体验社会，像在林中听风，像在海边戏浪，像在山巅观景，像在庭院赏花。应该赋予文字以生命，摆脱中小学生在语文课上不重语感的朗读习惯，那是“小和尚念经，有口无心”，要用心去说话，用情去说话，要用你所有能体味到的感觉去说话，只有这样你才会得到身心的真正愉悦。你有耐心吗？你应该有足够的耐心去反复琢磨你选择的作品，只要你有耐心，它会使你爱不释手。

以下为台词片段的练习例子：

《王子复仇记（二）》哈姆雷特

活着，还是不活，这是个问题。究竟哪样更高贵？去忍受那狂暴的命运无情的摧残，还是挺身去反抗那无边的烦恼，把它扫一个干净？去死、去睡，就结束了。如果睡眠能结束我心灵的创伤和肉体所蒙受的千百种痛苦，那真是求之不得的天大的好事啊。去啊，去睡；去睡，也许会做梦！哎，这就麻烦了，即使摆脱了这沉睡，可在这死的睡眠里又会做些什么梦呢？真得想一想。就这点儿顾虑，受这终身的折磨。谁甘心忍受那鞭打和嘲弄，受人压迫、受人诬蔑和轻视，忍受那失恋的痛苦，法庭的拖延，衙门的横政暴敛？默默无闻的劳碌却只换来多少凌辱。当他只要自己用把尖刀，就能解脱了，谁也不甘心呻吟、流汗，拖着这个残生，可是对死后又感觉到恐惧，又从来没有任何人从死亡的国度里回来，因此动摇了，宁愿忍受着目前的苦难、而不愿意投奔向另一种苦难，顾虑就使我们都变成了懦夫，使得那果断的本色蒙上了一层思虑的惨白的容颜。本来可以做伟大的事业，由于思虑就化为乌有了，丧失了行动能力。

课后练习：

1.《永恒的爱情》罗西独白

哦……医生说，我的时间已经很少很少了，……可是我并不为我的病而痛苦。为了要让我的丈夫哈迈德完成他的学业，我尽力做好多好多事，好多挣些钱留给哈迈德。对了，我还要一点一点的存钱，存够了就给哈迈德买辆摩托车。……

今天，我最大的心愿终于实现了，我亲爱的哈迈德大学毕业了，练习的分数是全班最高的，他获得了第一名，而且有一家大公司聘请他到那里去工作了。啊……我多么幸福啊，现在没有人能责怪我对哈迈德的爱情，没有人能说我使哈迈德的前途变得黑暗。即使我现在就死去，也可以瞑目了，因为我丈夫的前途是光明的。

可是，我……却要离开他了，这对他是多么大的沉重的打击……啊，我要求医生不要告诉哈迈德。哦，真主！让我在哈迈德知道我的病以前死去吧，让我死吧！（低泣）

我还有一件要做的事，我要给公公写一封信，要把我心中的话告诉他。我要对他说……爸爸，这是我最后一次给您写信了，以后我永远也不会再来打扰您了。现在，我正站在生命道路的十字路口上，我面前每一条道路都是通向死亡的，癌症使我距离死亡越来越近了。爸爸，您知道您的儿子哈迈德深深地爱着我。纯洁的爱情使他抛弃了舒适的生活，违背了您的意志竟然和我这样一个穷职员的女儿结了婚。因为我，您和您的儿子产生了隔阂。可是当我不再站在你们父子之间的时候，请您消除您对他的隔阂，请您拥抱您的儿子哈迈德吧。不然，当我离开人世，他在这个世界上会感到孤单的，（边说边哭）请您千万不要让他感到孤单。……

爸爸，我只有一个愿望，过去我死去的母亲非常爱我，我父亲对我更加疼爱，我丈夫给了我无限的爱，使我深深地陶醉在他的爱情中，遗憾的是，我没有得到您的爱，在我这生命垂危的时候，希望您和妈妈把手放在我的头上，叫我一声“儿媳妇”。爸爸，这就是我最后要对您说的话。（哭）

啊，我怎么了……不能哭，我不能哭啊，……哈迈德一会儿就要回来了。……今天是大喜的日子，我要举行一个盛大的晚会，来祝贺哈迈德……（忽然）我好像听见哈迈德回来了，啊，是的，他回来了……

2.《蠢货》波波娃独白

[她身穿黑色孝服，对着丈夫的遗像自言自语。

你瞧见了吗？尼古拉，我多么的爱你，原谅你……只有我这一颗可怜的心停止跳动的时候，我的爱情才同我一起消失呢。（含着眼泪，由哭泣转为破涕为笑）哈哈……你不害羞吗？不惭愧吗？我这个忠心的女人、纯洁的女人把自己关在家里，一直到死都为你守节，为你穿孝服……可你这个不忠实的小胖子啊，哈哈……你不脸红吗？啊？哈哈……你对我不忠实，常常一连几个星期把我一个人丢在家里……（委屈的刚要哭泣，突然好像想起她男人生前说的话）哦，对了，你不止一次的对我说什么：你们男人对爱情忠贞不变，只有我们女人才是水性扬花，哈哈……哼！真是胡说八道！奇闻！你有什么权利对我说这种话？男人对爱情“忠贞不变”？如果这么说，我可就要对你不客气啦！我一向自认为你是世界上最好的男人，我爱你爱得要命，哼，只有年轻的、有思想的女人才会这样爱你，我把自己的年轻美貌、幸福、生命、财产、……统统交给了你！把你当作我的命根了，把你当作偶像一样崇拜，可你……你怎么样呢？（冷笑转大笑）你这位最好不过的小胖子、最“忠贞不变”的好男人，却用最没良心的手来欺骗我！哈哈，你们看！（打开桌子抽屉里发现的情书）哈哈，你们看！（拿出抽屉里的一大堆信件，抛了一地）这是他死了以后我在他抽屉里发现的情书，哈哈……情书！这几百封肉麻的情书写给谁的，什么喀秋莎，什么娜达利亚，还有叶卡捷琳娜……哈哈，欺骗了我整整二十多年哪！（哭泣）他和这些不要脸的女人勾搭，对我说谎，挥霍我的钱财，拿我的爱情开心……而我呢？自从你死后，我却像生命也丢掉一样，我整天穿着孝服不见陌生人、拒绝求婚者……你听见了吗？我至死都要给你守节，我要叫你看看，……看看我是多么的爱你！**（门外远远马车声，接着有敲门的声音，忙收起地上的信件，摘掉头上的黑纱，对着镜子忙修饰打扮起来。）**

3.《人证》单白

八杉恭子：

是的，警官先生，乔尼是我的儿子。

我和乔尼的父亲威尔逊是在大战结束，他们进驻日本时认识的。一次一伙流氓纠缠得我毫无办法时，威尔逊救了我。他虽然是个黑人，但却是一个有男人气概能体谅我的好人，我们恋爱、同居了，并且生了乔尼。

到雾积去时乔尼刚满两岁，在那里看到了西条八十写的《草帽诗》。诗很美，给乔尼留下了很深的印象，那顶草帽也是那次回来的路上买的。

不久威尔逊接到回国的命令，不准许非正式的妻子随同，而我们又没有正式结婚，我娘家是名门世家，不会同意我和黑人结婚，只好由威尔逊把乔尼带回美国了。《西条八十诗集》是我作为去雾积的纪念送给威尔逊的。我本来计划说服父母之后去追随他们。

可命运安排我和郡阳平结了婚，又生了儿子恭平和女儿洋子，他们都不知道威尔逊和乔尼的事。

一天，我接到羽田机场打来的电话，乔尼来了！我们在东京商业饭店见了面。

站在我面前的是一个24岁的青年，中等身材，油黑油黑的皮肤，明亮的眼睛，满头卷发。啊！这就是我的乔尼！他拿着那本诗集和那顶草帽跪在我的脚前。

妈妈，我爱那草帽！
可是，一阵清风将它吹走，
那时节，我是多么懊恼，

妈妈，那时迎面走来一个卖药的青年，
藏青的绑腿，加上手背套，
他花了多大的劲，想帮我捡，
可是还是没有捡到，
那可是个深谷，草长得和我的身体一样高。
妈妈，那顶草帽真的怎样了？……
多少往事啊！……

乔尼告诉我，他不愿再回美国了，他要定居日本，入日本国籍，不给我添麻烦，只想待在我的身边。可是他的存在迟早会泄露我的秘密，可我的名誉、丈夫的事业，那一双儿女的前途，家庭的安宁怎么办？劝他回去他又不肯，真是走投无路啊！

我决定杀死乔尼。我叫他在九月十七日晚，八点在清水谷公园等我，那里晚上没人，逃跑方便。

他来了，还拿着那本诗集和那顶草帽。多少次我的决心动摇了，可是，要保全自己和家庭，只有走这条路。我拿出了刀刺向他的前胸，由于手发抖，刺得并不深。可是乔尼全部领悟了，他说："妈妈，觉得我碍事是吗？……"我永远忘不了他那悲惨的目光，他把手放在我刺了一半而松手的刀柄上，使劲地深深地戳了进去。

4.《巴斯妇的自由》单白

妇女们，你们要谈论婚姻的烦恼，我可称得上是权威，因为我结过五次婚了。不久前，我听人说，基督只参加过一次婚礼。啊哈，他这是教我不应该结婚一次以上喽?！可是请看，那些国王还有许多圣徒，他们绝对不止一个妻子！为什么我们女人死了丈夫就不能再嫁人？这是哪一条天规戒律啊？

现在，我跟你们说说我这几个丈夫。有三个都是有钱的好老头儿。……哎，你们听听我是怎么管他们的，我骂起来可凶了。"啊，你这老糊涂蛋，你为什么老上邻居家去？他的老婆就那么美？你爱上她了吧？你这个老色鬼！"哈哈……这都是我瞎编的，其实他病得站都站不稳了。哈哈……这些个老傻瓜，还以为是我爱他，才吃醋了，哈哈……

我那第四个丈夫，是个无赖，就是说他有一个情妇，我心里非常恨他。可是当他躺在棺材里的时候，我哭个不停。唉，这是风俗，就得这样。可就在送葬的人群里，有个学生，我是一见倾心哪。他才二十岁，而我，老实说已经四十了。可我长得年轻、漂亮又有钱。过了一个月，他就娶了我。嫁给他确实为了爱，不是为了钱。我把那几个丈夫给我留下的财产都交给了他。可是他满不照我的心意行事。天哪，他有一次居然打了我！因为他呀，老是通夜的抱着那本邪书，一边看一边笑个不停。那书上都是骂我们女人的，说什么“屋里有个泼妇，不如和老虎同住”，“女人有美没有德，譬如金环挂在猪鼻子上。”气得我火冒三丈，一把抢过书来撕了三张，又一拳把他打倒。于是他爬起来就在我头上打了一拳。我躺在那里像死一样。他吓坏了。后来我醒了对他说：“啊，你这个坏蛋，你想谋财害命么？来，在我没死之前，再吻你一下吧。”他连忙跪下说：“亲爱的，我决定不再打你了，饶恕我吧！”我呢，又打了他一个耳光，我说：“好了，我已经报了仇，现在可以死了……”哈哈……后来，我们俩言归于好了。他给了我财产的主权，还对我说：“我的忠诚的妻子，从此以后，你要怎么样就怎么样吧。”我是他的爱妻，我对他忠诚，他对我也是一样。啊……我祈祷光荣的上帝，祝福他的灵魂吧。

5.《蝴蝶夫人》独白

［蝴蝶听到海边码头旁的炮声，急切地奔向阳台。

蝴蝶：（极目远眺）啊，一只白色的军舰！挂着许多美国国旗，是的，就是它，林肯号军舰！……是我的丈夫回来了！……

哦……人们总是说：“从来没听说过外国丈夫还会回来。”可是我相信我的平克尔顿一定会回来的，他不会丢掉我和孩子的。（激动得又落泪，又笑）……再等一会儿，他就会来了。啊，三年了，终于盼到了这一天。哦，他还没有见过我们的孩子哪！哈哈哈……

（高声地）喂，铃木，铃木，快去摘花来，把花园里所有盛开的花都摘来，我们到处都摆上鲜花，让这里散发着春天的芳香。

哦，快，先帮我收拾一下头发（照镜子）啊？我这忧郁的眼睛已经失去了光彩，脸色也这样苍白，赶快擦一点胭脂……对了，把结婚时用的腰带拿来，为了他的到来，我要穿上结婚的衣裳……啊？有人敲门，一定是他来了！（跑下）

［蝴蝶拖着沉重的脚步上。

蝴蝶：完啦！一切都完啦！……他已经走了。他的那位美国太太要带走孩子！要让我和孩子分开，永远分开！（惨笑、苦笑）哼哼，说是免得孩子受苦！哼哼哼，……啊……好吧！我不需要别人的怜悯！我遵从他的遗志，一定把孩子交给他……（抑制不住地哭起来。走过去跪在神像前，拿起匕首，低声读刻在刀刃上的字句）“宁可怀着荣誉而死，决不受屈辱而生。”……

再见吧！我的希望、爱情、生命和欢笑！……我的孩子，你就要离开我，去到那远方，当你长大的时候，别为你的妈妈感到痛苦。而我，要走向那又安静又黑暗的坟墓。我亲爱的孩子，不要忘了可怜的妈妈。啊！记住妈妈！（走向屏风后，听见匕首落地的声音。）

6. 《雷雨》鲁贵单白

那时你还没有来，老爷在矿上，那么阴森森的大院子，就太太、二少爷、大少爷住。那时这屋子就闹鬼，二少爷是小孩，胆小，叫我在他门口睡。是个秋天，半夜里二少爷忽然把我叫起来，说客厅又闹鬼，硬叫我去看看，我直发毛，可那会儿我刚来，少爷说了，我还能不去？我就喝了两口烧酒壮壮胆子，穿过荷花，偷偷的钻到这门外的走廊旁边。到门口，我就听见这屋子里啾啾啾的像一个女鬼在哭，哭的惨！心里越怕，越想看，我就硬着头皮，从这窗缝里向里一望。就在这张桌子上点着一支要灭不灭的洋蜡烛。我恍恍惚惚地看见两个穿着黑衣裳的鬼，并排地坐着，像是一男一女，背朝着我。这个女鬼像是靠着男的身边哭，那个男鬼低着头直叹气。我就乘着酒劲儿，朝着窗户缝，轻轻地咳嗽一声，这两个鬼就嗖地一下子分开了，都朝着我这边望。这一下子他们的脸清清楚楚地正对着我，这我可真见了鬼了！

那个女鬼呀，——是我们的太太。

那个男鬼，——就是大少爷。

孩子，你看开点，别糊涂，周家的人就是那么一回事。

7.《太太学堂》阿尔诺尔弗单白

（踌躇满志地）尊敬的先生们。在这样的令人担心的时刻，我一点儿也不为自己的婚事担心。我甚至还敢于再一次地重申——本城的丈夫们，他们活该出丑！他们挣了点钱，除了给太太花，还糊里糊涂地让那些送他绿头巾的人暗地里帮着开销。（笑）

至于那些太太们，更是成熟老练。他们假心假意地在丈夫面前出卖情人，让丈夫以为对手是枉费心机一场空，其实人家是次次满载而归！（笑）

有些太太得了些来路不明的钱，便推说赌钱赢来的，让丈夫跟着她一个劲地感谢上帝，也不想想她是怎么赌法。（笑）

可是，在这种事情上，谁也算计不了我。那些女人玩弄条绿头巾给我们戴戴，用的轨迹和阴谋，我样样清楚，对此，我早在18年前就做了准备。我在她5岁那年，就把她送进了太太学堂！

或许你们认为巴黎是太太学堂，女人个个学得乖巧聪明？不，我说的太太学堂，就是城外偏僻的修道院，在那儿，女人个个被教养得不懂人情世故，天真到发傻的地步。一个女人，只要懂得祷告上帝，爱她的丈夫，能缝缝补补就足够了。打个比方，万一那些风流公子硬把她拉到花园里赏月，居心不良地赞叹月色如何朦胧动人，从太太学堂出来的蠢女人就会说："唉，要是月亮再亮些，倒省好些蜡烛！"（笑）感谢上帝，我要娶的那位小姐既是个不折不扣的美人，又是个一无所知的天真的姑娘。有时候说起傻话来，活活把人笑死。有一天，她满脸苦恼地来问我："小孩子是不是从耳朵眼里生出来的？"（笑）

我对自己的婚姻幸福很有把握。我劝诸位先生今后选太太时，也同样选太太学堂的毕业生。这是不当王八的最好保证！我的话完了。

8.《基督山伯爵》（一）

基督山伯爵：

法官先生！陪审团的先生们！我是证人基督山伯爵。我起誓，我说的全是事实，绝无谎言。我首先要强调一点，被告贝内迪托刺死了卡德鲁斯完全是出于自卫……检察官先生，请您不要笑，等我讲完以后你就不会笑了。我作为证人是要向你们提供情况，对被告人的陈述提供证据！不过我先要讲一下死者的情况。

我和死者卡德鲁斯很熟，在一次旅行中，曾在他开的小客店里住了一夜，我绝不会忘记，他是怎样接待我的。那天夜里他要把我杀死，他想谋财害命！当然我不是要讲死者的坏话。因为死者曾经是警察局和法院的得力助手！比如：在很久以前他就曾使一个拿破仑党的叛乱分子遭到逮捕、受到扣押，以至于想把那个人置于死地。卡德鲁斯跟您很熟，检察官先生，想一想吧！在您的记忆里搜寻一下吧！多亏了他您才能签发那道关押的命令，签发那个犯人的死亡证！回忆一下吧，回忆一下依富堡死牢，回忆一下爱得蒙·当泰斯……您受惊了，看来您没有忘记……

法官先生，请您不要急，我当然要讲具体事实，不过先介绍一下卡德鲁斯的为人还是很有必要的。自从离开那个小店以后，我发誓非要找到卡德鲁斯不可！因为要杀死你的人，你是不会忘记的。就在一个月前我找到卡德鲁斯，而且从他那儿了解到年轻的贝内迪托是什么样身份的人。检察官先生您刚才说贝内迪托从小就犯罪，是的，他从小就犯罪，可这不能怪他。先生们！一个被遗弃的孩子，饱受了饥寒……检察官先生，请您不要急于打断我的话，我知道，不能借口苦难饶恕那些犯罪的人。可更不能饶恕那些制造苦难的人！此时此地我指的就是贝内迪托的父亲！他父亲有名有姓，又在场，就在我们中间，而且非常傲慢……

法官先生，我能证明贝内迪托的父亲是谁。我找到了当时的证人。一个是给他接生的医生，另一个是他出生客店的女店主。他出生在 1812 年 12 月 14 日半夜，他的父亲抛弃了他，一个捡垃圾的人在雪地里找到了他并把他抚养大，他们随时都能出庭作证！不过我看还是让他自己来说吧。让他拿出点勇气来吧。……我想他父亲不会不认识戴在贝内迪托手上的戒指吧，这是一个向女人表示爱情的信物……检察官先生，您不必发怒，我会住口的。可我先要大喊一声。这孩子的父亲是你，检察官先生，就是你！亨利·德·维也福。这个看着你的孩子就是你的儿子，过去你认为给了他生命是你的耻辱，刚才你还要置他于死命，现在，你还敢要求判处他死刑么？你还想再埋葬他一次吗？不管你愿意不愿意，在它的面前你不仅不配做一个检察官，而且还是一个遗弃杀害亲生儿子的真正罪人！

9.《基督山伯爵》（二）

贝内迪托：

请原谅我，审判长阁下，我看您是采用了普通的审问程序，用那种程序，我将无法遵从。——我要求——而且不久就可以证明我的要求是正当的——开一个例外。我恳求您允许我在回答问题的时候遵从一种不同的程序，但所有的问题我都愿意回答。

我 21 岁，说得更确切些，再过几天就满 21 岁了，因为我是在 1812 年 12 月 14 日在巴黎附近的阿都尔生的。

最初，我是一个伪币制造者，然后变成一个贼，最后我成为了一个暗杀犯。在座的诸位，请不必惊奇，我并不是卡凡尔康德王子，仅仅是一个孤儿。

你们似乎对我的姓名很感兴趣，可是我不能把我的姓名告诉你们，因为我的父母遗弃了我，我根本就没有姓名。但是我知道我父亲的姓名，可现在不能告诉你们，我需要先解释一下，为什么我是个孤儿。

我再说一遍，我是在 1812 年 12 月 14 日晚上在阿都尔降生的，地点是芳丹街 28 号，在一个挂着红色窗帷的房间里。我的父亲把我抱在怀里对我母亲说我是死的，就把我包在一块餐巾里，抱到后花园里活埋了我。

你们问我是怎么知道这一切细节的，我来告诉您，审判长阁下。有一个人曾发誓向我父亲报仇，他早就留心杀死他的机会。那天晚上他偷偷地爬进我父亲埋我的花园，他躲在树丛里，他看见我的父亲把一样东西埋在地里，就在这个时候上去刺了他一刀，然后，一心满以为埋的是什么宝物，他挖开一看我还活着，于是那个人把我抱到育婴堂，在那儿我被编为五十七号。三个月后，他的嫂嫂从洛格里亚诺赶到巴黎来，声称我是她的儿子，把我带走了。

当然，抚养我的那些人很钟爱我，我本来可以和那些人过很快乐的生活，但我那乖戾的本性超过了我继母竭力灌输在我心里的美德。我愈变愈坏，直到我犯了罪。有一天，当我诅咒上帝把我造得这样恶劣，给我注定这样一个命运的时候，我的继父说："不要亵渎神明，倒霉的孩子！因为上帝赐给你生命的时候，并无恶意。罪孽是你的父亲，不是你，——是你的父亲，他连累你生遭孽报，死入地狱。"自从那次以后，我不再诅咒上帝而诅咒我的父亲！

假如我这番话加重了我的罪名，那么请惩罚我，但假如我已经使你们相信从我落地起，我的命运就悲惨、痛苦和伤心，那么请怜悯我。

现在我应该告诉你们我父亲的姓名了，他就是在座的检察官先生，名字叫维也福！维也福先生，我就是你20年前活埋的儿子！父亲你忘了吗?！……母亲，难道你也忘了吗？这就是包我的那块餐巾，上面还有您的名字啊！——霭——敏——

10.《论烟草有害》单白

伊万·伊万诺维奇·牛兴，是一个怕老婆的丈夫。他的太太主持一家女子音乐学院和一所寄宿学校。

[牛兴穿着一件旧的发光的大礼服，十分尊严地走上了这个外省俱乐部的讲台。很有礼貌地鞠躬，整理一下背心，然后高声地开始他的讲演。

牛兴：

敬爱的女士们，先生们，我内人建议，让我做一次慈善性质的讲演……，哦，前些日子我写了一篇长论文，题目是"若干昆虫有害论"。我的女儿非常喜欢这篇文章，特别是讲到臭虫的地方。不过，读一遍之后，我就撕了。说实话，你就是写得再好，不用臭虫药，您就甭想消灭臭虫。啊……至于，今天我要讲的是，这个，这个这个"烟草对人类的危害"。哈，我就抽烟，可我老婆偏偏叫我讲烟草的害处，你们看，我有什么办法。论烟草就论吧！

烟草——，首先是一种植物，啊，植物！……（**连续的眨右眼**），哈，每当我讲演的时候，常常要眨右眼……那是由于神经紧张的缘故。我开始眨右眼，是远在——一千八百八十九年，正确的说是在九月十三日那天，也就是我老婆生第四个女儿的那天。唉！我的女儿全生在十三那一天……（**看表**）虽然时间不长，我不好离题太远了。哦，我顺便说说，我内人开了个音乐学校和一所寄宿学校。我这里有学校一览表，诸位如果喜欢，我可以奉上几本。每本六毛钱，谁买？（**稍缓**）没人买？好罢，四毛一本，（**稍缓**）哈，不瞒你们说，我老婆动不动就说钱不够用，其实她在一个平安的角落里存有四五万卢布，至于我，哼哼，一个子儿也没有！可是我干的事可不少啊！我负责操办伙食、管理工人、登记账目、装订笔记本儿、抓臭虫、抓耗子、带老婆的小狗儿去遛弯儿……我还得教课，我教数学、物理、化学、地理、历史、文学、音乐、舞蹈和图画。嘿嘿嘿，教音乐、舞蹈、图画我内人另给我加点钱……

对了，今天吃肉饼，有三个学生扁桃腺发炎了不能吃。这多做的饼怎么处理呢？我老婆先是叫收起来，后来她才说："你吃了吧，丑八怪！"她总是这样骂我。哼，我拿起肉饼都没嚼，就整个儿吞下去了，因为我老是挨饿。昨天中午，她就没有让我吃饭……哦，就说现在吧，从表面上看，我挺高兴，可我真想大叫一声，大哭一场啊！（张望）我老婆还没有来，我可以想说什么就说什么。咳，我真倒霉呀，我的七个女儿全都嫁不出去，因为男人们从来也没有见过她们。我老婆不愿意开晚会，也不请客吃饭。她是一个小气、暴躁、爱唠叨的女人，因此谁也不到我们家来……

啊……我多么想逃走啊！（心驰神往）逃走……只要能躲开这个愚蠢、浅薄、又狠又毒的守财奴，我的老婆！啊，我多么想扯掉这套衣服，这还是三十三年前结婚的时候穿的。（脱掉衣服，扔掉）去你的吧！……哼，我穷，我老，我一副可怜相，就像这件破背心（露出背心）哦……（边抽泣边诉说）我从前也年轻过，我在大学里读过书，我也做过梦，把自己当作一个男子汉！……哦，我现在什么也不需要，什么也不需要，就需要休息……休息！（向后台看。急忙穿衣服。边低声地）我老婆来了，她正站在后台……（看表）时间到了，……如果她问起你们的话，就请说我……举止……挺尊严。（朝后台偷看。咳嗽一声，提高嗓门儿）由此得出结论，烟草有可怕的毒害，所以在任何情况下，大家都不应该抽烟！我的讲演完了。（低声地）话一说完，我心里痛快多了。

11.《茶花女》玛格丽特单白

今天我病了，我可能死于这场病，因为我一直有预感我会在年轻时死去。但是在您还没有完全了解我之前我不想死。天气阴沉，我心情忧郁，身边没有一个人，我思念您，阿尔芒，您呢，我在写这几行字的时候您在哪儿呢？别人对我说，您远离巴黎，到很远的地方去了，您也许已经忘记玛格丽特了！不，也许……万一您回来时还关心着您走之前那么热恋的这位姑娘。我忍不住想就我的行为对您做一番解释，可能会被看作是一篇谎言，除非死亡使它变得圣洁，除非这不是一封信而是一篇忏悔词！

您还记得吗，阿尔芒，在布吉瓦尔您父亲的到来是怎么使我们意外，您还记得他的到来使我不由自主地恐惧，还记得当天晚上您向我讲述您和他之间发生的事情吧?!

您父亲给我写了一封非常得体的信，让我支走您同意单独接待他，但他来时完全不像他写的那样，他起初的言语相当傲慢，无礼，甚至带有威胁性，因此我不得不使他明白我是在自己的家里生活为的是怀有对他儿子真诚的爱情！您父亲这才稍稍平静下来，但他又对我说他不能容忍他儿子为了我倾家荡产了。您父亲说我很漂亮，不是吗，但我怎么能用我的美色，以我的挥霍来毁掉一个年轻男子的前程？

您父亲杜瓦尔先生的话，只要一件事就可以回答！我拿出证据证明从我作您情妇以来，为了您我忠贞不渝不惜作出任何牺牲，从没有向您所要您无力提供的钱！我还告诉您父亲，我们在一起如何幸福生活的，我也决定卖掉家具来还清债务使您不会负担过重！

于是他最终是屈服于事实向我伸手请求我原谅他起初对我的态度。接着他对我说的话就是让我浑身直打哆嗦，“那么小姐，我不用指责和威胁，而是用请求试图从您那儿得到一种比您已经为我儿子所做的所有牺牲更伟大的牺牲。您心地善良，心灵有一些高贵之处是很多女人都没有的，也许她们看不起您，但却比不上您！您想想除了您阿尔芒还有家庭，除了爱情还有责任，一个男人在充满激情年龄过去之后就是受到别人尊重需要牢固可靠地位的年龄了！”我亲爱的阿尔芒，听着您父亲杜瓦尔先生的话，我心里默默地哭泣起来，这些想法我以往也多次考虑过，但现在由您父亲说出来，更具有严肃的真实性！您父亲对我说话时候慈父般的态度唤起了我身上纯洁的感情，我就要赢得这个忠厚老人的尊敬了，我相信以后也会得到您的尊敬！这一切激起了我心中崇高的思想，感到自己的价值，唤起以前从没感受过的自信。

于是我对您父亲说："好吧，您如果相信我曾经把爱当作希望、梦想和安慰并对我生活宽恕的话，就请您像吻您女儿一样吻我，我向您发誓这个吻会使我有力量战胜我的爱情，一周内您儿子将回到您的身边，也许因此会难过一段时间但以后痛苦就会永远消失。"

您父亲最后一次吻我，我感到两滴感激的泪水落在我的额头上，它们仿佛是对我往日过错的洗礼，虽然我要为此又委身于另一个男人，但想到能用我这新的过错可以赎回什么来，我自豪得满脸焕发出光彩。

您父亲登上马车走了。但毕竟我是女人，当我看见您回来时，禁不住哭起来，但没有动摇，我做得对吗？这是我今天倒在或许只有死后才会离开的床上问自己的话！

您父亲不在这里支持我，有一时刻我差点想把所有的真相告诉您，但想到您会恨我，看不起我，我真的万分恐惧！也许您不相信，阿尔芒，我祈求上帝给我力量证明我作出的牺牲是对的，只有祈祷能给我力量，我多么害怕我缺乏勇气啊！谁能告诉我，玛格丽特你为什么一想到要有新的情人，就会这般痛苦，为什么？为了忘却，我拼命喝酒，等第二天醒来我就躺在伯爵的床上了！

这就是真相，阿尔芒，请您作出判断，原谅我吧，就像我已经原谅了您自那天以后对我的一切伤害！

12.《简爱》单白

罗切斯特先生！

他走开了，头也不回地走了。

"别了，"他走时我的心儿在叫喊。绝望又使我加了一句话"永别了"。

我观察了自己所抱的希望，昨天还是那么繁茂，那么光彩照人，现在却变得光秃秃、寒颤颤、铅灰色了——成了永远无法复活的尸体，我审视着我的爱情，我主人的那种感情——他所造成的感情，在我心里打着寒颤，像冰冷摇篮里的一个病孩，病痛已经缠身，却又难以回到罗切斯特先生的怀抱——无法从他的胸膛得到温暖。啊，永远也回不到他那儿去了，因为信念已被扼杀——信任感已被摧毁！对我来说，罗切斯特先生不是过去的他了，因为他已不像我所想象的那样。我不会把恶行加予他，我不会说他背叛了我，但是真理那种一尘不染的属性，已与他无缘了，我必须离他而去，这点我看得非常清楚，什么时候走——怎样走——上哪儿去，我还不能明辨。但我相信他自己会急于把我从桑菲尔德撵走，他似乎已不可能对我怀有真情，而只有忽冷忽热的激情，而且受到压抑。他不再需要我了，现在我甚至竟害怕与他狭路相逢，他一见我准感到厌恶。啊，我的眼睛多瞎！我的行动多软弱！

我的眼睛被蒙住了，而且闭了起来。旋转的黑暗飘浮着似乎包围了我，思绪滚滚而来犹如黑色的浊流。我自暴自弃，浑身松弛，百无聊赖，仿佛躺在一条大河干枯的河床上，我听见洪水从远山奔泻而来，我感觉到激流逼近了，爬起来吧，我没有意志，逃走吧，我又没有力气。我昏昏沉沉地躺着，渴望死去。有一个念头仍像生命那样在我内心搏动——上帝的怀念，并由此而产生了无言的祈祷。这些话在我没有阳光的内心往复徘徊，仿佛某些话该悄声倾吐出来，却又无力去表达它们。

“求你不要远离我，因为灾难临近了，没有人帮助我。”

灾难确实近了，而我并没有请求上天消灾灭祸——我既没有合上双手，没有屈膝，也没有张嘴——灾难降临了，洪流滚滚而来把我吞没。我意识到我的生活十分狐单，我的爱情已经失去，我的希望已被浇灭，我的信心受了致命的一击，这整个想法犹如一个色彩单调的块状物，在我头顶有力地大幅度摆动着。这痛苦的时刻不堪描述。真是“水灌进了我的灵魂，我陷入了深深的泥淖，觉得无处立足，坠进深渊，激流把我淹没了”。

13.《月牙儿》单白

我又找了胖校长去，她没在家。一个青年把我让进去。他很体面，也很和气。我平素很怕男人，但是这个青年不叫我怕他。他叫我说什么，我便不好意思不说；他那么一笑，我心里就软了。我把找校长的意思对他说了，他很热心，答应帮助我。当天晚上，他给我送了两块钱来，我不肯收，他说这是他婶母——胖校长——给我的。他并且说他的婶母已经给我找好了地方住，第二天就可以搬过去。我要怀疑，可是不敢。他的笑脸好像笑到我的心里去。我觉得我要疑心便对不起人，他是那么温和可爱。

他的笑唇在我的脸上，从他的头发上我看着那也在微笑的月牙。春风像醉了，吹破了春云，露出月牙与一两对儿春星。河岸上的柳枝轻摆，春蛙唱着恋歌，嫩蒲的香味散在春晚的暖气里。我听着水流，像给嫩蒲一些生力，我想象着蒲梗轻快地往高里长。小蒲公英在潮暖的地上生长。什么都在溶化着春的力量，然后放出一些香味来。我忘了自己，我没了自己，像化在了那点春风与月的微光中。月儿忽然被云掩住，我想起来自己。我失去那个月牙儿，也失去了自己，我和妈妈一样了!

我后悔，我自慰，我要哭，我喜欢，我不知道怎样好。我要跑开，永不再见他；我又想他，我寂寞。两间小屋，只有我一个人，他每天晚上来。他永远俊美，老那么温和。他供给我吃喝，还给我做了几件新衣。穿上新衣，我自己看出我的美。可是我也恨这些衣服，又舍不得脱去。我不敢思想，也懒得思想，我迷迷糊糊的，腮上老有那么两块红。我懒得打扮，又不能不打扮，太闲在了，总得找点事做。打扮的时候，我怜爱自己；打扮完了，我恨自己。我的泪很容易下来，可是我设法不哭，眼终日老那么湿润润的，可爱。我有时候疯了似的吻他，然后把他推开，甚至于破口骂他；他老笑。

我早知道，我没希望；一点云便能把月牙遮住，我的将来是黑暗。果然，没有多久，春便变成了夏，我的春梦作到了头儿。有一天，也就是刚晌午吧，来了一个少妇。她很美，可是美得不玲珑，像个磁人儿似的。她进到屋中就哭了。不用问，我已明白了。看她那个样儿，她不想跟我吵闹，我更没预备着跟她冲突。她是个老实人。她哭，可是拉住我的手："他骗了咱们俩!"她说。我以为她也只是个"爱人"。不，她是他的妻。她不跟我闹，只口口声声地说："你放了他吧!"我不知怎么才好，我可怜这个少妇。我答应了她。她笑了。看她这个样儿，我以为她是缺个心眼，她似乎什么也不懂，只知道要她的丈夫。

14.《主角登场》单白

我知道错了，亲爱的哈罗德。我知道我干过了头，我不应该写那么多信给自己，不应该有这些鲜花，更不应该在今天陷害您，让大家以为您是一个罪人，一个负心汉。而事实上您什么都没有做过。看在上帝的份上请饶恕我

吧！我只想得到您的爱，亲爱的哈罗德。（忏悔状）

您陪我看戏，一起参加宴会，您送给我母亲美丽的花，还有信……这是多浪漫的诗句啊——

红玫瑰悄悄诉说热情，

白玫瑰低声吐露爱情；

啊，红玫瑰像是雄壮的鹞鹰，

白玫瑰像是纯洁的鸽子。（陶醉状）

您做的每件事都这么美，这么合乎理想。露斯把这些美妙的语句装进了她的“哈罗德笔记本”，她喜欢您表达的方式。她私下里给卡洛林看过，人人都知道了我和您的事情，她还告诉了玛奇，我一想到玛奇嫉妒得脸色发青，我的感觉就非常好，我喜欢这种感觉。我还敢肯定，她们已经告诉了更多的人，他们的评价各式各样的，因为她们嫉妒，您赠与我的情诗和鲜花正是她们拼命想得到的，我为自己感到无比的自豪。（骄傲状）

可是您像夜里的贼那样马上走掉，留下我被人嘲笑。去了那么遥远的矿上。（看时间）您应该还没有到，可是您的信已经寄到了

夜里我走到外面星斗底下。哦，您要是在这里多好啊，我的爱！您不在这儿，我忍受矿上的尘土和嘈杂倒还容易，可是我不能跟您共享这美丽，我的心像针扎那样痛……

是的，这是特别美的一封，还有，还有很多，还有很多连您自己都没有看到过的您亲自写的信。哦，瞧！这是多美的鲜花啊！（拿卡片）

如果我所有的一切，连我整个身心，都献给您也嫌少，那么这些可怜的花怎么能算多呢?

您刚才在的时候我能看出来您也喜欢这些花，因为它们就像您的笑容一般，又温暖，又迷人。

哦，哈罗德，您去了印度，当您从印度的矿上回来的时候，恐怕我就要想您想得发疯了。我不愿意再模仿您的笔迹，相比之下，其实我更愿意跟别人讲一讲您，那是非常愉快的事情，也是我唯一的梦想。但是我不得不写，我不是有意要这样做的，真的，我不是。过了一会儿，您和我的梦想就混淆不清了，我想这也许是因为我们没有什么事情可干，我们也不像女店员那样

有真正惊险的经历。我知道我干过了头。我一干开头就止不住，我也不想止住。它迷住了我。所以我就一直干下来，至于别人，随她们爱怎么想就怎么想吧。我喜欢听她们诉说这些信件，我也喜欢她们羡慕的表情。

不，不对！我突然听到了玛奇的嘲笑声，还有露斯和卡洛林，她们在取笑我！她们笑我自作多情，笑我自欺欺人！她们说您不爱我。我的项链，我的项链，我的蓝宝石项链呢？（找）在这啊，就是它，这是我的心上人哈罗德送给我的蓝宝石项链。看，这是我的心上人哈罗德送给我的蓝宝石项链，是的，就是他送给我的，上面还有个漂亮的蓝宝石戒指。你们也想要么，你们这些得不到爱情的愚蠢的女人们，上帝会惩罚你们的！不要以为那些可爱的男人们会和你们一样无知，他们才不会相信你们的花言巧语，他们的眼睛是非常、非常明亮的……

嘘！有人来了！这脚步声，是邮差？还是花店的玛丽？他们又要来向我收取报酬了。还是母亲？她要来抢走我的蓝宝石项链了！

15.《黑冰》单白

你说这人是什么，从生物学的角度来说，人不过是直立行走无毛动物而已，但是在我看来，人就像一封不知道从哪儿发出，又不知道发往何方的电子邮件。就是这些电子邮件，组成了一个复杂的人类世界，这是一个多么可怕的世界啊。他们把人分成三六九等，最高层的人，能够充分享受物质和精神的供应，然后随着层次的递减，供应就开始减少了。最低层次的人，通常他们接受的物质能量，只能勉强维持他们的生活，而精神供应，几乎是零。本人曾经就是活在这个层面里。你可以有充分的理由不相信我说的话，你会想，我有一个才华出众的父亲，他是一个作家，我可以在他那里继承他的智慧，良知；我还有一个曾经是越剧名旦的母亲，我可以继承她的艺术天赋和不俗的容貌；我还有一个出身在资产阶级家庭的高级干部的继父，从他那里，我可以继承他的政治野心和使他成功的机会。我怎么可能生活在最底层呢？我应该是这个社会当中的精神贵族。但是，我生活的另一面，你看不到，你永远也看不到。我可以一顿吃下三斤牛肉，然后再吃半只烤鸭和一碗北京地道的炸酱面。我还可以三天三夜的不睡觉，然后在雪地上像疯子一样的狂跑。

所以有时候我觉得，我的前生可能是只骆驼。没有这点能耐，当年我怀揣十个美元从旧金山下飞机，恐怕连一天都活不下去。后来我不再为钱发愁了，但是这个时候我比任何时候都要仇恨钱，仇恨人类，仇恨这个肮脏的世界。你们习惯把人群分成罪犯和非罪犯，就是所谓的好人和坏人，并且由此衍生出一些高尚，卑鄙之类的概念。但是我要告诉你，其实一切都是机会而已。穷乡僻壤的犯罪率低，不意味着那儿的人就高尚，因为他们没有选择，没有选择，就不会有痛苦。我母亲当年改嫁到林家，别的不说，就说林小强对她无微不至的骚扰，就不是一般人能够承受的。但是母亲好像并不痛苦，因为她有我，还有弟弟小亮。母亲甚至没有权利来选择她的死亡。而林家大起大落的政治命运，又使我的灵魂加速地走向堕落。我切肤之痛的感受到，我的命运之所以悲惨，原因只有一个，没权。所以从那一天，我就奠定了我自己的人生目标是什么，我要不择手段地疯狂地去追逐钱和权，然后用它们，来报复这个可恶的人类社会。你知道权力是什么吗？权力绝不是说一纸空文就能够让你荣辱升迁的某个职务，权力也不是某种让你实现人生价值的行为快感，权力的实质是，看你在多大程度上影响和控制他人乃至整个社会的精神生活。要想能够真正，完全，彻底地控制人，没有比毒品更好的东西。你见没见过能够真正摆脱毒品的人？你可能会觉得你自己可以控制自己，但是实际上你只能控制你的手，不伸到别人的口袋里，你的脚不迈进监狱的大门，你的眼睛不去慑人心魄。你根本控制不了你的肝脏分泌多少酶，你的胰脏分泌多少胰岛素，你更控制不了你的心跳，你的血压，你大脑里的潜意识。这些只有药物能够做到，所以我用我毕生的精力，来不断推出新产品。可惜时间太短。在你眼里，我一定是个十恶不赦的死刑犯，可是在我自己和那千万个不幸的灵魂的心目中，我是一个英雄，我是他们的救星，福音。爸，妈，你们的儿子来了，你们的儿子披荆斩棘，引吭高歌地向你们走来了。在长途汽车站等着我，不，火车站，对火车站，这是一列通往梦境的列车，我要站在高高的甲板上，让海风吹散漫天的乌云。太阳，你快出来吧，露出你那金灿灿的笑脸。

第八章 名人书信

主持人不可避免的要遇到变文稿为有声作品的时候。大型晚会上，回忆性的节目中，都会遇到朗读书信这个演出任务。如何再现人物在当时当刻写就书信时的感受，是值得主持人训练并掌握的基本技巧。

1. 伊丽莎白·勃朗宁 & 乔治·巴莱特

背景介绍：

伊丽莎白·巴莱特·勃朗宁（1806－1861），英国著名诗人罗伯特·勃朗宁的妻子。伊丽莎白是克里奥尔家12个孩子中年纪最大的一个，她的家族在牙买加生活了几个世纪。她出生在英格兰并且在那里被抚养长大。年轻的伊丽莎白在她15岁时患了一种严重的疾病，导致她在以后的日子里一直处于残疾状态，她依靠吗啡来抑制她的疼痛。在她的一个兄弟死的打击和她父亲的严酷管制下，伊丽莎白在她位于伦敦温波拿街的寓所里隐居了5年。1844年，她出版了一本诗集，并因此引起了罗伯特·勃朗宁（1812－1889）的注意，他给她写了一封表示欣赏的电报。在随后的20个月里，两人相互写了大约600封信，但是她的父亲仍然残酷地反对他们之间的关系（**或者他每一个孩子的婚姻**）。伊丽莎白和罗伯特于1846年9月12日秘密结婚。这封给她的弟弟乔治的非常特别的情书，写于她与罗伯特一起离开意大利前夕。

伊丽莎白的父亲从此再也没有跟女儿讲过话。

正文：

我把自己置身于你对我的感情之中，并乞求上帝让我能承受住现在这种压力——最亲爱的乔治，到你的房间去读这封信吧——我恳求你在任何情况下都能与我保持最亲密的关系，在你读完这封信后也仍然是这样亲密。我这样说是因为这个家里能让我倾诉的只有你一个人了。这封信留给你，以便你能向家里其他人说明我的情况，这种方式对于你说似乎是最好的了。哦，爱我，乔治！当你读到这封信，爱我——这样我就能发现，在你读过这封信后，你心里已经原谅了我。

勃朗宁先生爱上我几乎快两年了——在开始和之后的很长时间里，除了在幻想中和梦里，我都不敢相信他能够留意像我这样的人（你对他的了解很少）。对于这件事（正如我想过的），我还是长话短说吧。我曾经确信我这张很少见到阳光和几乎没有什么光彩的可怕的脸，一定会使他因为我对他的否定态度而感激我。我曾明确告诉他，不要再揣摩我的立场是否会发生转变，我是绝对不可能接受他的爱的。在一番抗议之后，他表示了妥协，并且接下来的几个月就这么过去了。他仍然经常来看我并写信给我（尽管表面上是为了知道我的病情），他在我面前的表现让我深信，他对我的爱是一种非同一般的感情。但是，我认为像他这样优秀的人爱上我是一个错误，我多病的身体会给他加上一个沉重的负担，他会因为他宽厚的胸怀而毁了自己——我知道，对我来说，他太优秀了，而我也尽力去做一个大度的人。我告诉他我被摔伤并且已经残疾了——我的健康状况很糟糕，尽管有所改善，但是我弱不禁风，几乎每一缕阳光都会让我生病——年轻而美好的心灵所具有的所有优点都从我身上消失了，我根本无法享受生活的乐趣，正如我同样不能履行自己对社会的责任一样。

他的回答很简单，他爱我——这并不是那些轻易就从男人嘴里说出来的献殷勤的话——他以事实——也以他自己的经历，来向我说明理由。他说他自己的年轻时光已经过去了，在整个青年时代他一直没有爱上任何一个女人——而现在他爱上了我，是第一次也是最后一次。至于我的健康问题，在他第一次向我宣布他爱我时就已经知道了。他知道我的脊椎受了无法治愈的重创，这将使我永远也无法在他面前站起来。如果这已成事实——他明确告诉我，这不应影响一个灵魂对另一个灵魂的纯洁爱慕之情。对于他来说，他一直期望能有资格——就像我的某个兄弟一样——每天在我的沙发上坐两小时——经过审慎的选择，他宁愿去实现这样一种梦想，也不想奢望更高的目标。这些目标在我的世界里都无法得到实现，但是他说，他不会让我烦恼——只要我愿意，他会一直等我二十年，直到我们两个都变老，直到最后——哦，太晚了——我会像他现在懂得自己的感情一样明白他对我的爱——而且我知道，他对我的爱永远不会褪色。同时，他只要求我给予他我能做到的，他不会要求我去跳舞或是唱歌——而是去帮助他工作，去生活，去过一种有意义的生活，并快乐地走完人生——这些都是我能够做到的。

乔治，这就是我要去接受的爱，这个男人——这样的一个男人——他是那么高贵——他的智慧只是他所有天赋中最微不足道的一部分！他的爱就像是神的旨意一样出现在我的面前。我只不过是一个女人，一个像所有女人一样有感情的女人，喜欢把爱埋藏在忧伤心灵的最深处。难道不是他走进了我不幸的生活吗？难道不是他在我与命运抗争时走到我身边的吗？这使我想起经历过的所有的痛苦和孤独，以及我怎样才让那些对我只有一点耐心的人感到满意。这么多年来，个人的虚荣已经从我身上完全消失殆尽了。而他，这样一个男人！为什么男人们和我谈论他们的爱情——但是没有一个人能让我满意，考虑接受他的爱，并放弃我自己的独身生活？我从来不相信一个我爱的男人（**我憎恨为了爱必须有一种把头高高昂起的需要**）会因为爱着我而感到满足。但是，他很满足，过去是，现在也是。我们在所有问题上都有一致的看法——这些问题越是神圣，我们似乎就离得越近。我们都是诗人，而且我们同是基督徒。在将近两年的时间里，我们相互了解了对方的观点、思想、感情以及优点和缺点，只有少数处在我们这种情形中的人有同样的机会去做到这些。当他完全了解我的时候，他全身心地爱上了我——最后我只能说——“等到冬天把——你会看到我又犯病的样子——如果没犯病，我就会离开这里去你那儿。”我确信我是一定会再生病的。但是，冬天来临时，天气温和而舒适——我的健康状况没有恶化——我也没有去他那里。

乔治，我恳求你，鉴于这些特殊的情况，请你温和地评判我——并且，请一点也不要怪罪于他。我对他没有像通常那样向我父亲提出请求负全部的责任——因为他打算那样做——非常想那样做——但我阻止了他。应受责备的应该是我。但是我知道，你也知道，不管他请求的最终如何——从那一刻起我们都会被分开的。他并不富有——无论如何，我都无法忍受那些来自我最深爱的人的激烈反对——并且用公开的行动去反抗爸爸的意愿，我更不会运用我相信是属于自己的权利，亲自去采取如此严厉的行动，这些都是我自己的责任。我们两个人都愿意以一种比人们所理解得更简单的方式去感悟生活，我们顺从自己的良心而快乐地生活，我们不需要变得比现在富有。乔治，我恳求你考虑这些事实，温和的评判我，而且你知道，我已断然决定将自己的一生托付给这个在我眼中最高贵的男人了，他也给了我一个男人所能给予的最深厚的爱——采取这种方式会痛苦，但是我决不会再让自己软弱。我说这一切的目的，并不是想从那些我深怀感激的人那里得到尊重和爱。我恳求你能够理解——我恳求你将这封信交到我最亲爱的爸爸面前，就这样——而且，与你们中的任何一个人商量这件事。把你们卷入到我应独自承担的谴责中，都是卑鄙的，因此，我没有与你们商量这件事。我在此声明这个家里的每一个人都没有参与我自己的这个行动，他们都与这件事无关。我深深地、温柔地爱着你，我的所作所为对你来说太不公平了。请看在此事发生之前和之后我爱你始终如一的份上，原谅我所作的一切吧——因为（**不论你是否原谅我**）我离开你之后的每个小时，都会怀着最温柔的感情去想念你……

我认为这件事完全起因于我自己。说实话，我和勃朗宁先生只有过一次公开会面——除了那天，在我们的教区教堂，为了成为他的妻子而当着两个必不可少的见证人会面。我们将穿过法国，沿塞纳河和莱茵河而下到比萨去过冬，因为那里的气候对我恢复健康很有帮助，我们将于明年夏天回来。当他意识到我所拥有的财产很少时，他非常希望我能将它们留给我的姐妹们，身无分文地嫁给他——但是，我没有接受这个在正常情况下我会同意的建议。我坚持认为，基于我的健康状况很不稳定，我必须避免使自己成为他的负担——至少是在金钱方面。

乔治，亲爱的乔治，请将这封封了口的信念给我最亲爱的爸爸听——慢慢地将信中的话告诉他——然后把信交给他，让他自己去看。如果他想要看这封写给你的信——我会很高兴——我希望他是公正的，并恳求他充满爱地去读这封信，希望他能理解这件事的方方面面。乔治，相信我，从我自己关于权利和公正的观点出发，为把这件事做好，我已经尽力了——如果这不是你的看法，请包容并原谅我。

我所爱的人们，你们都原谅我吗？请相信，如果我留在这里能够对你们中的任何一个人有益处，那我一定会留下来的。我是不是经常不能为你们做我力所能及的事情？当我能做时我一定会的——我现在很虚弱。在这紧要的关头，如果我去做与我的计划相反的事，我将成为无法获得救赎的牺牲品，是在为一些无谓的事做牺牲。我的精神将在这个监狱里崩溃，你们中的所有人都会因为我的痛苦而更加难过。而且，我还会伤害一个我爱的人。我不能这么做。

如果你还对我怀有一丝感情的话，乔治，亲爱的乔治，请给我回信——无论如何——让我听到你的消息。我还会写的——祝福你，爱你。

2. 杰克·伦敦 & 安娜·斯坦斯基

背景介绍：

杰克·伦敦（1876－1916），美国著名小说家，出生于旧金山的约翰格里菲思钱尼镇，是一个星相家的私生子。杰克·伦敦和他的妈妈——一个巫师生活在一起，“伦敦”这个姓是从他的继父那里获得的。杰克·伦敦的著作包括《野性的呼唤》（1903）、《海狼》（1904）以及《白牙》（1905），描述了一种烂漫主意的生存观。他自己的生活充满了冒险，做水手、徒步旅行、社会主义者、政治候选人以及育空（美国阿拉斯加州城市——译注）金矿的矿工，在他21岁的时候，他的生活就像是一部他喜欢的探险小说。从阿拉斯加回到旧金山后，杰克·伦敦的创作生涯进入了鼎盛时期，在此期间他写了50本小说，但在此后的17年里再也没有小说问世。

1899年12月，杰克在一次社会党的聚会中遇到了安娜·斯坦斯基。这个17岁的宝贝姑娘迫切地想要将杰克·伦敦改造成一个纯粹的社会主义者，他们没完没了地讨论问题，以至于她常常将他们的友情称之为“战斗”。1900年，杰克·伦敦一时冲动地娶了贝西·玛德恩，并于1901年有了他们的第一个女儿。另外，在与安娜仍然保持关系的情况下，杰克·伦敦又遇到并爱上了莎尔尼·吉特利志，他为了她抛弃了自己的妻子和女儿。开始时，贝西认为是安娜抢走了杰克对她的感情，而事实上却是莎尔尼——一个贝西与之倾诉她与杰克·伦敦婚姻忧虑的人。这封信是杰克·伦敦 1901 年写给安娜的，她也许是和他在一起的最忠实的女人。

正文：

亲爱的安娜：

我是不是说过人可以被分类？好的，如果我说过，让我再加一些限制吧——并不是所有的人。你使我困惑，我不知道该如何给你定位。我可以自夸的说，在特定的情况下，我也可以准确的预见十个人中九个人的行为。但我却无法把握你。十个人中的九个，我都可以通过他们的言行感知他们内心的情绪。但是对于这第十个，我毫无把握，她超出了我的能力范围。你就是这第十个。

竟然有这样两个灵魂，他们彼此沉默不语，却又能心心相印！我们有相同的感受——真的，经常这样——当我们的感受不同的时候，我们又能够相互理解，尽管我们说的不是一样的话。在我们之间不需要口头的语言。我们是让人无法理解的一对。上帝也会为这样的哑剧发笑的。

我们交往的所有方面都有我们在本质上都是博大的这一迹象，这种迹象大的足够让彼此经常理解对方。的确，我们经常能够互相理解，但是以一种模糊的、难以察觉的方式，这种难以严明的感觉就像鬼魂一样不可捉摸，当我们对之产生怀疑时，它们又用事实来征服我们。直到现在，对于我来说，我都不敢确信，你就是我不能预料的那第十个人。

我现在是不是不可理喻？我不知道。我想是这样的。我找不到我们之间的共同语言。

本质上的博大——正是这样，正是它使你我保持所有的联系。我们所拥有的、从你我之间一闪而过的、你我所具有的一点点共通性，正是它使我们联系在一起。但是，我们仍然是如此的不同。

当你变得狂热时我对你微笑。这是一种可宽恕的微笑——而且，它几乎是一种忌妒的微笑。我已经过了 25 年压抑的生活，我曾学着不去狂热。（我们之间的这份感觉）是很难忘记的。我已开始去忘记，但是只能忘记一点点。

也许只有到我死的时候，才能全部忘掉。我指望能忘掉全部或者一大部分。既然我正学着忘记这些，那么我可以为一些小事，为其他的事而狂喜。然而我始终不能为我自己的事情，一些秘密的、困扰我的事情狂喜。我不能，我不能。我让那个自己变得可以理解了吗？恐怕没有。这个世界上有许多装腔作势、表里不一的人，我就是他们中最成功的一个。

杰克

3. 玛乔莉·福萨 & 艾尔维斯·普莱斯利（猫王）

背景介绍：

玛乔莉·福萨（生卒不详）。与大多数人所想的相反，崇拜名人者与名人之间的信件并不是一种稀奇现象，例如巴尔扎克和布朗宁之间非常满意而又持久的关系，就是从一封崇拜者的信开始的。

这封信是写给美国最著名的传奇式歌星猫王（艾尔维斯·普莱斯利）的，时间是1972年6月12日，这一年他的音乐作品《燃情的爱》出版，这是他最后的杰作。尽管也许玛乔莉表达爱的方式不如罗伯特·布朗宁给伊丽莎白·巴莱特的信那样富于诗意，但是在她散文式的信中仍然充满了令人感叹的真诚。当摇滚“国王”读到这些话时会想些什么呢？“不是因为你是名人而爱你……”玛乔莉说猫王给她回了一个表示感谢的便条，还有一张亲笔签名的照片，这些她都锁在自己保险箱的储物盒中小心地保存着。

正文：

亲爱的艾尔维斯：

啊，最后，我终于在星期六，6月10日，在麦迪逊广场花园见到了你。

我现在像是在九千英尺高的云层上。

我根本无法吃饭、睡觉、开车或工作。50年代，从你震撼舞台的第一天起，我就一直是你虔诚的狂热崇拜者。我从来没有喜欢过别人的音乐，在高中时代我失去了许多男朋友（仅仅因为他们都忌妒你）。我将我所有的钱都用来买你的唱片。在学校时我做了三分兼职。只有这样我才能够继续买所有你的音乐以及其他一切我能发现的与你有关的物品。50年代我读高中，之后，在1960年我结婚了（嫁给了一名军人）。也许你不相信，他长得很像你，只是没有你那么英俊。我到处旅行，期待着有一天能够见到你（**我从没有放弃过**）。我从前在华盛顿特区、弗吉尼亚、俄克拉荷马住过，现在住在新泽西，当我听说你会在花园广场演出时，我立刻请了一天假，就是为了到城里买到我所能买到的最多的票。你知道，我所有的朋友也都是你的崇拜者（**我当然没有想过要交其他的朋友**）。就算我们的座位都离你非常遥远也没有关系，因为我已经买了一个高能双倍望远镜，以便我能尽可能近的看到你。有些女孩们被纽约市警察局的人拖走或者轰出场外。这一天是我一生中最激动的一天（**比我结婚的那一天还要激动**）。

顺便说一句，我丈夫陪着我去听你的音乐会。他一直对你不感兴趣，但他看到你之后就完全改变了态度。现在他也是你的一个狂热的崇拜者，他甚至向我承认说我也很有品位，以前他在家里的时候不允许我听你的唱片，我总是不得不等他走了之后才听，这使我感到很不愉快。我威胁他说，如果他不改变这一点，让我享受我的生活的话，我就和他离婚。

我今天回去工作时……一个巨大的意外正等着我，我被开除了。我已经为这个卑鄙的建筑商工作了一年，他不介意我请一天的假，可是介意我为见到你而请假去买票的做法。我太愤怒了，我希望他永远也找不到一个秘书来接替我。但是，我认为只要能够见到你，即使失去五十份工作也是值得的。我爱你远胜过爱我的生命，我不能等到下一次音乐会时才见到你……接着到新泽西来吧。当我的丈夫坐在那儿，看到花园广场里观众爆满时，他断定你是伟大的，因为有这么多的追随者在这里赞美你，不停地尖叫着、呼喊着。

我为你是你的样子而爱你，为你拥有使全世界的人感到快乐的方式而爱你，而不是因为你是名人而爱你。在我年轻的时候，我就像所有其他的少女一样，梦想能成为猫王的夫人，你对人类和音乐都产生了最伟大的影响，不光是摇滚乐，我喜欢你唱的每一首歌。你具有任何人都不具有的特殊的魅力。

我现在要停笔了。我希望你永远不要停止唱歌，你真的使这个世界变得更加美好了。在音乐上，也许有人会像你，但永远也没有一个人可以取代你。我会用我的一生来爱你。让我的一生在爱你中度过。

你的第一号崇拜者——玛乔莉·福萨

于新泽西州蒙特克莱尔镇

4. 凯瑟琳·曼斯菲尔德 & 约翰·默利

背景介绍：

凯瑟琳·曼斯菲尔德（1888－1923），出生于新西兰的短篇小说家。凯瑟琳在伦敦皇家大学进行短暂的学习后回家开始学习音乐，但随后又回到伦敦从事文学创作。她的哥哥在第一次世界大战中的死使她受了很大的刺激，从而写出了自己的第一部重要作品《序幕》（1917），怀念他们的童年时代，纪念自己的祖国。《序幕》收集了她写的故事和评论，由贺加斯出版社出版。在结束一段和乔治·博登的失败婚姻后，她在 1918 年和这封信的接收者约翰·默利（1889－1957）结婚。后来，凯瑟琳加入了一个包括 D·H·劳伦斯和弗吉尼亚·伍尔芙在内的上流社会的文学圈子。她最出色、最具影响力的作品是在她人生的最后岁月里写成的。1923 年，她因肺结核病去世，终年 35 岁。

正文：

我的亲爱的：

不要猜想，因为你会发现我已经看过了你信中写的那些话了。你知道，我还没有写——而且哪儿有地方存放写给你的情书呢？因此，今晚我渴望写一封情书给你。我的世界里满是你——我似乎在与你同呼吸——听到你——感觉你就在我的身体里和我融为一体——我在这儿做什么？你已经离开了这里——我看到你在火车上，火车在慢慢爬升，你坐在灯光下交谈、向人们致意——在洗你的手——我在这里——在你的帐篷里——坐在你的桌旁。桌上有一些桂足香的花瓣、一根燃过的火柴、一支蓝色的铅笔和一张报纸。我就像它们一样，是在自己家里。

当夜幕降临的时候——笼罩着寂静的花园——轻拍着漆黑的窗户——我最终的也是最后的恐惧开始了——那时我正在厨房里煮咖啡。它是如此的强烈，如此可怕，于是我放下咖啡壶——迅速地逃走了——我冲出画室，冲到大街上，带着一沓信纸，一只胳膊下夹着我的包，另一只胳膊下夹着我的笔。我感觉到如果我能够赶到这里并且找到她，我就会“安全”了——我找到了她，点燃了你的炉子，给你的表上发条——拉上你的窗帘——没有来得及坐下就拥抱你的黑色外套——我不再感到恐惧。千万不要生我的气——我就是这样来到这里。

今天下午来喝茶的时候，你拿起一个奶油蛋卷，把它折成两段，用两根手指向里面填塞夹心，你总是用一个小圆面包或者是一个面包卷或者是一片面包来这么做——这就是你的方式——当这么做时，你的头微微的歪向一边……

——当你打开你的手提箱时，我看到了你的旧毡头笔、一本法语书，还有一把梳子，一切都是杂乱无章的——“蒂基（昵称），我只带了三块手帕。”——为什么那些记忆对我来说总是如此的甜蜜？……

昨晚，在上床睡觉之前你又拖延了一会儿。你站立着，完全裸露着身体，渴望一次简短的——交谈。这只是一瞬间的事。我看见了你——我如此爱你——如此温柔的注视着你的身体——啊，我亲爱的——我现在所想的不是“激情”，不，我是在想其他的事情，它使我感觉到，你身体上的每一英寸对我来说都那么的珍贵。你的娇柔的双肩——你的柔滑的、温暖的肌肤，你的耳朵，像贝壳一样冰冷——你的修长的腿，还有你的双脚，我总是喜欢用自己的双脚去紧勾着它们，——触摸你的腹部的感觉——你的薄而健壮的脊背——就在你的后颈部突出的那块骨头上，有一颗小痣。这在一定程度上是因为我们都还年轻，我会温柔地去感受这一切的——我爱你的年轻和活力——如果我是上帝，我甚至不能忍受一丝清风去触动它。

你知道，我们两个人具备一切的条件，我们将做出伟大的事情——我对咱们俩有绝对的信心——就像它本来那样，我对你的爱太完美了，以至我的灵魂对此居然没有一丝察觉。除了你，我不想要任何人做我的爱人和朋友。除了你，我不会对任何人忠诚。

我永远是你的。

5. 卡夫卡 & 菲丽丝·鲍尔

背景介绍：

弗兰兹·卡夫卡（1883－1924），德国小说家，出生于布拉格，父母都是犹太血统的德国人。在卡夫卡死后才出版的小说使他赢得了国际声誉，这些作品表达了对人性的忧虑和疏离的感情。他的父母以及和父亲之间难以处理的关系使他感到非常痛苦。他的小说《故事》（1916）就是对这种挣扎的描述，这部作品同时也反映了卡夫卡的爱情生活。他一生只爱过很少几个女人，其中最重要的是菲丽丝·鲍尔，他曾和她两次订婚，他们最后在 1917 年分手，就在同一年，他被诊断患有肺结核。为了逃避父母并专注于他的写作事业，卡夫卡做了最后的绝望的努力。他移居柏林后，日益恶化的健康状况迫使他住进了维也纳附近的一个医疗中心，并于 1924 年在那里去世。这封信写于 1912 年 12 月的某一天，也就是卡夫卡和菲丽丝建立关系的第一年，这封信读上去就像是从他的一部杰作中抽出的一段情节。

正文：

最最亲爱的：

门关闭着，一切都那么寂静，我又一次和你在一起了。现在“和你在一起”意味着多少事情？我整整一天都无法入睡，当我在整个下午以及傍晚不停的来回踱步时，我感觉脑袋是那么的沉重，头脑不清。现在，当黑夜真正来临时，我又觉得非常兴奋，感到身体里有一种巨大的写作冲动，这种在写作中才表现出来的冲动，开始以最不合时宜的方式煽动起来。由它去吧，我要上床睡觉了。但是如果我能够用写作和睡觉来度过圣诞节，我最亲爱的，那就太美好了！

今天下午我一直在追随你，当然，这是徒劳的。实际上，这也并不算是徒劳，因为我一直可以和雷德曼小姐尽可能的接近，毕竟她有很长时间和你离得很近，因为你们的关系亲密，还因为她碰巧是你的信件的保管人，我当然非常羡慕她。为什么我一直盯着她的嘴唇，看到她准备说出第一个词的时候，她却绝口不提关于你的事情呢？你们已经停止相互写信了吗？但这又怎么可能！并且如果她不知道任何关于你的新消息，为什么她不说些关于你的旧事呢？如果她不想谈论你，当她谈论过去的事情时，为什么她不像从前那样，至少提起你的名字呢？但是，没有，这一切她都没有做；相反，她让我一直闲荡着，谈论一些难以置信的、对我来说无关紧要的事情，比如布雷斯劳、咳嗽、音乐、丝巾、胸针、发型、意大利的假期、滑雪橇、用珠子装饰的包、式样呆板的衬衫、袖口的链环、维克多·雨果、法语、公共浴室、淋浴、烹饪、哈登的事情、经济形势、夜间旅行、皇家旅馆、帽子、布雷斯劳大学、亲戚们——简而言之，谈论了太阳底下的一切事情，不幸的是，唯一与你有一点联系的话题也是由几个关于金字塔、阿斯匹林这样的词组成的。

为什么我花这么长的时间谈论这样的话题？为什么我会喜欢让那两个词从我的口中说出来，这真是让人惊讶的事情。但是，真的，将这些作为今天下午唯一的结果，我并不满意，因为几个小时以来，我的头脑中满是想要听到“菲丽丝”这个词的念头。最后，我有意将我们的谈话引导到关于柏林和布雷斯劳之间的铁路上来，同时，给了她一个阴险的表情——面无表情。

弗兰兹

6. 萧伯纳 & 斯特拉·坎贝尔

背景介绍：

乔治·萧伯纳（1856—1950）。爱尔兰剧作家、小说家、音乐评论家和社会主义者，1925 年诺贝尔文学奖获得者。尽管萧伯纳的爱情生活为公众所瞩目（他始终忠诚于他的妻子夏绿蒂），但他对被称为斯特拉的女演员帕特里克·坎贝尔夫人也充满了激情。他们书信往来四十年，他们之间关系开始时萧伯纳 42 岁，是一个并不很知名的剧作家，斯特拉当时 34 岁，正处于自己事业的巅峰。尽管是她给了萧伯纳写作《皮格梅隆》的灵感（从 1897 年起萧伯纳就有了为她写作的念头），但她坚决拒绝演这部戏的主角伊莱扎·杜利特尔。当她态度缓和决定出演这一角色后，这部戏成为了一部虽有争议但却成就了她演艺生涯中最大成功的喜剧。随着时间的推移，萧伯纳的戏剧作品越来越受到欢迎，而斯特拉的演出却越来越少，直到最后她开始试图在好莱坞开创自己的事业。

那么，萧伯纳的妻子又怎样对待他们的关系呢？夏绿蒂对萧伯纳同时爱着两个女人持忍耐态度。在一封亚历山大·伍尔科特写给桑顿·怀尔德的信中他提到：“难道鲁思（戈登）从来没有告诉过你，在我们的别墅里午餐时，萧伯纳一直在谈论斯特拉·坎贝尔，足足有一个半小时，直到后来萧伯纳太太实在无法忍受，并开始不停敲着她用来吃沙拉的叉子，以警告他自己再也无法忍受任何一个关于这个话题的词语时，萧伯纳才停了下来？”当斯特拉决定嫁给乔治·康沃利斯·韦斯特时，她使萧伯纳很伤心，但也许这种伤心只是片刻的。他当时并不像他在1913年8月11日写给她的三封长信中的第二封里所宣称的那么快乐。

正文：

我非常好，你尽管离开吧。失去一个女人并不意味着世界末日。太阳依然在照耀，游泳让人感到很高兴，工作也使人充实，我的心灵可以自由自在的飞翔。但是，我被深深地、深深地、深深地伤害了。你已经厌倦了我；和我在一起你感到不舒服；我不能给你带来安宁、平静，甚至乐趣；在我们的感情中始终没有任何坦诚可言。只有我一直是快乐的，粗心的快乐着，感到心情舒畅，能够在餐后以自己最快的速度走几英里去找你，一路上还一直唱着歌（早晨我走了8英里，顺便说一下，这已经被写进我剧本的一个场景中去了）。后来，当我看见你表现出相当厌倦的样子，对我的所做的一切也不感兴趣时，我变得非常滑稽的想要睡觉。哼！你没有神经；你没有大脑；你简直就是一幅18世纪女性伤感主义者形象的讽刺画，是一个用伯尼·琼斯的破布袋的零碎打扮成的海达·格伯勒；除了你所知道的错误的东西外，你一无所知。

请求上帝救救你吧！阳光使你变瞎，你只能鬼鬼祟祟地追赶生活的轨迹，当生活转过身来向你张开臂膀时，你又会逃跑或者尖叫着蜷缩起来。你不是男人的红宝石上的光环，而是男人的耻辱和迷恋物。你没有将世界的丰富内容融入自己的心灵，你将自己和世界隔离开来，使自己得到解脱，保护着自己；你也不是对一千个男人有一千种诱惑力，而是对于你偶遇的人有一种魔力——碰到的或这时错过的——年老的、年轻的、佣人、孩子、艺术家，以及平庸之辈们。你是一个单面演员，那并不是真实的一面。你是一只被我的阳光照射了两天而生命垂危的猫头鹰，我对你简直就是好得过了头，盲目地崇拜你，我将自己的心灵和思想全部交给你（就像我把它们交给这个世界一样），而你对这些的回应竟是逃跑。那么，你还是离开吧！崇拜萧伯纳的氧气会烧坏你的两个小肺。去寻找一些适合你的填充物吧。你不会嫁给乔治的！在最后一刻你会使他闻到你身上所散发出来的刺鼻的臭味，使他因你无耻的灵魂而离开你。你已经伤害了我的虚荣。这简直就是难以想象的无耻，不可原谅的罪行。再见，我所爱的卑鄙的人。

7. 傅雷家书（一）

一月三十日晚：

亲爱的孩子：

你走后的第二天，就想写信，怕你嫌烦，也就罢了。可是没一天不想着你，每天清早六七点就醒，翻来覆去睡不着，也说不出为什么。好像克里斯朵夫的母亲独自守在家里，想起孩子童年一幕幕的形象一样；我和你妈妈老是想着你二三岁到六七岁间的小故事——这一类的话我们不知有多少可以和你说，可是不敢说，你这个年纪是一切向前的，不愿意回顾的；我们啰里啰嗦的抖出你尿布时代及一把鼻涕一把眼泪时代的往事，会引起你的烦恼。孩子，这些我都很懂得，妈妈也懂得。只是你的一切终身会印在我们脑海中，随时随地会浮起来，像一幅幅的小品图画，使我们又快乐又惆怅。

真的，你这次在家一个半月，是我们一生最愉快的时期；这幸福不知应当向谁感谢，即使我没宗教信仰，至此也由不得要谢谢上帝了！我高兴的是我又多了一个朋友；儿子变了朋友，世界上有什么事可以和这种幸福相比的！尽管将来你我之间离多别少，但我精神上至少是温暖的，不孤独的。我相信我一定会做到不太落伍，不太冬烘，不至于惹你厌烦。也希望你不要以为我在高峰的顶尖上所想的，我见到的，比你们的不真实。年纪大的人总是往更远的前途看，许多事你们一时觉得我看的不对，日子久了，现实却给你证明我并没大错。

孩子，我从你身上得到的教训，恐怕不比你从我得到的少。尤其是近三年来，你不知使我对人生多增了几许深刻的体验，我从与你相处的过程中学到了忍耐，学到了说话的技巧，学到了把感情升华！

……

8. 傅雷家书（二）

一月二十六日

亲爱的孩子：

元旦一手扶杖，一手搭在妈妈肩上，试了半步，勉强可走，这两日也就半坐半卧。但和残废一样，事事要人服侍，单独还是一步行不得。大概再要养息一星期方能照常。

早预算新年中必可接到你的信，我们都当作等待什么礼物一般的等着。果然昨天早上收到你的来信，而且是多少可喜的消息。孩子！要是我们在会场，一定会禁不住涕泪横流的。世界上最高的最纯洁的欢乐，莫过于欣赏艺术，更莫过于欣赏自己的孩子的手和心传达出来的艺术！其次，我们也因为你替祖国增光而快乐！更因为你能借音乐而使多少人欢笑而快乐！想到你将来一定有更大的成就，没有止境的进步，为更多的人更广大的群众服务，鼓舞他们的心情，抚慰他们的创痛，我们真是心都要跳出来了！能够把不朽的大师的不朽的作品发扬光大，传布到地球上每一个角落去，真是多神圣、多光荣的使命！孩子，你太幸福了，天待你太厚了。我更高兴的更安慰的是：多少过分的谀词与夸奖，都没有减少你对艺术的谦卑！总算我的教育没有白费，你二十年的折磨没有白受！你能坚强，只要你坚强，我就一辈子放了心！成就的大小、高低，是不在我们掌握之内的，一半靠人力，一半靠天赋，但只要坚强，就不怕失败、不怕挫折、不怕打击——不管是人事上的，生活上的，技术上的，学习上的——打击；从此以后你可以孤军奋斗了。何况事实上有多少良师益友在周围帮助你，扶掖你。还加上古今的名著，时时刻刻给你精神上的养料！孩子，从今以后，你永远不会孤独的了，即使孤独也不怕的了！

赤子之心这句话，我也一直记住的。赤子便是不知道孤独的。赤子孤独了，会创造一个世界，创造许多心灵的朋友！永远保持赤子之心，到老也不会落伍，永远能够与普天下的赤子之心相接相契相抱！你那位朋友说得不错，艺术表现得动人，一定是从心灵的纯洁来的！不是纯洁到像明镜一般，怎能体会到前人的心灵？怎能打动听众的心灵？

斯曼齐安卡说的肖邦协奏曲的话，使我想起前二信你说李赫特弹柴可夫斯基的协奏曲的话。一切真实的成就，必有人真正的赏识。

音乐院院长说你的演奏像流水，像河；更令我想到克里斯多夫的象征。天舅舅说你小时候常以克里斯多夫自命；而你的个性居然和罗曼罗兰的理想有些相像了。河，莱茵，江声浩荡……钟声复起，天已黎明……中国正到了“复旦”的黎明时期，但愿你做中国的——新中国的——钟声，响遍世界，响遍每个人的心！滔滔不竭的流水，流到每个人的心坎里去，把大家都带着，跟你一块到无边无岸的印象的海洋中去吧！名闻世界的扬子江与黄河，比莱茵的气势还要大呢！……黄河之水天上来，奔流到海不复回！……无边落木萧萧下，不尽长江滚滚来！……有这种诗人灵魂的传统的民族，应该有气吞牛斗的表现才对。

你说常在矛盾与快乐之中，但我相信艺术家没有矛盾不会进步，不会演变，不会深入。有矛盾正是生机蓬勃的明证。眼前你感到的还不过是技巧与理想的矛盾，将来你还有反复不已更大的矛盾呢：形式与内容的枘凿，自己内心的许许多多不可预料的矛盾，都在前途等着你。别担心，解决一个矛盾，便是前进一步！矛盾是解决不完的，所以艺术没有止境，没有十全十美的一天！唯其如此，才需要我们日以继夜，终生的追求、苦练；要不然大家做了羲皇上人，垂手而天下治，做人也太腻了！

9. 傅雷家书（三）

八月二十九日

亲爱的孩子：

八月二十日报告的喜讯使我们心中说不出的欢喜和兴奋。你在人生的旅途中踏上一个新的阶段，开始负起新的责任来，我们要祝贺你，祝福你，鼓励你。希望你拿出像对待音乐艺术一样的毅力、信心、虔诚，来学习人生艺术中最高深的一课。但愿你将来在这一门艺术中得到像你在音乐艺术中一样的成功！发生什么疑难或苦闷，随时向一两个正值而有经验的中、老年人讨教，深思熟虑，然后决定，切勿单凭一时冲动；只要你能做到这几点，我们也就放心了。

对终身伴侣的要求，正如对人生一切的要求一样不能太苛。事情总有正反两面：追得你太迫切了，你觉得负担重；追得不紧了，又觉得不够热烈。温柔的人有时会显得懦弱，刚强了又近乎专制。幻想多了未免不切实际，能干的管家太太又觉得俗气。只有长处没有短处的人在哪儿呢？世界上究竟有没有十全十美的人或事物呢？抚躬自问，自己又完美到什么程度呢？这一类的问题想必你考虑过不止一次。我觉得最主要的还是本质的善良，天性的温厚，开阔的胸襟。有了这三样，其他都可以逐渐培养，而且有了这三样，将来即使遇到大大小小的风波也不致变成悲剧。做艺术家的妻子比做任何人的妻子都难；你要不预先明白这一点，即使你知道“责人太严，责己太宽”，也不容易学会明哲、体贴、容忍。只要能代你解决生活琐事，同时对你的事业感到兴趣就行，对学问的钻研等等暂时不必期望过奢，还得看你们婚后的生活如何。眼前双方先学习互相的尊重、谅解、宽容。

对方把你作为她整个的世界固然很危险，但也很宝贵！你既已发觉，一定会慢慢点醒她；最好旁敲侧击而勿正面提出，还要使她感到那是为了维护她的人格独立，扩大她的世界观。倘若你已经想到奥里维的故事，不妨就把那部书叫她细读一二遍，特别要她注意那一段插曲。像雅葛丽纳那样只知道“爱，爱，爱”的人只是童话中人物，在现实世界中非但得不到爱，连日子都会过不下去，因为她除了爱一无所知，一无所有，一无所爱。这样狭窄的天地哪像一个天地！这样片面的人生观哪会得到幸福！无论男女，只有把兴趣集中在事业上、学问上、艺术上，尽量抛开渺小的自我，才有快活的可能，才觉得活的有意义。未经世事的少女往往会存一个荒诞的梦想，以为恋爱时期的感情的高潮也能在婚后维持下去。这是违反自然规律的妄想。古语说，“君子之交淡如水”；又有一句话说，“夫妇相敬如宾”。可见只有平静、含蓄、温和的感情方能持久；也即是我们所谓的终身伴侣。未婚之前双方能深切领会到这一点，就为将来打定了最可靠的基础，免除了多少不必要的误会和痛苦。

你是以艺术为生命的人，也是把真理、正义、人格等等看做高于一切的人，也是以工作为乐生的人；我用不着唠叨，想你早已把这些信念表白过，而且竭力灌输给对方的了。我只想提醒你几点：第一，世界上最有力的论证莫如实际行动，最有效的教育莫如以身作则；自己做不到的事千万不要要求别人；自己也要犯的毛病先批评自己，先改自己的。第二，永远不要忘了我教育你的时候犯的许多过严的毛病。我过去的错误要是能使你避免同样的错误，我的罪过也可以减轻几分；你受过的痛苦不再施之于人，你也不算白白吃苦。总的来说，尽管指点别人，可不要给人“好为人师”的感觉。奥诺丽纳的不幸一大半是咎由自取，一小部分也因为丈夫教育她的态度伤了她的自尊心。凡是童年不快乐的人都特别脆弱，特别敏感，你回想一下自己，就会知道对付你的爱人要如何温柔，如何谨慎了。

我相信你对爱情问题看得比以前更郑重更严肃了；就在这考验时期，希望你更加用严肃的态度对待一切，尤其要对婚后的责任先培养一种忠诚、庄严、虔诚的心情！

第九章 名人演讲

在历史上，有着诸多值得人们深刻记忆的名人。他们在某些历史时刻慷慨激昂的演说，震撼着人们的内心，有的甚至改变了整个世界。

作为传媒人一员的主持人，在这些段落的训练过程中，不仅能够走入伟人们的内心世界，对人类发展的各个时期有更人性化的理解；也能够借此机会体验到这不同寻常的情感激荡。

1. 爱德华八世宣布退位 英国伦敦温莎堡（1936 年 12 月 11 日）

历史背景：

1936 年 12 月 11 日，爱德华八世，在位 325 天的大不列颠和爱尔兰国王，成为第一位自愿退位的英国君主。作为乔治五世的长子，爱德华于 1936 年 1 月 21 日父亲去世的第二天登上王位。直到宣布欲与沃丽丝・沃菲尔德・辛普森结婚之前，他都受到臣民的广泛拥戴；这位美国妇女正提出诉讼要与其第二任丈夫离婚。英国政府、英格兰教会和很多民众都反对这场婚姻，但是国王拒绝取消与辛普森太太的婚约。由于没有妥协的可能，危机不断上升，12 月 11 日爱德华宣布退位。当晚，议会通过退位议案；次日，爱德华的弟弟宣布成为乔治六世国王。前国王被授予温莎公爵的头衔；1937 年 6 月 3 日，他在法国与沃丽丝・沃菲尔德结婚。

正文：(附原文参考)

长久以来，我终于可以说出一些我自己想说的话了。我从没有刻意要坚持什么，然而直到现在为止，我都没有能够正式的把我的想法表达出来。

几小时前，我卸下了我作为国王的职责，现在，我已经让位给了我的兄弟，约克公爵，那么我首先要说的是宣布我对他的忠诚。对此我毫无保留。

你们都知道我放弃王位的真实原因。然而我想让你们明白的是，在我下此决心的时候，我并没有忘记国家和我们的大英帝国，在这一切发生之前，我作为威尔士亲王而后作为国王，已经为这个国家全力工作了二十五年。

但是，请你们相信，正如我对你们所说的，我发现如果没有我所爱的女人的帮助与支持，我已经不能够承担并履行我作为国王的职责和义务了。

我还希望你们能知道，这一决定是我所做出的，并且仅仅是我个人做出的。这是我不得不为自己做出的决定。与此最有关系的那个人一直到最后一刻都试图劝说我采取别的方式。

At long last I am able to say a few words of my own. I have never wanted to withhold anything, but until now it has not been constitutionally possible for me to speak.

A few hours ago I discharged my duty as King and Emperor, and now that I have been succeed by my brother, the Duke of York, my first words must be to declare my allegiance to him. This I do with all my heart.

You all know the reasons which have impelled me to renounce the throne. But I want you to understand that in making up my mind I did not forget the country or the empire, which, as Prince of Wales and lately as King , I have for twenty-five years tried to serve.

But you must believe me when I tell you that I have found it impossible to ca- rry the heavy burden of responsibility and to discharge my duties as King, as I would wish to do, without the help and support of the woman I love.

And I want you know that the decision I have made has been mine and mine alone. This was a thing I had to judge entirely for myself concerned has tried up to the last to persuade me to take a different course.

我已做出这个我一生中最认真的决定，纯粹是为了它最终为所有的人都带来最好的局面。

由于确信我的兄弟，拥有在这个国家公共事务中的长期训练和良好品质，将能够继续代替我的位置而不会中断或者伤害到帝国的生命和进步，做出这个决定对于我就容易一些了。另外他还拥有一个别无替代的福缘，如你们中许多人都享有的，而我却无从得到的——一个有妻子和孩子的幸福家庭。

在这艰难的岁月里，我得到了王后陛下我的母亲和我的家人的关怀。王国的大臣们，尤其是首相鲍德温先生，对我总是体贴周到。在我和他们之间以及我和议会之间没有任何制度上的不同。我在我父亲的制度传统下长大，永远也不会允许发生这样的事情。

自从我登上威尔士亲王的王位，而后又登上国王的王位以来，不管我住在哪里，或者走到帝国的哪个地方，我都得到了所有阶层人民的最好的对待。为此我十分感激。

I have made this, the most serious decision of my life; only upon the single thought of what would , in the end , be best for all.

This decision has been made less difficult to me by the sure knowledge that my brother, with his long training in the public affairs of this country and with his fine qualities, will be able to take my place forthwith without interruption or injury to the life and progress of the empire. And he has one matchless blessing, enjoyed by so many of you, and not bestowed in me ——A happy home with his wife and children.

During these hard days I have been comforted by her majesty my mother and by my family. The minister of the crown, and in particular, Mr. Baldwin, the Prime Minister, have always treated me with full consideration. There has never been any constitutional difference between me and Parliament. Bred in the constitutional tradition by my father, I should never have allowed any such issue to arise.

Ever since I was Prince of Wales, and later on when I occupied the throne, I have been treated with the greatest kindness by all classes of the people wherever I have lived or journeyed throughout the empire. For that I am very grateful.

现在我脱离了全部公共事务并卸下了肩负的重任，我可能要过些时候再回到我的祖国，但是我会永远深切关注不列颠民族的兴衰，并且如果将来在任何时候我能够以私人方式为过往效力，我会一定做到。

I now quit altogether public affairs and I lay down my burden. It may be some time before I return to my native land, but I shall always follow the fortunes of the British race and empire with profound interest, and if at any time in the future I can be found of service to his majesty in a private station, I shall not fail.

现在，我们有了一位新国王。我衷心祝愿他和你们，他的人民，幸福和繁荣。上帝保佑你们所有的人！上帝保佑国王！

And now, we all have a new King. I wish him and you, his people, happiness and prosperity with all my heart. God bless you all! God save the King!

2. 富兰克林·罗斯福　对日宣战（1941 年 12 月 8 日）

历史背景：

1941 年 12 月 8 日，美国总统富兰克林·罗斯福出现在国会的联合大会上，要求正式对日本宣战。前一天，日本对夏威夷群岛上的珍珠港美国海军基地发动了一次突然袭击。美国遭受了惊人的损失：8 艘战舰中的 6 艘，3 艘驱逐舰以及另外 7 艘船被击沉或遭重创，岛上半数以上的飞机被炸毁。共有 2400 名美军士兵死亡，1200 人受伤。日本军事指挥部发动这次突然袭击不仅希望能够使美国海军舰队失去战斗力，而且挫败美国人的士气，促使奉行孤立主义的美国在“二战”完全陷入防御的地位。但是，珍珠港事件起到了相反的作用。一夜之间，美国社会就在罗斯福总统旁集结完毕，两年多以来罗斯福总统一直在积极的推动建立与英国的军事联盟，对抗德国和日本。12 月 8 日，仅一票反对，国会宣布美日之间处于战争状态，美国正式参加第二次世界大战。蒙大拿州的共和党人代表珍妮特·兰克琳投了唯一的反对票。她是位已婚的反战主义者，不同意美国参加“二战”。当天，英国也对日宣战。

正文：（附原文参考）

副总统先生，发言人先生，参议院与众议院的议员们：

昨天，1941 年 12 月 7 日——一个耻辱的日子——美国遭到了日本帝国海军和空军蓄谋已久的突袭。

美国对日本这个国家是和平友好的，并且，在其要求之下，还在为维护太平洋的和平与其政府和天皇进行对话。

事实上，就在日本的空军中队开始轰炸美国瓦胡岛之后一小时，日本驻美国大使及其同事还向我们的国务卿递交了一份对最近一次美国信息的正式答复。然而，这份答复在声明继续进行现行的外交谈判似乎将是徒劳无功的同时，并不包含有关战争以及武力攻击的暗示。

Mr. Vice President, Mr. Speaker, members of the Senate and the House of Representatives:

Yesterday, December 7, 1941—a date which will live in infamy—the United States of America was suddenly and deliberately attacked by naval and air forces of the Empire of Japan.

The United States was at peace with that nation, and, at the solicitation of Japan, was still in conversation with its government and its Emperor looking toward the maintenance of peace in the Pacific.

Indeed, one hour after Japanese air squadrons had commenced bombing in the American island of Oahu, the Japanese Ambassador to the United States and his colleague delivered to our Secretary of States a formal reply to a recent American message. And, while this reply stated that it seemed useless to continue the existing diplomatic negotiations, it contained no threat or hint of war or of armed attack.

我们将记住，夏威夷岛与日本岛之间的距离表明，这次攻击显然是蓄谋多日甚至数周的。在此期间，日本政府精心设计，通过希望继续和平的虚假声明和表述来欺骗美国。

昨天对夏威夷群岛的袭击已经对美国海军和军事力量造成了严重的损失。

我很遗憾的告诉你们，已经有很多美国人为此失去了生命。另外，据报告，美国的船只也在旧金山和火奴鲁鲁之间的远海上遭到了鱼雷的袭击。

昨天日本政府还发动了向马来西亚的进攻。

昨晚日本军队攻击了香港。

昨晚日本军队攻击了关岛。

昨晚日本军队攻击了菲律宾群岛。

昨晚日本人攻击了威克岛。

今天上午，日本人攻击了中途岛。

由此，日本已经实施了一次遍及太平洋地区的突然袭击，昨天与今天的事实不言自明。美国人民早已形成了自己的主张并且充分了解这对于我们国家的生命与安全意味着什么。

It will be recorded that the distance of Hawaii from Japan makes it obvious that the attack was deliberately planned many days or even weeks ago. During the inter- vening time the Japanese Government has deliberately sought to deceive the United States by false statements and expressions of hope for continued peace.

The attack yesterday on the Hawaii island has caused severe damage to American naval and military forces. I regret to tell you that very many American lives have been lost. In addition, American ship have been reported torpedoed on the high seas between San Francisco and Honolulu.

Yesterday the Japanese Government also launched an attack against Malaya.

Last night Japanese forced attacked Hong Kong.

Last night Japanese forced attacked Guam.

Last night Japanese forces attacked the Philippine Island.

Last night the Japanese attacked Wake Island.

And this morning the Japanese attacked Midway Island.

Japan has therefore undertaken a surprise offensive extending throughout the Pacific area. The facts of yesterday and today speak for themselves. The people of the United States have already

作为陆军与海军总司令，我已指示采取一切防卫措施，我们整个国家都将永远记住这次对我们进攻的性质。

无论我们需要用多长时间来抵抗这前所未有的侵略，美国人民终将用他们正义的力量去取得彻底的胜利。

我相信，当我断言我们不仅将最大限度地保卫自己，而且将确保我们永远不再遭到这种背信弃义行为的危害，我相信这是表达了国会和人民的意愿。

敌人来势汹汹。毫无疑问，我们的人民、我们的领土和我们的利益正遭到巨大威胁。我们对自己的军队信赖有加，我们的人民信念无穷，我们将不可避免地吹响胜利的号角。上帝，请站在美国人民这一边。

我要求国会宣布，自日本发动无缘无故的、卑鄙的攻击的这一天，1941 年 12 月 7 日星期日，美国向日本宣战的炮声打响了。

formed their opinions and well understand the implications to the very life and safety of our nation.

As Commander-in-Chief of the Army and Navy I have directed that all measures be taken for our defense, that always will our whole nation remember the character of the onslaught against us.

No matter how long it may take us to overcome this premeditated invasion, the American people, in their righteous might, will win through to absolute victory.

I believe that I interpret the will of the Congress and of the people when I assert that we will not only defend ourselves to the uttermost but will make it very certain that this form of treachery shall never again endanger us.

Hostilities exist. There is no blinking at the fact that our people, our territory and our interests are in grave danger.

With confidence in our armed forces, with the unbounding determination of our people, we will gain the inevitable triumph. So help us God.

I ask that the Congress declare that since the unprovoked and dastardly attack by Japan on Sunday, December 7, 1941, a states of wars has existed between the United States and the Japanese Empire.

3. 理查德·尼克松宣布辞职（1974 年 8 月 8 日）

历史背景：

1974 年 8 月 8 日晚间，在一个全国转播的电视演讲中，理查德·尼克松总统突然宣布他决定第二天中午辞职。当时有指控可以肯定尼克松总统与水门事件有牵连，尼克松最终迫于公众和国会的压力，成为美国历史上第一个辞职的总统。在椭圆形办公室里，他演讲时语气谦卑而不乏戏剧性，他说："采取这样的举动，我希望能促进美国极端需要的治愈过程。"第二天中午，尼克松正式结束了作为第 37 届美国总统的任期。尼克松与其家人乘坐飞机离开白宫草坪之前，他微笑着挥手告别，然后高深莫测地抬起手臂，做了一个胜利、和平的敬礼。过了一会儿，直升机的舱门关闭了，尼克松全家飞往加利福尼亚的圣克利门蒂。与此同时副总统杰拉尔德·福特在椭圆形办公室宣誓就任第 38 届美国总统。福特是第一位不通过选举而被任命就职的总统，他刚刚在 8 个月前取代斯帕诺·安哥鲁就任副总统。因为一件与尼克松政府水门事件的牵扯无关的政治丑闻，安哥鲁在被指控收入税和政府腐败之后被迫不光彩地辞职。9 月 16 日，福特总统免除了尼克松在职期间可能的犯罪或可能的参与的罪行，对此他解释到他只想看到由水门事件所带来的国家分裂就此有一个了结。

正文：（附原文参考）

晚上好！这是我第 37 次在这间办公室里向你们发表讲话，在这里曾经作出过很多影响到我们国家历史的决策。每次我都是以这种形式跟你们讨论一些我相信会影响到国家利益的事务。

在我公务生涯里所做的所有决策中，我总是努力做对国家最好的事情。经过水门事件漫长而艰难的过程，我感到，坚持下去，去尽最

Good evening! This is the 37th time I have spoken to you from this office, where so many decisions have been made that shaped the history of this Nation. Each time I have done so to discuss with you some matter that I believe affected the national interest.

In all the decisions I have made in my public life, I have always tried to do what was best for the Nation. Throughout the long and difficult period of Watergate, I have felt it was

大努力完成你们推选出我来完成的任期是我的责任。

然而，在过去的几天里，我在国会的政治基础显然已不够使我仍然有资格做这样的努力。只要这样的基础依然存在，我强烈地感觉到必须等到这一宪法进程达成结论，采取任何别的做法都将是违背这一人为的艰难进程的精神的，并且会开出一个危及将来稳定的先例。

但是随着基础的消失，我现在相信宪法的目的已经得到确立，不再需要延长这一进程了。

无论我个人将经历多大的痛苦，我都愿意走完全程，并且我的家人也鼓励我这么做，但是国家的利益必须永远高于任何个人意愿。

从我与国会和其他方面领导人的商讨中，我得出结论，由于水门事件我将不可能再拥有国会的支持，而我认为这个支持对于我通过有利于国家利益的方式做出非常艰难的决策和行使本届政府的责任是必不可少的。

我从来都不是逃兵，在任期完成之前就离开我的职位实在不是我所希望的，但是作为总统，我必须把美国的利益放在第一位。美国需要一位全职的总统和全职的国会，

my duty to persevere, to make every possible effort to complete the term of office to which you elected me.

In the past few days, however, it has become evident to me that I no longer have a strong enough political base in the Congress to justify continuing that effort. As long as there was such a base, I felt strongly that it was necessary to see the constitutional process through to its conclusion, that to do otherwise would be unfaithful to the spirit of that deliberately difficult process and a dangerously destabilizing precedent for the future.

But with the disappearance of that base, I now believe that the consititutional purpose has been served, and there is no longer a need for the process to be prolonged.

I would have preferred to carry through to the finish whatever the personal agony it would have involved, and my family unanimously urged me to do so. But the interest of the Nation must always come before any personal considerations.

From the discussions I have had with Congress and other leaders, I have concluded that because of the Watergate matter I might not have the support of the Congress that I would consider necessary to back the very difficult decisions and carry out the duties of this office in the way the interests of the Nation would require.

尤其是在这我们面临着国内外许多问题的时候。

在未来的几个月里继续为我自己辩护将几乎完全消耗掉总统和国会的全部时间和注意力，而其实这一阶段，我们更应当全心关注国外的和平问题和国内的经济繁荣与通货膨胀问题。

因此，我将在明天中午辞去现任的总统职位，副总统福特将在同一时刻宣誓就职。

I have never been a quitter. To leave office before my term is completed is abhorrent to every instinct in my body. But as President, I must put the interest of American first. America needs a full-time President and a full-time Congress, particularly at this time with problems we fact at home and abroad.

To continue to fight through the months ahead for my personal vindication would almost totally absorb the time and attention of both the President and the Congress in a period when our entire focus should be on the great issue of peace abroad and prosperity without inflation at home.

Therefore, I shall resign the Presidency effective at noon tomorrow. Vice President Ford will be sworn in as President at that hour in this office.

4. 罗纳德·里根　发表告别辞（1989 年 1 月 11 日）

历史背景：

1989 年 1 月 11 日，作为担任国家最高职位的最年长者，将近 78 岁的里根向美国人民发表了最后一次总统演讲。演讲中，这位伟大的政治演说家谈到在他的观念中，美国是“位于山顶上闪闪发光的城市”，这一话题在他两次总统任期中经常谈到。1980 年，以前做过电影演员、旅行推销员以及加利福尼亚州长的罗纳德·里根当选为美国总统，标志着 20 世纪美国保守主义达到了至高点。作为 20 世纪 60 年代贝利·高华德领导的保守主义运动的产物，里根总统就职后开始范围广泛的财政改革、削减税收和支出的同时大幅度提高了军事经费。虽然他在任期间国债急剧上升，许多美国人对于他的政治经济措施持不同意见，他却从来没有失去大多数的支持。他用于冷战的大规模的军费开支使苏美关系紧张，同时这也促使 20 世纪 90 年代初苏联的财政崩溃。伊朗反动事件和其他一些丑闻给里根政府带来了压力，但里根政府长久以来的名望确保了副总统乔治·布什于1988年当选总统。1994年在致美国人民的一封信中，里根宣布他已被确诊患有早老性痴呆症，一种智力衰退症。

正文：（附原文参考）

在我的整个政治生涯中，我一直谈起这个光华照人的城市，但我不知道在我谈到她的时候，我是否总是十分了解她。但是在我的脑海中，她是一个高高在上的傲然挺立的城市，建筑在比海洋还要强大的岩石上，狂风扫荡着，上帝护佑着，里面各色的人民生活在和谐与和平之中，一个有着自由港口的城市，有繁荣的商业和创造发明，并且如果一定要有城墙，墙上就会有门，而这门是向每个想要进入和愿意进入的人敞开着的。那就是我如何看待她的，——现在，我仍那么看待她。

那么在这个冬天的夜晚，这座城市会如何？——比8年前更加繁荣，更加安全并且更加快乐！不止于此，在两百年、两个世纪之后，她仍然坚强而真实地屹立在花岗岩脊之上，不论风暴如何猛烈，她的光芒始终在闪耀！她仍然是一座灯塔，仍然吸引着所有渴望自由的人们，吸引着来自所有失落之地的，在黑暗中向着家乡奔驰的朝圣者们！

I've spoken of the shining city all my political life, but I don't know if I ever quite communicated what I saw when I said it. But in my mind it was a tall proud city built on rocks stronger than oceans, windswept, God-blessed, and teeming with people of all kinds living in harmony and peace, a city with free ports that hummed with commerce and creativity, and if there had to be city walls, the walls had doors and the doors were open to anyone with the will and the heart to get here. That's how I saw it, and see it still.

And how stands the city in this winter night? ——More prosperous, more secure, and happier than it was eight years ago. But more than that; after two hundred years, two centuries, she still stands strong and true on the granite ridge, and her glow has held steady no matter what storm. And she's still a beacon, still a magnet for all who must have freedom, for all the pilgrims from all the lost places who are hurtling through the darkness, toward home.

We've done our part. And as I

我们做了我们应该做的。当我走在这座城市的街道上，我要对里根革命的男人和女人们，对遍布美国、通过8年的工作把美国带了回来的男人和女人们说最后的话，我的朋友们，我们干得好！我们不是在消磨时间，我们造成了改变，我们使这座城市更加坚强，我们使这座城市更加自由，并且我们把她移交到了优秀者的手中。总而言之，不错，真的很不错。

那么，再见，上帝保佑大家，上帝保佑美利坚。

walk off into the city streets, a final word to the men and women of the Reagan revolution, the men and women across America who for eight years did the work that brought America back. My friends, we did it. We weren't just marking time. We made the city stronger. We made the city freer, and we left her in good hands. All in all, not bad, not bad at all.

And so, good-bye, God bless you, and God bless the United States of America.

5. 温斯顿·邱吉尔宣布大不列颠战争开始（1940年6月18日）

历史背景：

1940年6月欧洲大陆的西方民主国家接二连三的被德国侵占，只剩下大不列颠独自反抗阿道夫·希特勒的纳粹统治世界计划。由于德国武装力量在各方面都超过英国，而美国的援助还没有开始，看上去英国很快会遭到跟法国一样的命运。但是英国的新任首相邱吉尔向他的国家及世界承诺大不列颠"绝不会投降"，而英国人民也迅速地集结到他们的首相身后。1940年6月18日，邱吉尔对即将到来的"大不列颠战役"发表了一次无与伦比的讲话，他说到这次胜利不仅仅牵系着英国主权的未来，而且关系到自由基督教文明的命运。3星期后，希特勒命令他强大的空军——the Lufweaffe——消灭英国皇家空军，不列颠战役揭开序幕。消灭英国皇家空军目的是为德国计划于秋季实施的代号为海狮行动的侵略铺平道路。但是接下来的3个月里，依靠雷达技术、灵活的调配和非凡的勇气，英国皇家空军成功地抵制了德国大规模的空袭。英国每损失一架飞机，就有两架Luftwaffe战机被击落。10月，希特勒无限期延迟了海狮行动，但下令对伦敦进行大面积轰炸，以打击英国的高昂士气。尽管伦敦遭受了大量的人员伤亡和巨大的物质损失，英国的决心并没有被挫败。到1941年5月，德军的空袭已基本停止。通过挫败德国的闪电战，削弱了他们入侵苏联的武力，并向美国证明了对英国增加武器支援并非白费，不列颠战役出人意料的结果大大改变了“二战”的进程。

正文：(附原文参考)

维根将军所说的法兰西之战已经过去了，不列颠之战即将开始。这场战役，将决定基督教文明的生死，将决定我们不列颠帝国的生死，更将决定我们的制度和我们的王国的将来。狂暴的敌人即刻就要把矛头对向我们。希特勒自己也知道，除非把我们消灭在这个岛上，否则他就必定输掉整场战争。

如果我们能在他面前屹立不倒，整个欧洲都将可能获得自由，世界的命运也可能走向广阔、光明的高地。但是如果我们失败，那么整个世界，包括美国，包括所有我们已经了解并且关心的国家，都将陷入新的黑暗时代。岁月将在被滥用了的科学的光照下变得更加险恶，也可能更加漫长。

因此让我们担负起责任并以此敦促自己：如果不列颠王国及其联邦能够持续一千年，人们仍然会说：“这是他们最辉煌的时刻!”

What General Weygand has called the Battle of France is over. The Battle of British is about to begin. Upon this battle depends the survival of Christian civilization. Upon it depends our own

British life, and the long continuity of our institutions and our Empire. The whole fury and might of the enemy must very soon be turned on us. Hitler knows that he will have to break us this Island or lose the war.

If we can stand up to him, all Europe may be free and the life of the world may move forward into broad, sunlit uplands. But if we fail, then the whole world, including the United States, including all that we have known and cared for, will sink into the abyss of a new Dark Age made more sinister, and perhaps more protracted, by the lights of perverted science.

Let us therefore brace ourselves to our duties, and so bear ourselves that, if the British Empire and its Commonwealth last for a thousand years, men will still say, “This was their finest hour.”

6. 毛泽东在延安文艺座谈会上的讲话（1942年5月23日）

同志们！我们这个会在一个月里开了三次。大家为了追求真理，进行了热烈的争论，有党的和非党的同志几十个人讲了话，把问题展开了，并且具体化了。我认为这是对整个文学艺术运动很有益处的。

我们讨论问题，应当从实际出发，不是从定义出发。如果我们按照教科书，找到什么是文学、什么是艺术的定义，然后按照它们来规定今天文艺运动的方针，来评判今天所发生的各种见解和争论，这种方法是不正确的。我们是马克思主义者，马克思主义叫我们看问题不要从抽象的定义出发，而要从客观存在的事实出发，从分析这些事实中找出方针、政策、办法来。我们现在讨论文艺工作，也应该这样做。

现在的事实是什么呢？事实就是：中国的已经进行了五年的抗日战争；全世界的反法西斯战争；中国大地主大资产阶级在抗日战争中的动摇和对于人民的高压政策；“五四”以来的革命文艺运动——这个运动在二十三年中对于革命的伟大贡献以及它的许多缺点；八路军新四军的抗日民主根据地，在这些根据地里面大批文艺工作者和八路军新四军以及工人农民的结合；根据地的文艺工作者和国民党统治区的文艺工作者的环境和任务的区别；目前在延安和各抗日根据地的文艺工作中已经发生的争论问题。——这些就是实际存在的不可否认的事实，我们就要在这些事实的基础上考虑我们的问题。

那么，什么是我们的问题的中心呢？我以为，我们的问题基本上是一个为群众的问题和一个如何为群众的问题。不解决这两个问题，或这两个问题解决得不适当，就会使得我们的文艺工作者和自己的环境、任务不协调，就使得我们的文艺工作者从外部从内部碰到一连串的问题。我的结论，就以这两个问题为中心，同时也讲到一些与此有关的其他问题。

一

第一个问题：我们的文艺是为什么人的？

这个问题，本来是马克思主义者特别是列宁所早已解决了的。列宁还在一九〇五年就已着重指出过，我们的文艺应当“为千千万万劳动人民服务”。在我们各个抗日根据地从事文学艺术工作的同志中，这个问题似乎是已经解决了，不需要再讲的了。其实不然。很多同志对这个问题并没有得到明确的解决。因此，在他们的情绪中，在他们的作品中，在他们的行动中，在他们对于文艺方针问题的意见中，就不免或多或少地发生和群众的需要不相符合，和实际斗争的需要不相符合的情形。当然，现在和共产党、八路军、新四军在一起从事于伟大解放斗争的大批的文化人、文学家、艺术家以及一般文艺工作者，虽然其中也可能有些人是暂时的投机分子，但是绝大多数却都是在为着共同事业努力工作着。依靠这些同志，我们的整个文学工作，戏剧工作，音乐工作，美术工作，都有了很大的成绩。这些文艺工作者，有许多是抗战以后开始工作的；有许多在抗战以前就做了多时的革命工作，经历过许多辛苦，并用他们的工作和作品影响了广大群众的。但是为什么还说即使这些同志中也有对于文艺是为什么人的问题没有明确解决的呢？难道他们还有主张革命文艺不是为着人民大众而是为着剥削者压迫者的吗？

诚然，为着剥削者压迫者的文艺是有的。文艺是为地主阶级的，这是封建主义的文艺。中国封建时代统治阶级的文学艺术，就是这种东西。直到今天，这种文艺在中国还有颇大的势力。文艺是为资产阶级的，这是资产阶级的文艺。像鲁迅所批评的梁实秋一类人，他们虽然在口头上提出什么文艺是超阶级的，但是他们在实际上是主张资产阶级的文艺，反对无产阶级的文艺的。文艺是为帝国主义者的，周作人、张资平这批人就是这样，这叫做汉奸文艺。在我们，文艺不是为上述种种人，而是为人民的。我们曾说，现阶段的中国新文化，是无产阶级领导的人民大众的反帝反封建的文化。真正人民大众的东西，现在一定是无产阶级领导的。资产阶级领导的东西，不可能属于人民大众。新文化中的新文学新艺术，自然也是这样。对于中国和外国过去时代所遗留下来的丰富的文学艺术遗产和优良的文学艺术传统，我们是要继承的，但是目的仍然是为了人民大众。对于过去时代的文艺形式，我们也并不拒绝利用，但这些旧形式到了我们手里，给了改造，加进了新内容，也就变成革命的为人民服务的东西了。

那末，什么是人民大众呢？最广大的人民，占全人口百分之九十以上的人民，是工人、农民、兵士和城市小资产阶级。所以我们的文艺，第一是为工人的，这是领导革命的阶级。第二是为农民的，他们是革命中最广大最坚决的同盟军。第三是为武装起来了的工人农民即八路军、新四军和其他人民武装队伍的，这是革命战争的主力。第四是为城市小资产阶级劳动群众和知识分子的，他们也是革命的同盟者，他们是能够长期地和我们合作的。这四种人，就是中华民族的最大部分，就是最广大的人民大众。

我们的文艺，应该为着上面说的四种人。我们要为这四种人服务，就必须站在无产阶级的立场上，而不能站在小资产阶级的立场上。在今天，坚持个人主义的小资产阶级立场的作家是不可能真正地为革命的工农兵群众服务的，他们的兴趣，主要是放在少数小资产阶级知识分子上面。而我们现在有一部分同志对于文艺为什么人的问题不能正确解决的关键，正在这里。我这样说，不是说在理论上。在理论上，或者说在口头上，我们队伍中没有一个人把工农兵群众看得比小资产阶级知识分子还不重要的。我是说在实际上，在行动上。在实际上，在行动上，他们是否对小资产阶级知识分子比对工农兵还更看得重要些呢？我以为是这样。有许多同志比较地注重研究小资产阶级知识分子，分析他们的心理，着重地去表现他们，原谅并辩护他们的缺点，而不是引导他们和自己一道去接近工农兵群众，去参加工农兵群众的实际斗争，去表现工农兵群众，去教育工农兵群众。有许多同志，因为他们自己是从小资产阶级出身，自己是知识分子，于是就只在知识分子的队伍中找朋友，把自己的注意力放在研究和描写知识分子上面。这种研究和描写如果是站在无产阶级立场上的，那是应该的。但他们并不是，或者不完全是。他们是站在小资产阶级立场，他们是把自己的作品当作小资产阶级的自我表现来创作的，我们在相当多的文学艺术作品中看见这种东西。他们在许多时候，对于小资产阶级出身的知识分子寄予满腔的同情，连他们的缺点也给以同情甚至鼓吹。对于工农兵群众，则缺乏接近，缺乏了解，缺乏研究，缺乏知心朋友，不善于描写他们；倘若描写，也是衣服是劳动人民，面孔却是小资产阶级知识分子。他们在某些方面也爱工农兵，也爱工农兵出身的干部，但有些时候不爱，有些地方不爱，不爱他们的感情，不爱他们的姿态，不爱他们的萌芽状态的文艺（墙报、壁画、民歌、民间故事等）。他们有时也爱这些东西，那是为着猎奇，为着装饰自己的作品，甚至是为着追求其中落后的东西而爱的。有时就公开地鄙弃它们，而偏爱小资产阶级知识分子的乃至资产阶级的东西。这些同志的立足点还是在小资产阶级知识分子方面，或者换句文雅的话说，他们的灵魂深处还是一个小资产阶级知识分子的王国。这样，为什么人的问题他们就还是没有解决，或者没有明确地解决。这不光是讲初来延安不久的人，就是到过前方，在根据地、八路军、新四军做过几年工作的人，也有许多是没有彻底解决的。要彻底地解决这个问题，非有十年八年的长时间不可。但是时间无论怎样长，我们却必须解决它，必须明确地彻底地解决它。我们的文艺工作者一定要完成这个任务，一定要把立足点移过来，一定要在深入工农兵群众、深入实际斗争的过程中，在学习马克思主义和学习社会的过程中，逐渐地移过来，移到工农兵这方面来，移到无产阶级这方面来。只有这样，我们才能有真正为工农兵的文艺，真正无产阶级的文艺。

为什么人的问题，是一个根本的问题，原则的问题。过去有些同志间的争论、分歧、对立和不团结，并不是在这个根本的原则的问题上，而是在一些比较次要的甚至是无原则的问题上。而对于这个原则问题，争论的双方倒是没有什么分歧，倒是几乎一致的，都有某种程度的轻视工农兵、脱离群众的倾向。我说某种程度，因为一般地说，这些同志的轻视工农兵、脱离群众，和国民党的轻视工农兵、脱离群众，是不同的；但是无论如何，这个倾向是有的。这个根本问题不解决，其他许多问题也就不易解决。比如说文艺界的宗派主义吧，这也是原则问题，但是要去掉宗派主义，也只有把为工农，为八路军、新四军，到群众中去的口号提出来，并加以切实的实行，才能达到目的，否则宗派主义问题是断然不能解决的。鲁迅曾说："联合战线是以有共同目的为必要条件的。……我们战线不能统一，就证明我们的目的不能一致，或者只为了小团体，或者还其实只为了个人。如果目的都在工农大众，那当然战线也就统一了。"这个问题那时上海有，现在重庆也有。在那些地方，这个问题很难彻底解决，因为那些地方的统治者压迫革命文艺家，不让他们有到工农兵群众中去的自由。在我们这里，情形就完全两样。我们鼓励革命文艺家积极地亲近工农兵，给他们以到群众中去的完全自由，给他们以创作真正革命文艺的完全自由。所以这个问题在我们这里，是接近于解决的了。接近于解决不等于完全的彻底的解决；我们说要学习马克思主义和学习社会，就是为着完全地彻底地解决这个问题。我们说的马克思主义，是要在群众生活群众斗争里实际发生作用的活的马克思主义，不是口头上的马克思主义。把口头上的马克思主义变成为实际生活里的马克思主义，就不会有宗派主义了。不但宗派主义的问题可以解决，其他的许多问题也都可以解决了。

二

为什么人服务的问题解决了，接着的问题就是如何去服务。用同志们的话来说，就是：努力于提高呢，还是努力于普及呢？

有些同志，在过去，是相当地或是严重地轻视了和忽视了普及，他们不适当地太强调了提高。提高是应该强调的，但是片面地孤立地强调提高，强调到不适当的程度，那就错了。我在前面说的没有明确地解决为什么人的问题的事实，在这一点上也表现出来了。并且，因为没有弄清楚为什么人，他们所说的普及和提高就都没有正确的标准，当然更找不到两者的正确关系。我们的文艺，既然基本上是为工农兵，那末所谓普及，也就是向工农兵普及，所谓提高，也就是从工农兵提高。用什么东西向他们普及呢？用封建地主阶级所需要、所便于接受的东西吗？用资产阶级所需要、所便于接受的东西吗？用小资产阶级知识分子所需要、所便于接受的东西吗？都不行，只有用工农兵自己所需要、所便于接受的东西。因此在教育工农兵的任务之前，就先有一个学习工农兵的任务。提高的问题更是如此。提高要有一个基础。比如一桶水，不是从地上去提高，难道是从空中去提高吗？那末所谓文艺的提高，是从什么基础上去提高呢？从封建阶级的基础吗？从资产阶级的基础吗？从小资产阶级知识分子的基础吗？都不是，只能是从工农兵群众的基础上去提高。也不是把工农兵提到封建阶级、资产阶级、小资产阶级知识分子的“高度”去，而是沿着工农兵自己前进的方向去提高，沿着无产阶级前进的方向去提高。而这里也就提出了学习工农兵的任务。只有从工农兵出发，我们对于普及和提高才能有正确的了解，也才能找到普及和提高的正确关系。

一切种类的文学艺术的源泉究竟是从何而来的呢？作为观念形态的文艺作品，都是一定的社会生活在人类头脑中的反映的产物。革命的文艺，则是人民生活在革命作家头脑中的反映的产物。人民生活中本来存在着文学艺术原料的矿藏，这是自然形态的东西，是粗糙的东西，但也是最生动、最丰富、最基本的东西；在这点上说，它们使一切文学艺术相形见绌，它们是一切文学艺术的取之不尽、用之不竭的唯一的源泉。这是唯一的源泉，因为只能有这样的源泉，此外不能有第二个源泉。有人说，书本上的文艺作品，古代的和外国的文艺作品，不也是源泉吗？实际上，过去的文艺作品不是源而是流，是古人和外国人根据他们彼时彼地所得到的人民生活中的文学艺术原料创造出来的东西。我们必须继承一切优秀的文学艺术遗产，批判地吸收其中一切有益的东西，作为我们从此时此地的人民生活中的文学艺术原料创造作品时候的借鉴。有这个借鉴和没有这个借鉴是不同的，这里有文野之分，粗细之分，高低之分，快慢之分。所以我们决不可拒绝继承和借鉴古人和外国人，哪怕是封建阶级和资产阶级的东西。但是继承和借鉴决不可以变成替代自己的创造，这是决不能替代的。文学艺术中对于古人和外国人的毫无批判的硬搬和模仿，乃是最没有出息的最害人的文学教条主义和艺术教条主义。中国的革命的文学家艺术家，有出息的文学家艺术家，必须到群众中去，必须长期地无条件地全心全意地到工农兵群众中去，到火热的斗争中去，到唯一的最广大最丰富的源泉中去，观察、体验、研究、分析一切人，一切阶级，一切群众，一切生动的生活形式和斗争形式，一切文学和艺术的原始材料，然后才有可能进入创作过程。否则你的劳动就没有对象，你就只能做鲁迅在他的遗嘱里所谆谆嘱咐他的儿子万不可做的那种空头文学家，或空头艺术家。

人类的社会生活虽是文学艺术的唯一源泉，虽是较之后者有不可比拟的生动丰富的内容，但是人民还是不满足于前者而要求后者。这是为什么呢？因为虽然两者都是美，但是文艺作品中反映出来的生活却可以而且应该比普通的实际生活更高，更强烈，更有集中性，更典型，更理想，因此就更带普遍性。革命的文艺，应当根据实际生活创造出各种各样的人物来，帮助群众推动历史的前进。例如一方面是人们受饿、受冻、受压迫，一方面是人剥削人、人压迫人，这个事实到处存在着，人们也看得很平淡；文艺就把这种日常的现象集中起来，把其中的矛盾和斗争典型化，造成文学作品或艺术作品，就能使人民群众惊醒起来，感奋起来，推动人民群众走向团结和斗争，实行改造自己的环境。如果没有这样的文艺，那末这个任务就不能完成，或者不能有力地迅速地完成。

什么是文艺工作中的普及和提高呢？这两种任务的关系是怎样的呢？普及的东西比较简单浅显，因此也比较容易为目前广大人民群众所迅速接受。高级的作品比较细致，因此也比较难于生产，并且往往比较难于在目前广大人民群众中迅速流传。现在工农兵面前的问题，是他们正在和敌人作残酷的流血斗争，而他们由于长时期的封建阶级和资产阶级的统治，不识字，无文化，所以他们迫切要求一个普遍的启蒙运动，迫切要求得到他们所急需的和容易接受的文化知识和文艺作品，去提高他们的斗争热情和胜利信心，加强他们的团结，便于他们同心同德地去和敌人作斗争。对于他们，第一步需要还不是“锦上添花”，而是“雪中送炭”。所以在目前条件下，普及工作的任务更为迫切。轻视和忽视普及工作的态度是错误的。

但是，普及工作和提高工作是不能截然分开的。不但一部分优秀的作品现在也有普及的可能，而且广大群众的文化水平也是在不断地提高着。普及工作若是永远停止在一个水平上，一月两月三月，一年两年三年，总是一样的货色，一样的“小放牛”，一样的“人、手、口、刀、牛、羊”，那末，教育者和被教育者岂不都是半斤八两？这种普及工作还有什么意义呢？人民要求普及，跟着也就要求提高，要求逐年逐月地提高。在这里，普及是人民的普及，提高也是人民的提高。而这种提高，不是从空中提高，不是关门提高，而是在普及基础上的提高。这种提高，为普及所决定，同时又给普及以指导。就中国范围来说，革命和革命文化的发展不是平衡的，而是逐渐推广的。一处普及了，并且在普及的基础上提高了，别处还没有开始普及。因此一处由普及而提高的好经验可以应用于别处，使别处的普及工作和提高工作得到指导，少走许多弯路。就国际范围来说，外国的好经验，尤其是苏联的经验，也有指导我们的作用。所以，我们的提高，是在普及基础上的提高；我们的普及，是在提高指导下的普及。正因为这样，我们所说的普及工作不但不是妨碍提高，而且是给目前的范围有限的提高工作以基础，也是给将来的范围大为广阔的提高工作准备必要的条件。

除了直接为群众所需要的提高以外，还有一种间接为群众所需要的提高，这就是干部所需要的提高。干部是群众中的先进分子，他们所受的教育一般都比群众所受的多些；比较高级的文学艺术，对于他们是完全必要的，忽视这一点是错误的。为干部，也完全是为群众，因为只有经过干部才能去教育群众、指导群众。如果违背了这个目的，如果我们给予干部的并不能帮助干部去教育群众、指导群众，那末，我们的提高工作就是无的放矢，就是离开了为人民大众的根本原则。

总起来说，人民生活中的文学艺术的原料，经过革命作家的创造性的劳动而形成观念形态上的为人民大众的文学艺术。在这中间，既有从初级的文艺基础上发展起来的、为被提高了的群众所需要、或首先为群众中的干部所需要的高级的文艺，又有反转来在这种高级的文艺指导之下的、往往为今日最广大群众所最先需要的初级的文艺。无论高级的或初级的，我们的文学艺术都是为人民大众的，首先是为工农兵的，为工农兵而创作，为工农兵所利用的。

我们既然解决了提高和普及的关系问题，则专门家和普及工作者的关系问题也就可以随着解决了。我们的专门家不但是为了干部，主要地还是为了群众。我们的文学专门家应该注意群众的墙报，注意军队和农村中的通讯文学。我们的戏剧专门家应该注意军队和农村中的小剧团。我们的音乐专门家应该注意群众的歌唱。我们的美术专门家应该注意群众的美术。一切这些同志都应该和在群众中做文艺普及工作的同志们发生密切的联系，一方面帮助他们，指导他们，一方面又向他们学习，从他们吸收由群众中来的养料，把自己充实起来，丰富起来，使自己的专门不致成为脱离群众、脱离实际、毫无内容、毫无生气的空中楼阁。我们应该尊重专门家，专门家对于我们的事业是很可宝贵的。但是我们应该告诉他们说，一切革命的文学家艺术家只有联系群众，表现群众，把自己当作群众的忠实的代言人，他们的工作才有意义。只有代表群众才能教育群众，只有做群众的学生才能做群众的先生。如果把自己看作群众的主人，看作高踞于“下等人”头上的贵族，那末，不管他们有多大的才能，也是群众所不需要的，他们的工作是没有前途的。

我们的这种态度是不是功利主义的？唯物主义者并不一般地反对功利主义，但是反对封建阶级的、资产阶级的、小资产阶级的功利主义，反对那种口头上反对功利主义、实际上抱着最自私最短视的功利主义的伪善者。世界上没有什么超功利主义，在阶级社会里，不是这一阶级的功利主义，就是那一阶级的功利主义。我们是无产阶级的革命的功利主义者，我们是以占全人口百分之九十以上的最广大群众的目前利益和将来利益的统一为出发点的，所以我们是以最广和最远为目标的革命的功利主义者，而不是只看到局部和目前的狭隘的功利主义者。例如，某种作品，只为少数人所偏爱，而为多数人所不需要，甚至对多数人有害，硬要拿来上市，拿来向群众宣传，以求其个人的或狭隘集团的功利，还要责备群众的功利主义，这就不但侮辱群众，也太无自知之明了。任何一种东西，必须能使人民群众得到真实的利益，才是好的东西。就算你的是“阳春白雪”吧，这暂时既然是少数人享用的东西，群众还是在那里唱“下里巴人”，那末，你不去提高它，只顾骂人，那就怎样骂也是空的。现在是“阳春白雪”和“下里巴人”统一的问题，是提高和普及统一的问题。不统一，任何专门家的最高级的艺术也不免成为最狭隘的功利主义；要说这也是清高，那只是自封为清高，群众是不会批准的。

在为工农兵和怎样为工农兵的基本方针问题解决之后，其他的问题，例如，写光明和写黑暗的问题，团结问题等，便都一齐解决了。如果大家同意这个基本方针，则我们的文学艺术工作者，我们的文学艺术学校，文学艺术刊物，文学艺术团体和一切文学艺术活动，就应该依照这个方针去做。离开这个方针就是错误的；和这个方针有些不相符合的，就须加以适当的修正。

三

我们的文艺既然是为人民大众的，那末，我们就可以进而讨论一个党内关系问题，党的文艺工作和党的整个工作的关系问题，和另一个党外关系的问题，党的文艺工作和非党的文艺工作的关系问题——文艺界统一战线问题。

先说第一个问题。在现在世界上，一切文化或文学艺术都是属于一定的阶级，属于一定的政治路线的。为艺术的艺术，超阶级的艺术，和政治并行或互相独立的艺术，实际上是不存在的。无产阶级的文学艺术是无产阶级整个革命事业的一部分，如同列宁所说，是整个革命机器中的“齿轮和螺丝钉”。因此，党的文艺工作，在党的整个革命工作中的位置，是确定了的，摆好了的；是服从党在一定革命时期内所规定的革命任务的。反对这种摆法，一定要走到二元论或多元论，而其实质就像托洛茨基那样：“政治—马克思主义的；艺术—资产阶级的。”我们不赞成把文艺的重要性过分强调到错误的程度，但也不赞成把文艺的重要性估计不足。文艺是从属于政治的，但又反转来给予伟大的影响于政治。革命文艺是整个革命事业的一部分，是齿轮和螺丝钉，和别的更重要的部分比较起来，自然有轻重缓急第一第二之分，但它是对于整个机器不可缺少的齿轮和螺丝钉，对于整个革命事业不可缺少的一部分。如果连最广义最普通的文学艺术也没有，那革命运动就不能进行，就不能胜利。不认识这一点，是不对的。还有，我们所说的文艺服从于政治，这政治是指阶级的政治、群众的政治，不是所谓少数政治家的政治。政治，不论革命的和反革命的，都是阶级对阶级的斗争，不是少数个人的行为。革命的思想斗争和艺术斗争，必须服从于政治的斗争，因为只有经过政治，阶级和群众的需要才能集中地表现出来。革命的政治家们，懂得革命的政治科学或政治艺术的政治专门家们，他们只是千千万万的群众政治家的领袖，他们的任务在于把群众政治家的意见集中起来，加以提炼，再使之回到群众中去，为群众所接受，所实践，而不是闭门造车，自作聪明，只此一家，别无分店的那种贵族式的所谓“政治家”，——这是无产阶级政治家同腐朽了的资产阶级政治家的原则区别。正因为这样，我们的文艺的政治性和真实性才能够完全一致。不认识这一点，把无产阶级的政治和政治家庸俗化，是不对的。

再说文艺界的统一战线问题。文艺服从于政治，今天中国政治的第一个根本问题是抗日，因此党的文艺工作者首先应该在抗日这一点上和党外的一切文学家艺术家（从党的同情分子、小资产阶级的文艺家到一切赞成抗日的资产阶级地主阶级的文艺家）团结起来。其次，应该在民主一点上团结起来；在这一点上，有一部分抗日的文艺家就不赞成，因此团结的范围就不免要小一些。再其次，应该在文艺界的特殊问题——艺术方法艺术作风一点上团结起来；我们是主张社会主义的现实主义的，又有一部分人不赞成，这个团结的范围会更小些。在一个问题上有团结，在另一个问题上就有斗争，有批评。各个问题是彼此分开而又联系着的，因而就在产生团结的问题比如抗日的问题上也同时有斗争，有批评。在一个统一战线里面，只有团结而无斗争，或者只有斗争而无团结，实行如过去某些同志所实行过的右倾的投降主义、尾巴主义，或者“左”倾的排外主义、宗派主义，都是错误的政策。政治上如此，艺术上也是如此。

在文艺界统一战线的各种力量里面，小资产阶级文艺家在中国是一个重要的力量。他们的思想和作品都有很多缺点，但是他们比较地倾向于革命，比较地接近于劳动人民。因此，帮助他们克服缺点，争取他们到为劳动人民服务的战线上来，是一个特别重要的任务。

四

文艺界的主要的斗争方法之一，是文艺批评。文艺批评应该发展，过去在这方面工作做得很不够，同志们指出这一点是对的。文艺批评是一个复杂的问题，需要许多专门的研究。我这里只着重谈一个基本的批评标准问题。此外，对于有些同志所提出的一些个别的问题和一些不正确的观点，也来略为说一说我的意见。

文艺批评有两个标准，一个是政治标准，一个是艺术标准。按照政治标准来说，一切利于抗日和团结的，鼓励群众同心同德的，反对倒退、促成进步的东西，便都是好的；而一切不利于抗日和团结的，鼓动群众离心离德的，反对进步、拉着人们倒退的东西，便都是坏的。这里所说的好坏，究竟是看动机（主观愿望），还是看效果（社会实践）呢？唯心论者是强调动机否认效果的，机械唯物论者是强调效果否认动机的，我们和这两者相反，我们是辩证唯物主义的动机和效果的统一论者。为大众的动机和被大众欢迎的效果，是分不开的，必须使二者统一起来。为个人的和狭隘集团的动机是不好的，有为大众的动机但无被大众欢迎、对大众有益的效果，也是不好的。检验一个作家的主观愿望及其动机是否正确，是否善良，不是看他的宣言，而是看他的行为（主要是作品）在社会大众中产生的效果。社会实践及其效果是检验主观愿望或动机的标准。我们的文艺批评是不要宗派主义的，在团结抗日的大原则下，我们应该容许包含各种各色政治态度的文艺作品的存在。但是我们的批评又是坚持原则立场的，对于一切包含反民族、反科学、反大众和反共的观点的文艺作品必须给以严格的批判和驳斥。因为这些所谓文艺，其动机，其效果，都是破坏团结抗日的。按着艺术标准来说，一切艺术性较高的，是好的，或较好的；艺术性较低的，则是坏的，或较坏的。这种分别，当然也要看社会效果。文艺家几乎没有不以为自己的作品是美的，我们的批评，也应该容许各种各色艺术品的自由竞争；但是按照艺术科学的标准给以正确的批判，使较低级的艺术逐渐提高成为较高级的艺术，使不适合广大群众斗争要求的艺术改变到适合广大群众斗争要求的艺术，也是完全必要的。

又是政治标准，又是艺术标准，这两者的关系怎么样呢？政治并不等于艺术，一般的宇宙观也并不等于艺术创作和艺术批评的方法。我们不但否认抽象的绝对不变的政治标准，也否认抽象的绝对不变的艺术标准，各个阶级社会中的各个阶级都有不同的政治标准和不同的艺术标准。但是任何阶级社会中的任何阶级，总是以政治标准放在第一位，以艺术标准放在第二位的。资产阶级对于无产阶级的文学艺术作品，不管其艺术成就怎样高，总是排斥的。无产阶级对于过去时代的文学艺术作品，也必须首先检查它们对待人民的态度如何，在历史上有无进步意义，而分别采取不同态度。有些政治上根本反动的东西，也可能有某种艺术性。内容愈反动的作品而又愈带艺术性，就愈能毒害人民，就愈应该排斥。处于没落时期的一切剥削阶级的文艺的共同特点，就是其反动的政治内容和其艺术的形式之间所存在的矛盾。我们的要求则是政治和艺术的统一，内容和形式的统一，革命的政治内容和尽可能完美的艺术形式的统一。缺乏艺术性的艺术品，无论政治上怎样进步，也是没有力量的。因此，我们既反对政治观点错误的艺术品，也反对只有正确的政治观点而没有艺术力量的所谓“标语口号式”的倾向。我们应该进行文艺问题上的两条战线斗争。

这两种倾向，在我们的许多同志的思想中是存在着的。许多同志有忽视艺术的倾向，因此应该注意艺术的提高。但是现在更成为问题的，我以为还是在政治方面。有些同志缺乏基本的政治常识，所以发生了各种糊涂观念。让我举一些延安的例子。

“人性论”。有没有人性这种东西？当然有的。但是只有具体的人性，没有抽象的人性。在阶级社会里就是只有带着阶级性的人性，而没有什么超阶级的人性。我们主张无产阶级的人性，人民大众的人性，而地主阶级资产阶级则主张地主阶级资产阶级的人性，不过他们口头上不这样说，却说成为唯一的人性。有些小资产阶级知识分子所鼓吹的人性，也是脱离人民大众或者反对人民大众的，他们的所谓人性实质上不过是资产阶级的个人主义，因此在他们眼中，无产阶级的人性就不合于人性。现在延安有些人们所主张的作为所谓文艺理论基础的“人性论”，就是这样讲，这是完全错误的。

“文艺的基本出发点是爱，是人类之爱。”爱可以是出发点，但是还有一个基本出发点。爱是观念的东西，是客观实践的产物。我们根本上不是从观念出发，而是从客观实践出发。我们的知识分子出身的文艺工作者爱无产阶级，是社会使他们感觉到和无产阶级有共同的命运的结果。我们恨日本帝国主义，是日本帝国主义压迫我们的结果。世上决没有无缘无故的爱，也没有无缘无故的恨。至于所谓“人类之爱”，自从人类分化成为阶级以后，就没有过这种统一的爱。过去的一切统治阶级喜欢提倡这个东西，许多所谓圣人贤人也喜欢提倡这个东西，但是无论谁都没有真正实行过，因为它在阶级社会里是不可能实行的。真正的人类之爱是会有的，那是在全世界消灭了阶级之后。阶级使社会分化为许多对立体，阶级消灭后，那时就有了整个的人类之爱，但是现在还没有。我们不能爱敌人，不能爱社会的丑恶现象，我们的目的是消灭这些东西。这是人们的常识，难道我们的文艺工作者还有不懂得的吗？

“从来的文艺作品都是写光明和黑暗并重，一半对一半。”这里包含着许多糊涂观念。文艺作品并不是从来都这样。许多小资产阶级作家并没有找到过光明，他们的作品就只是暴露黑暗，被称为“暴露文学”，还有简直是专门宣传悲观厌世的。相反地，苏联在社会主义建设时期的文学就是以写光明为主。他们也写工作中的缺点，也写反面的人物，但是这种描写只能成为整个光明的陪衬，并不是所谓“一半对一半”。反动时期的资产阶级文艺家把革命群众写成暴徒，把他们自己写成神圣，所谓光明和黑暗是颠倒的。只有真正革命的文艺家才能正确地解决歌颂和暴露的问题。一切危害人民群众的黑暗势力必须暴露之，一切人民群众的革命斗争必须歌颂之，这就是革命文艺家的基本任务。

“从来文艺的任务就在于暴露。”这种讲法和前一种一样，都是缺乏历史科学知识的见解。从来的文艺并不单在于暴露，前面已经讲过。对于革命的文艺家，暴露的对象，只能是侵略者、剥削者、压迫者及其在人民中所遗留的恶劣影响，而不能是人民大众。人民大众也是有缺点的，这些缺点应当用人民内部的批评和自我批评来克服，而进行这种批评和自我批评也是文艺的最重要任务之一。但这不应该说是什么“暴露人民”。对于人民，基本上是一个教育和提高他们的问题。除非是反革命文艺家，才有所谓人民是“天生愚蠢的”，革命群众是“专制暴徒”之类的描写。

“还是杂文时代，还要鲁迅笔法。”鲁迅处在黑暗势力统治下面，没有言论自由，所以用冷嘲热讽的杂文形式作战，鲁迅是完全正确的。我们也需要尖锐地嘲笑法西斯主义、中国的反动派和一切危害人民的事物，但在给革命文艺家以充分民主自由、仅仅不给反革命分子以民主自由的陕甘宁边区和敌后的各抗日根据地，杂文形式就不应该简单地和鲁迅的一样。我们可以大声疾呼，而不要隐晦曲折，使人民大众不易看懂。如果不是对于人民的敌人，而是对于人民自己，那末，“杂文时代”的鲁迅，也不曾嘲笑和攻击革命人民和革命政党，杂文的写法也和对于敌人的完全两样。对于人民的缺点是需要批评的，我们在前面已经说过了，但必须是真正站在人民的立场上，用保护人民、教育人民的满腔热情来说话。如果把同志当作敌人来对待，就是使自己站在敌人的立场上去了。我们是否废除讽刺？不是的，讽刺是永远需要的。但是有几种讽刺：有对付敌人的，有对付同盟者的，有对付自己队伍的，态度各有不同。我们并不一般地反对讽刺，但是必须废除讽刺的乱用。

“我是不歌功颂德的；歌颂光明者其作品未必伟大，刻画黑暗者其作品未必渺小。”你是资产阶级文艺家，你就不歌颂无产阶级而歌颂资产阶级；你是无产阶级文艺家，你就不歌颂资产阶级而歌颂无产阶级和劳动人民：二者必居其一。歌颂资产阶级光明者其作品未必伟大，刻画资产阶级黑暗者其作品未必渺小，歌颂无产阶级光明者其作品未必不伟大，刻画无产阶级所谓“黑暗”者其作品必定渺小，这难道不是文艺史上的事实吗？对于人民，这个人类世界历史的创造者，为什么不应该歌颂呢？无产阶级，共产党，新民主主义，社会主义，为什么不应该歌颂呢？也有这样的一种人，他们对于人民的事业并无热情，对于无产阶级及其先锋队的战斗和胜利，抱着冷眼旁观的态度，他们所感到兴趣而要不疲倦地歌颂的只有他自己，或者加上他所经营的小集团里的几个角色。这种小资产阶级的个人主义者，当然不愿意歌颂革命人民的功德，鼓舞革命人民的斗争勇气和胜利信心。这样的人不过是革命队伍中的蠹虫，革命人民实在不需要这样的“歌者”。

“不是立场问题；立场是对的，心是好的，意思是懂得的，只是表现不好，结果反而起了坏作用。”关于动机和效果的辩证唯物主义观点，我在前面已经讲过了。现在要问：效果问题是不是立场问题？一个人做事只凭动机，不问效果，等于一个医生只顾开药方，病人吃死了多少他是不管的。又如一个党，只顾发宣言，实行不实行是不管的。试问这种立场也是正确的吗？这样的心，也是好的吗？事前顾及事后的效果，当然可能发生错误，但是已经有了事实证明效果坏，还是照老样子做，这样的心也是好的吗？我们判断一个党、一个医生，要看实践，要看效果；判断一个作家，也是这样。真正的好心，必须顾及效果，总结经验，研究方法，在创作上就叫做表现的手法。真正的好心，必须对于自己工作的缺点错误有完全诚意的自我批评，决心改正这些缺点错误。共产党人的自我批评方法，就是这样采取的。只有这种立场，才是正确的立场。同时也只有在这种严肃的负责的实践过程中，才能一步一步地懂得正确的立场是什么东西，才能一步一步地掌握正确的立场。如果不在实践中向这个方向前进，只是自以为是，说是"懂得"，其实并没有懂得。

"提倡学习马克思主义就是重复辩证唯物论的创作方法的错误，就要妨害创作情绪。"学习马克思主义，是要我们用辩证唯物论和历史唯物论的观点去观察世界，观察社会，观察文学艺术，并不是要我们在文学艺术作品中写哲学讲义。马克思主义只能包括而不能代替文艺创作中的现实主义，正如它只能包括而不能代替物理科学中的原子论、电子论一样。空洞干燥的教条公式是要破坏创作情绪的，但是它不但破坏创作情绪，而且首先破坏了马克思主义。教条主义的"马克思主义"并不是马克思主义，而是反马克思主义的。那末，马克思主义就不破坏创作情绪了吗？要破坏的，它决定地要破坏那些封建的、资产阶级的、小资产阶级的、自由主义的、个人主义的、虚无主义的、为艺术而艺术的、贵族式的、颓废的、悲观的以及其他种种非人民大众非无产阶级的创作情绪。对于无产阶级文艺家，这些情绪应不应该破坏呢？我以为是应该的，应该彻底地破坏它们，而在破坏的同时，就可以建设起新东西来。

五

我们延安文艺界中存在着上述种种问题，这是说明一个什么事实呢？说明这样一个事实，就是文艺界中还严重地存在着作风不正的东西，同志们中间还有很多的唯心论、教条主义、空想、空谈、轻视实践、脱离群众等等的缺点，需要有一个切实的严肃的整风运动。

我们有许多同志还不大清楚无产阶级和小资产阶级的区别。有许多党员，在组织上入了党，思想上并没有完全入党，甚至完全没有入党。这种思想上没有入党的人，头脑里还装着许多剥削阶级的脏东西，根本不知道什么是无产阶级思想，什么是共产主义，什么是党。他们想：什么无产阶级思想，还不是那一套？他们哪里知道要得到这一套并不容易，有些人就是一辈子也没有共产党员的气味，只有离开党完事。因此我们的党，我们的队伍，虽然其中的大部分是纯洁的，但是为要领导革命运动更好地发展，更快地完成，就必须从思想上组织上认真地整顿一番。而为要从组织上整顿，首先需要在思想上整顿，需要展开一个无产阶级对非无产阶级的思想斗争。延安文艺界现在已经展开了思想斗争，这是很必要的。小资产阶级出身的人们总是经过种种方法，也经过文学艺术的方法，顽强地表现他们自己，宣传他们自己的主张，要求人们按照小资产阶级知识分子的面貌来改造党，改造世界。在这种情形下，我们的工作，就是要向他们大喝一声，说："同志们"，你们那一套是不行的，无产阶级是不能迁就你们的，依了你们，实际上就是依了大地主大资产阶级，就有亡党亡国的危险。只能依谁呢？只能依照无产阶级先锋队的面貌改造党，改造世界。我们希望文艺界的同志们认识这一场大论战的严重性，积极起来参加这个斗争，使每个同志都健全起来，使我们的整个队伍在思想上和组织上都真正统一起来，巩固起来。

因为思想上有许多问题，我们有许多同志也就不大能真正区别革命根据地和国民党统治区，并由此弄出许多错误。同志们很多是从上海亭子间来的；从亭子间到革命根据地，不但是经历了两种地区，而且是经历了两个历史时代。一个是大地主大资产阶级统治的半封建半殖民地的社会，一个是无产阶级领导的革命的新民主主义的社会。到了革命根据地，就是到了中国历史几千年来空前未有的人民大众当权的时代。我们周围的人物，我们宣传的对象，完全不同了。过去的时代，已经一去不复返了。因此，我们必须和新的群众相结合，不能有任何迟疑。如果同志们在新的群众中间，还是像我上次说的"不熟，不懂，英雄无用武之地"，那末，不但下乡要发生困难，不下乡，就在延安，也要发生困难的。有的同志想：我还是为"大后方"的读者写作吧，又熟悉，又有“全国意义”。这个想法，是完全不正确的。“大后方”也是要变的，“大后方”的读者，不需要从革命根据地的作家听那些早已听厌了的老故事，他们希望革命根据地的作家告诉他们新的人物，新的世界。所以愈是为革命根据地的群众而写的作品，才愈有全国意义。法捷耶夫的《毁灭》，只写了一支很小的游击队，它并没有想去投合旧世界读者的口味，但是却产生了全世界的影响，至少在中国，像大家所知道的，产生了很大的影响。中国是向前的，不是向后的，领导中国前进的是革命的根据地，不是任何落后倒退的地方。同志们在整风中间，首先要认识这一个根本问题。

既然必须和新的群众的时代相结合，就必须彻底解决个人和群众的关系问题。鲁迅的两句诗，“横眉冷对千夫指，俯首甘为孺子牛”，应该成为我们的座右铭。“千夫”在这里就是说敌人，对于无论什么凶恶的敌人我们决不屈服。“孺子”在这里就是说无产阶级和人民大众。一切共产党员，一切革命家，一切革命的文艺工作者，都应该学鲁迅的榜样，做无产阶级和人民大众的“牛”，鞠躬尽瘁，死而后已。知识分子要和群众结合，要为群众服务，需要一个互相认识的过程。这个过程可能而且一定会发生许多痛苦，许多磨擦，但是只要大家有决心，这些要求是能够达到的。

今天我所讲的，只是我们文艺运动中的一些根本方向问题，还有许多具体问题需要今后继续研究。我相信，同志们是有决心走这个方向的。我相信，同志们在整风过程中间，在今后长期的学习和工作中间，一定能够改造自己和自己作品的面貌，一定能够创造出许多为人民大众所热烈欢迎的优秀的作品，一定能够把革命根据地的文艺运动和全中国的文艺运动推进到一个光辉的新阶段。

7. 毛泽东：为人民服务（1944 年 9 月 8 日）

我们的共产党和共产党所领导的八路军、新四军，是革命的队伍。我们这个队伍完全是为着解放人民的，是彻底地为人民的利益工作的。张思德同志就是我们这个队伍中的一个同志。

人总是要死的，但死的意义有不同。中国古时候有个文学家叫做司马迁的说过：“人固有一死，或重于泰山，或轻于鸿毛。”为人民利益而死，就比泰山还重；替法西斯卖力，替剥削人民和压迫人民的人去死，就比鸿毛还轻。

张思德同志是为人民利益而死的，他的死是比泰山还要重的。

因为我们是为人民服务的，所以，我们如果有缺点，就不怕别人批评指出。不管是什么人，谁向我们指出都行。只要你说得对，我们就改正。你说的办法对人民有好处，我们就照你的办。“精兵简政”这一条意见，就是党外人士李鼎铭先生提出来的；他提得好，对人民有好处，我们就采用了。只要我们为人民的利益坚持好的，为人民的利益改正错的，我们这个队伍就一定会兴旺发达起来。

我们都是来自五湖四海，为了一个共同的革命目标，走到一起来了。我们还要和全国大多数人民走这一条路。我们今天已经领导着有九千一百万人口的根据地，但是还不够，还要更大些，才能取得全民族的解放。我们的同志在困难的时候，要看到成绩，要看到光明，要提高我们的勇气。中国人民正在受难，我们有责任解救他们，我们要努力奋斗。要奋斗就会有牺牲，死人的事是经常发生的。但是我们想到人民的利益，想到大多数人民的痛苦，我们为人民而死，就是死得其所。不过，我们应当尽量减少那些不必要的牺牲。我们的干部要关心每一个战士，一切革命队伍的人都要互相关心，互相爱护，互相帮助。

今后我们的队伍里，不管死了谁，不管是炊事员，是战士，只要他是做过一些有益的工作的，我们都要给他送葬，开追悼会。这要成为一个制度。这个方法也要介绍到老百姓那里去。村上的人死了，开个追悼会。用这样的方法，寄托我们的哀思，使整个人民团结起来。

8. 毛泽东：纪念白求恩（1939 年 12 月 21 日）

白求恩[①]同志是加拿大共产党员，五十多岁了，为了帮助中国的抗日战争，受加拿大共产党和美国共产党的派遣，不远万里，来到中国。去年春上到延安，后来到五台山工作，不幸以身殉职。一个外国人，毫无利己的动机，

---

① 白求恩即诺尔曼·白求恩（一八九〇——一九三九），加拿大共产党党员，著名的医生。一九三六年德意法西斯侵犯西班牙时，他曾经亲赴前线为反法西斯的西班牙人民服务。一九三七年中国的抗日战争爆发，他率领加拿大美国医疗队，于一九三八年初来中国，三月底到达延安，不久赴晋察冀边区，在那里工作了一年多。他的牺牲精神、工作热忱、责任心，均称模范。由于在一次为伤员施行急救手术时受感染，一九三九年十一月十二日在河北省唐县逝世。

把中国人民的解放事业当作他自己的事业，这是什么精神？这是国际主义的精神，这是共产主义的精神，每一个中国共产党员都要学习这种精神。列宁主义认为：资本主义国家的无产阶级要拥护殖民地半殖民地人民的解放斗争，殖民地半殖民地的无产阶级要拥护资本主义国家的无产阶级的解放斗争，世界革命才能胜利①。白求恩同志是实践了这一条列宁主义路线的。我们中国共产党员也要实践这一条路线。我们要和一切资本主义国家的无产阶级联合起来，要和日本的、英国的、美国的、德国的、意大利的以及一切资本主义国家的无产阶级联合起来，才能打倒帝国主义，解放我们的民族和人民，解放世界的民族和人民。这就是我们的国际主义，这就是我们用以反对狭隘民族主义和狭隘爱国主义的国际主义。

白求恩同志毫不利己专门利人的精神，表现在他对工作的极端的负责任，对同志对人民的极端的热忱。每个共产党员都要学习他。不少的人对工作不负责任，拈轻怕重，把重担子推给人家，自己挑轻的。一事当前，先替自己打算，然后再替别人打算。出了一点力就觉得了不起，喜欢自吹，生怕人家不知道。对同志对人民不是满腔热忱，而是冷冷清清，漠不关心，麻木不仁。这种人其实不是共产党员，至少不能算一个纯粹的共产党员。从前线回来的人说到白求恩，没有一个不佩服，没有一个不为他的精神所感动。晋察冀边区的军民，凡亲身受过白求恩医生的治疗和亲眼看过白求恩医生的工作的，无不为之感动。每一个共产党员，一定要学习白求恩同志的这种真正共产主义者的精神。

白求恩同志是个医生，他以医疗为职业，对技术精益求精；在整个八路军医务系统中，他的医术是很高明的。这对于一班见异思迁的人，对于一班鄙薄技术工作以为不足道、以为无出路的人，也是一个极好的教训。

我和白求恩同志只见过一面。后来他给我来过许多信。可是因为忙，仅回过他一封信，还不知他收到没有。对于他的死，我是很悲痛的。现在大家纪念他，可见他的精神感人之深。我们大家要学习他毫无自私自利之心的精神。从这点出发，就可以变为大有利于人民的人。一个人能力有大小，但只

① 参见列宁《民族和殖民地问题提纲初稿》和《民族和殖民地问题委员会的报告》(《列宁全集》第39卷，人民出版社1986年版，第159—166、229—234页)。

要有这点精神，就是一个高尚的人，一个纯粹的人，一个有道德的人，一个脱离了低级趣味的人，一个有益于人民的人。

9. 毛泽东：愚公移山（1945 年 6 月 11 日）

我们开了一个很好的大会。我们做了三件事：第一，决定了党的路线，这就是放手发动群众，壮大人民力量，在我党的领导下，打败日本侵略者，解放全国人民，建立一个新民主主义的中国。第二，通过了新的党章。第三，选举了党的领导机关——中央委员会。今后的任务就是领导全党实现党的路线。我们开了一个胜利的大会，一个团结的大会。代表们对三个报告发表了很好的意见。许多同志作了自我批评，从团结的目标出发，经过自我批评，达到了团结。这次大会是团结的模范，是自我批评的模范，又是党内民主的模范。

大会闭幕以后，很多同志将要回到自己的工作岗位上去，将要分赴各个战场。同志们到各地去，要宣传大会的路线，并经过全党同志向人民作广泛的解释。

我们宣传大会的路线，就是要使全党和全国人民建立起一个信心，即革命一定要胜利。首先要使先锋队觉悟，下定决心，不怕牺牲，排除万难，去争取胜利。但这还不够，还必须使全国广大人民群众觉悟，甘心情愿和我们一起奋斗，去争取胜利。要使全国人民有这样的信心：中国是中国人民的，不是反动派的。中国古代有个寓言，叫做“愚公移山”。说的是古代有一位老人，住在华北，名叫北山愚公。他的家门南面有两座大山挡住他家的出路，一座叫做太行山，一座叫做王屋山。愚公下决心率领他的儿子们要用锄头挖去这两座大山。有个老头子名叫智叟的看了发笑，说是你们这样干未免太愚蠢了，你们父子数人要挖掉这样两座大山是完全不可能的。愚公回答说：我死了以后有我的儿子，儿子死了，又有孙子，子子孙孙是没有穷尽的。这两座山虽然很高，却是不会再增高了，挖一点就会少一点，为什么挖不平呢？愚公批驳了智叟的错误思想，毫不动摇，每天挖山不止。这件事感动了上帝，他就派了两个神仙下凡，把两座山背走了。现在也有两座压在中国人民头上的大山，一座叫做帝国主义，一座叫做封建主义。中国共产党早就下了决心，要挖掉这两座山。我们一定要坚持下去，一定要不断地工作，我们也会感动上帝的。这个上帝不是别人，就是全中国的人民大众。全国人民大众一齐起来和我们一道挖这两座山，有什么挖不平呢？

昨天有两个美国人要回美国去，我对他们讲了，美国政府要破坏我们，这是不允许的。我们反对美国政府扶蒋反共的政策。但是我们第一要把美国人民和他们的政府相区别，第二要把美国政府中决定政策的人们和下面的普通工作人员相区别。我对这两个美国人说：告诉你们美国政府中决定政策的人们，我们解放区禁止你们到那里去，因为你们的政策是扶蒋反共，我们不放心。假如你们是为了打日本，要到解放区是可以去的，但要订一个条约。倘若你们偷偷摸摸到处乱跑，那是不许可的。赫尔利已经公开宣言不同中国共产党合作，既然如此，为什么还要到我们解放区乱跑呢？

美国政府的扶蒋反共政策，说明了美国反动派的猖狂。但是一切中外反动派的阻止中国人民胜利的企图，都是注定要失败的。现在的世界潮流，民主是主流，反民主的反动只是一股逆流。目前反动的逆流企图压倒民族独立和人民民主的主流，但反动的逆流终究不会变为主流。现在依然如斯大林很早就说过的一样，旧世界有三个大矛盾：第一个是帝国主义国家中的无产阶级和资产阶级的矛盾，第二个是帝国主义国家之间的矛盾，第三个是殖民地半殖民地国家和帝国主义宗主国之间的矛盾。这三种矛盾不但依然存在，而且发展得更尖锐了，更扩大了。由于这些矛盾的存在和发展，所以虽有反苏反共反民主的逆流存在，但是这种反动逆流总有一天会要被克服下去。

现在中国正在开着两个大会，一个是国民党的第六次代表大会，一个是共产党的第七次代表大会。两个大会有完全不同的目的：一个要消灭共产党和中国民主势力，把中国引向黑暗；一个要打倒日本帝国主义和它的走狗中国封建势力，建设一个新民主主义的中国，把中国引向光明。这两条路线在互相斗争着。我们坚决相信，中国人民将要在中国共产党领导之下，在中国共产党第七次大会的路线的领导之下，得到完全的胜利，而国民党的反革命路线必然要失败。

第十章　电视散文篇

用语言为电视画面增光添彩，是主持人在电视发展历程中的一大功用。本篇章着重训练主持人在电视散文方面的语言功力。

1. 记忆中的一位少女　洪烛

记忆中的一位少女姓张，长相很不错，性格以文静为主，某些场合也极活泼。她住城南一带的老式居民区——因而某一段时间和我是邻居。我们在同一个中学读书，我比她高一个年级。上学和放学我们常在同一条街道相遇，却不说话，都知道有对方这么个人，都不敢抬头看对方的眼睛。一般情况下她比我早出发几分钟，背红色双肩背书包，从布满小百货店、水果摊档的人行道上穿过，很精神。我步子快，没走多远就会赶上她了。她要是走街的左边，我则改走右边。我为什么要这么做，自己不知道，反正她也不知道。

这位姓张的女孩升上高中后，模样出落得更漂亮了。其实她并没有怎么打扮，她是个好学生，心思都用在功课上，但一出现在校园里还是能吸引好多目光。

有一天晚上，她那身材粗壮的父亲表情严肃地领着她来我家，通过我父母找我。一进门就用豪爽的大嗓门说："我要请你儿子帮个忙!"原来，常有些临近学校的小痞子给她写情书，约她放学后在校门口或某公园会面，有的甚至在路上拦截她，要和她交朋友。她父亲每天很忙，无法接送她，就托付我：既然你们一个学校，上学和放学就搭个伴一起走吧。我连说可以可以，她这时才从父亲高大的身影后面，抬起低垂的眼睛，客气地冲我笑一下。

第二天一早，她准时敲我家的门。我让她进屋坐一下，等我收拾好书包。她不进，说就在院子里站着。我刚出门，她就递过一把彩色玻璃纸包的水果糖，说是她妈妈星期天来看她时捎的。我剥了一颗含在嘴里，甜丝丝的，不知为什么心忽然变得很软。以前我们从没说过话，我以为她是冷傲的，一转眼之间仿佛就变成很熟悉的朋友。吃第三颗糖时我才想起，从来没见过她妈妈，我只对她那个严厉的父亲有印象。我脱口而出："我怎么没见过你妈妈呢?"她迟疑了好半天才回答："我爸爸妈妈五年前就离婚了。"然后我们就不再说话，保持着一只手臂长的距离走路。我左顾右盼，百无聊赖地数过往的车辆，她低垂着眼帘，盯自己的鞋面。

我的记忆中，确曾有过这么一位少女：扎着整齐的辫子，稚气的鹅蛋脸，眼睛清亮——令再虚伪的人也无法面对它撒谎。她背着洗得干干净净的红书包走在我右边，我仿佛一伸手就能够得着她。然而我们中间，永远保持着一只手臂长短的距离——足够面目模糊的岁月侧着身子穿过。她喜欢边走路边用指尖摇一圈钥匙串，今天夜里，我耳畔又想起那金属碰撞的清脆响声。她气质中有一种与其年龄不相称的忧郁，水雾般弥漫了我。那时我也才 18 岁，却深深为她身上那种罕见而高贵的忧郁所感染。我想假如有某种厄运伴随刺耳的刹车声向她袭来，我也会用胸膛护住她的。

这么些年来，我漂泊四方，却再也没有感受过那种出自少年血性的胆量——和这个世界上许多男人一样，我无法改变一天天变得世俗与文弱的规律，即使我身边更换过再多浓妆艳抹的舞伴，也没再体验过与她并肩行走所呼吸到的，那种带有树脂与松针气息的魅力。有将近两年时间我们几乎每天都同路，却并没有作过太多的交谈，我们还都处于在异性伙伴面前不善于寻找话题的年龄。

有一天放学，她做值日做得特别晚。在校园里等她的时候，我便拿出口琴来吹。不知过了多久，我忽然发现她已经站在我的身后，侧着脑袋看我，微笑着。她看看周围没有人，便以出奇的活泼，小声对我说："我唱支歌给你听吧。"她唱得很动听。那段时间我们的眼前只有蓝天，只有云层下低掠的鸟群。

我为她打过一生中唯一的一次架。长大后我越来越文明礼貌，连打架都没地方打了。那是一个行人稀少的黄昏，我们刚出校门，就被几位跨坐在自行车上的外校留级生挡住去路。他们用车轮隔开我和她，带头的那个歪戴鸭舌帽的高个子催我走开："没你什么事了，我要跟她说几句话。"我并不是个勇敢的男孩，我甚至有点害怕，但固执的站在原地不动，拳头便向我飞来了，我那不争气的鼻子便流血了。她惊叫着去喊守门的校工。我迫切的想寻找一件武器，便退到墙角拾起一块半截砖，冲回来的时候，那几辆自行车一溜烟地跑了。她和喊来的校工扶住我，她掏出绣花手帕为我擦血，那一瞬间我觉得自己真狼狈，觉得世界上最尴尬的事，就是在自己喜欢的姑娘面前挨打了。为了显示带有虚荣心性质的勇敢，我恶狠狠地把手提的砖头砸在地上。

回到家，她一定要打水给我洗脸。我脾气挺大，像大丈夫一样粗声粗气地把她赶走了。她的脸上写满歉意，眼泪都快出来了。我独自洗完脸，又洗她那绣花手帕，实在洗不干净，也就打消了明天还给她的念头。

从第二天开始，我书包的夹层便多了把老虎钳子，没敢让她知道。我渴望能再有一次机会，挽回那天在她面前受损伤的尊严。可再没有什么小痞子来拦我们的路——倒不是因为我陪她同路，而是因为他们多少也知道她有个挺厉害的父亲。直到今天我还为此感到小小的遗憾。

半年之后，她那在武汉的母亲便接她去外地了。临转学前她在小纸片上给我留了个通信地址："你有空可要给我写信哟!"我也庄重地答应："会写的，会写的。"然而一星期后我把那小纸条抛进风中了，说不清为什么，我心里挺难过的。那时候，作为一个少年的我就有强烈的预感：我估计再也见不到她了。

十几年过去了，我更换了好几个生存的城市，事实证明我那时的预感非常正确。我又习惯了一个人走那条电影布景似的老街道；我又习惯了一个人吹口哨，想心事；我又重新习惯了少年维特式的孤独；我甚至很简单的忘掉她——就像从不曾有过那两年和一个少女结伴同路的时光。

2. 春　朱自清

盼望着，盼望着，东风来了，春天的脚步近了。

一切都像刚睡醒的样子，欣欣然张开了眼。山朗润起来了，水涨起来了，太阳的脸红起来了。小草偷偷地从土里钻出来，嫩嫩的，绿绿的。园子里，田野里，瞧去，一大片一大片满是的。坐着，躺着，打两个滚，踢几脚球，赛几趟跑，捉几回迷藏。风轻悄悄的，草软绵绵的。桃树、杏树、梨树，你不让我，我不让你，都开满了花赶趟儿，红的像火，粉的像霞，白的像雪，花里带着甜味。闭了眼，树上仿佛已经满是桃儿、杏儿、梨儿。花下成千成百的蜜蜂嗡嗡的闹着，大小的蝴蝶飞来飞去，野花遍地是，杂样儿，有名字的，没名字的，散在草丛里，像眼睛，像星星，还眨呀眨的。

吹面不寒杨柳风，不错的，像母亲的手抚摸着你。风里带来些新翻的泥土的气息，混着青草味，还有各种花的香，都在微微湿润的空气里酝酿。鸟儿将巢安在繁花嫩叶当中，高兴起来了，呼朋引伴的卖弄清脆的喉咙，唱出婉转的曲子，与清风流水应和着。牛背上牧童的短笛，这时候也成天嘹亮的响着。

雨是最寻常的，一下就是三两天。可别恼，看，像牛毛，像花针，像细丝，密密的斜织着，人家屋顶上全笼着一层薄烟。树叶子却绿得发亮，小草也青的逼你的眼。傍晚的时候，上灯了，一点点黄晕的光，烘托出一片安静而和平的夜。乡下去，小路上，石桥边，撑起伞慢慢走着的人，还有地里工作的农夫，披着蓑，戴着笠的。他们的房屋，稀稀疏疏的，在雨里静默着。

天上风筝渐渐多了，地上孩子也多了。城里乡下，家家户户，老老小小，他们也赶趟儿似的，一个个都出来了。舒活舒活筋骨，抖擞抖擞精神，各做各的一份事去。一年之计在于春，刚起头儿，有的是工夫，有的是希望。

春天像刚落地的娃娃，从头到脚都是新的，它生长着。

春天像小姑娘，花枝招展的，笑着，走着。

春天像健壮的青年，有铁一般的胳膊和腰脚，他领着我们上前去。

3. 匆匆　朱自清

燕子去了，有再来的时候；杨柳枯了，有再青的时候；桃花谢了，有再开的时候。但是，聪明的，你告诉我，我们的日子为什么一去不复返呢？——是有人偷了他们罢，那是谁，又藏在何处呢？是他们自己逃走了罢，现在又到了哪里呢？我不知道他们给了我多少日子，但我的手确是渐渐空虚了，在默默里等着，八千多日子已经从我手中溜去，像针尖上一滴水滴在大海里，我的日子滴在时间的流里，没有声音，也没有影子，我不禁头涔涔而泪潸潸了。

去的尽管去了，来的尽管来着，去来的中间，又怎样的匆匆呢？早上我起来的时候，小屋里射进两三方斜斜的太阳，太阳她有脚啊，轻轻悄悄的挪移了，我也在茫茫然跟着旋转，于是——洗手的时候，日子从水盆里过去；吃饭的时候，日子从饭碗里过去；默默时，便从凝然的双眼前过去。我觉察它去的匆匆了，伸出手遮挽时，他又从遮挽着的手边过去。天黑时，我躺在床上，他便伶伶俐俐的从我身上跨过，从我脚边飞去了。等我睁开眼和太阳再见，这算又溜走了一日。我掩着面叹息，但是新来的日子的影儿，又开始在叹息里闪过了。

在逃去如飞的日子里，在千门万户的世界里，我能做些什么呢？只有徘徊罢了，只有匆匆罢了。在八千多日的匆匆里，除徘徊外，又剩些什么呢？过去的日子如轻烟，被微风吹散了；如薄雾，被初阳蒸融了，我留着些什么痕迹呢？我何曾留着像游丝样的痕迹呢？我赤裸裸来到这世界，转眼间也将赤裸裸的回去罢，但不能平的，为什么偏要白白走着一遭呢？你聪明的，告诉我，我们的日子为什么一去不复返呢？

4. 尊重生命

仿佛是在昨天，我几乎能肯定，那个女孩的生命便是在一愣神，在我们许多人一愣神的当口消失的。十多年来，我的梦里常常会听见，一只透明温润的玻璃杯的破碎声，碎成堆的杯子，一片一片闪着莹光滑落下来，声声清晰，于是，那一切一切都被固定在一种声音里了，永远不会再动。

那天下午的阳光很温暖，没有一丝风，大概还没有到家做晚饭的时候，街边的人家坐在门前，晒太阳的老人、孩子还很多。放学回家的男孩子，便三三两两的趴在桥上放风筝。女孩子们照例搬上两张椅子，从书包底里翻出猴皮筋，开始跳皮筋。二十年前能拥有一串皮筋的女孩子不多，皮筋大多需要攒上半年、一年，才能有这么多，才能把它们串起在一起，才能有几个扎着蝴蝶结的女孩子，像蝴蝶般在皮筋上翻飞起落。

那天我们几个在朵朵家门前跳皮筋，皮筋是朵朵的。朵朵穿着大红色的毛衣，头上是两根长长的麻花辫子，辫子上面和下面照例有朵朵妈妈最喜欢的红色。朵朵的妈妈是北方人，她常对我母亲说，小姑娘最该穿红颜色了，既吉利又好看、健康。我那时似懂非懂，只是觉得朵朵穿这颜色好看。那天下午很惬意，如果那个骑三轮车的男孩不这么玩命，如果不是那个司机正好在打哈欠，如果我们能死命拉住朵朵，就真的会很惬意了。太阳快下山的时候，老人们都进了屋，可是街上还是静静的，偶尔有汽车悄悄地驶过。跳得大汗淋漓的我们坐在椅子上休息，突然从弄堂里冲出一辆三轮车来，对面正好开来的一辆面包车闪躲不过，竟直冲着人行道而来，惊得我们四处奔逃。我们没有谁还记得皮筋，没有谁还看见朵朵正冲着她那条皮筋而去，只有“轰”的声音，只有“吱——”的一声尖尖的刹车声。一刹那间，朵朵没了。一棵撞倒了的梧桐和坍塌的墙门边，只有那根黑黑的辫子，只有红色的蝴蝶结和红色的小小的人儿。听大人说，三轮车上的孩子是在儿戏，半大的孩子骑了两辆车追逐，谁知道会碰上面包车。面包车上的司机正在打哈欠，平日这里很安全，等发现时只好朝外打方向盘。我不知道是否真的是那样。

后来，当我看到无人执勤的十字路口，常有大车、小车无视红灯呼啸而过，常常会想起十几年前那个冬天的午后，想起朵朵只有8岁的生命，想起一个小小的人儿倒在人行道上。人的生命对那些车来说真如草芥吗？现在，在我记忆深处和冥想之中，我记得那个叫朵朵的女孩，一直是笑着站在暖暖的阳光里的，连同她喜爱的那条皮筋。

5. 梦绕魂牵周庄水

到威尼斯，不乘贡多拉去穿行她的“大街小巷”，就不能算到过威尼斯。到中国江南水乡周庄，而不乘坐小船穿越座座桥梁，领略碧波水影中的青墙瓦舍，也无法领略这个水乡的神韵。水是威尼斯的命根子的话，那么水不也是周庄的灵魂吗？周庄的水是迷人的，到过威尼斯乘过贡多拉的我，有足够的资格说，周庄的水比威尼斯更为迷人，更令人陶醉。

周庄的整体格局由南北市河、后港河、油车漾河、中市河而定，繁华的街道，沿河而走；古老的民宅，因水而建。前门对后院，隔的只是一带之水，桥梁将街坊居民连接，水清、船行，桥上行人走，桥下船桨声；廊外碧水蓝天，廊内花枝弄影。水，赋予周庄以迷人的魅力；水，同样也赋予周庄以久远的生命。周庄的成就就是水的成就，周庄的历史就是水的历史。水，自然成了衡量周庄的价值尺度。“桥从门前进，船从家中过”，对水利占有、利用的程度，成为衡量家财与社会地位的重要标准。沈厅的独用码头，就是沈万三社会交往、财富占有的一个象征。张厅后院码头和泊船的独用船港，同样显示这位张氏富豪超越常人的经济实力和高人一等的社会地位。沈万三成为令帝王忌妒的首富，就是利用水乡之便，经由水路走向海洋与国外通商，积累了财富。如果说水成为聚财的条件，那么水也成了周庄文明的基础。叶楚伧、柳亚子他们所组的南社诞生于此，也非偶然。物质条件保证了精神空间的开拓，提供了文化文明发展的条件，有这样的物质基础，而后才有与此相适应的文明。如果说周庄集中了江南水乡之美，不如说，周庄是自然条件人格化的集中体现更为恰切。

是的，周庄的水是迷人的。水，创造了周庄；水，保存了江南典型古镇风貌；水，永远是衡量周庄价值的标准，持续发展的内在动力；水，也绝对是与威尼斯、与世界级任何旅游胜地竞争的决定性筹码之一。因为周庄有这样的水，我无法不将她编进梦境中，我愿意一次再次的去周庄，在那儿度过我人生最值得怀念的时光。

6. 沈园的故事

一个宋朝的园林，能够一代代传下来，到今天还依然有名，也许只有绍兴的沈园了。沈园的出名却是由一曲爱情悲剧引起的，诗人陆游和表妹唐婉在园壁上题写的两阙《钗头凤》是其中的热点。

陆游也许是宋朝最好的一个诗人，但肯定不是一个值得唐婉为他而死的人。表妹唐婉是在一个秋天忧郁而逝的，临终前，她还在念着表哥那阙被后人传唱的《钗头凤》。自从这个春天和陆游在沈园不期而遇后，病榻上的唐婉就在低吟这阙伤感的宋词。一枝梅花落在了诗人的眼里，这是南宋的春天，年迈的陆游再次踏进了沈园。在斑驳的园壁前，诗人看到了自己四十八年前题写的一阙旧词。回首往事的诗人，发现表妹从梅花中走来，为他斟上了一杯黄藤酒。陆游看着唐婉的一双红酥手，想到坐在身边新娶的王氏，怆然而去。

在经过沈园的粉壁时，陆游挥毫写下了一阙令唐婉不胜感伤的《钗头凤》：

“红酥手，黄藤酒，满城春色宫墙柳。东风恶，欢情薄，一杯愁绪，几年离索。错，错，错！　　春如旧，人空瘦，泪痕红浥蛟绡透。桃花落，闲池阁，山盟虽在，锦书难托，莫！莫！莫！”

唐婉在临终的日子里，一遍遍回想自己和表哥那段幸福的岁月。陆游 20 岁时初娶表妹唐婉，两人诗书唱和，绣花扑蝶，就像旧小说中才子佳人的典型故事。可惜这样的日子太短了，唐婉只记得有一天，婆婆对她说，他们两个太相爱了，这会荒废儿子的学业，妨碍功名的。唐婉至死都没有想通，相爱也会是一种罪名。不过她更没想通的是，那个据说在大风雨之夜，出生在淮河一条船上的诗人，后来又横戈跃马抗击金兵的表哥，竟然违不了父母之命，在一纸休书上签下了羞答答的大名。陆游四十八年后重游沈园，发现园壁间一阙褪色的旧词，也叫《钗头凤》，这是唐婉的词迹：

“世情薄，人情恶，雨送黄昏花易落。晓风干，泪痕残，欲笺心事，独语斜阑。难！难！难！　　人成各，今非昨，病魂常似秋千索。角声寒，夜阑珊，怕人寻问，咽泪装欢，瞒！瞒！瞒！”

在南宋的春天，一枝梅花斜在诗人的眼里，隔着梅花，陆游没能握住风中的一双红酥手。

7. 我家的希望工程　黄微娜

去年六月初的一天，堂姐来到家中，带来个十三四岁的男孩。堂姐说这是成的儿子平。成是堂姐的亲弟弟——我的堂哥，十年前患癌症去世了，丢下堂嫂孤儿寡母。我仔细打量眼前这侄子，瘦小身材，文静清秀，一双细长的眼睛里透着聪慧和早熟，静默中有股倔强，极像他去世的父亲。我母亲忙招呼他们落座。听堂姐说着家乡种种事情，讲到可喜处，大家意兴飞扬；讲到伤感处，不由得怅然唏嘘。堂姐低沉着声音指着平说：“就数这孩子最可怜，父亲死得太早，母亲带着弟弟改了嫁，初中只读了一年就停了学，现在要自己养活自己，真不容易啊！”霎时，大家静了下来。过了一会儿，母亲用十分关切的眼神望着平说道：“孩子，平时你靠什么生活呢？”平用舌头舔了舔嘴唇没说话。堂姐答道：“他每天天不亮就上山砍柴，烧成木炭挑到镇上去卖，要么去河里撑排，业余时间帮人织点竹蔑筛子、箩筐，换口饭吃。”

傍晚，弟弟、弟媳下班回来，母亲将平的事告诉他们，大家心里都像压了一块铅。那几日，我们饭前饭后都谈着平的事，谈着城乡间还存在的差别，谈着国家的困难……

过了几天，堂姐带着平又来了。恰好是个星期日，我们全家每个人都在忙自己的事情，见到平大家停下手里的事情聚拢来。堂姐问我有点职权的弟弟，能帮忙找个临时工给平做吗？一时我们全家谁也没说话。良久，母亲开口了，她疼爱地抚摸着平的头，拥极和蔼的声音问道："告诉叔奶奶，你还想读书吗？"

"什么？读书？"堂姐惊讶地大声叫道。

"平年纪这么小，怎么可以工作？我们全家商量好了，每人出一份资金，帮助平继续读书。"母亲慈祥地说。

这回平终于明白了，他的脸猛然涨得通红，兴奋得两手使劲儿地搓着，用激动的目光凝视着大家，高声叫道："真有这么好的事情，送我去读书?!"说完笑起来。

我弟弟拉着他布满茧子的手，以十分肯定的语气说："对，我们送你读书！告诉我，离开学校多长时间了？"

"两年多。"

"过去在学校里成绩怎么样？"

"我小学只读了五年，跳级读的初中。读中学时，成绩在全班是前三名。"

……

接下来，我们全家为平上学忙碌起来。弟弟牺牲了休息时间为平联系了学校。母亲用苍老的手为平准备好书包。弟媳为平购买了新钢笔。弟弟 9 岁的女儿，送平一只十分漂亮的文具盒。我冒雨给平买齐课本。平终于在大家的关怀下，回到了阔别两年多的学校。

上学那天早晨，他背着书包站在我家客厅前，听着我们全家一通通深情嘱咐。他不时的用手背抹过眼角。

事情已经过去很久了。走笔至此，深深沉思。对于一个靠工资生活，并有一位退休老人的家庭，一个中学生的吃、穿、用、读书，实在是笔不小的开支，然而我们全家同心协力肩负起来。谁能说我们民族的希望工程，不充满希望呢?

8. 对院的女孩 顾礼俭

我是六年前搬到现在的寓所的，搬来时就发现对院那户人家有点特别。位处城乡结合部的居民点，往往保留着许多农村的特点，女主人常会咋咋呼呼的骂自家的小孩，或者隔着院落跟邻居评论今天的天气，少不了鸡飞狗跳的。这户人家却格外安静，然而，那种安静给人的，似乎并不是闲适宁谧的平和，而是一种难以言传只能意会的落寞。

我从未见到这家的女主人在院子里露面，最后我也终于认定这家人家没有主妇。每天进进出出的是个十八九岁的女孩。女孩确实能干，特别是逢到天气晴好的假日，她会想出办法把小小的院子变成大有作为的广阔天地。纵横交错的绳索、竹竿上，会恰到好处的挂出各种换季的衣衫。当她抬起头来四处张望，看看是不是还有被遗忘的角落可以开发，看看是不是一切都已安排的妥妥帖贴，这时我看清了她的脸，她的双眼何其清澈，使人忽略了她所有的平凡之处。看着她超乎年龄的从容，我认定了——她便是这一家子的主妇。每当她风风火火，却又默无声息的干着这一切的时候，就有一个五十开外的半老头也出现在院子里，笨拙的翻晒着一些旧物。温暖的目光，一遍又一遍地抚摸着他的女儿。看得出那目光中最多的成分是歉疚。

只有一回，我见到过女孩的清闲——唯此一回而已。那是个春夏之交的好时节，风不摇树不动。树叶儿在耀眼的阳光中闪亮，她披散开湿漉漉的头发，一边环视着满院子自己的杰作，一边轻柔的梳弄着。日光蒸腾中似有缕缕看不见的生命的芳香，浓浓淡淡的弥散开来。只见一只蜜蜂嗡嗡嘤嘤的围着她挥之不去，终于在几番试探之后落在她的胸口。女孩没恼，只是小心翼翼地把这位不速之客托在掌心，缓缓举高，以一种调皮的姿态轻轻吹出一口气——蜜蜂飞起来了，她笑了。这笑意纯真无邪，似乎不必依托外界的触发。全然是从她的内心深处浮涌起来，她想笑，要笑，这就是全部理由。我明白，这就是向往。随后她坐到一张小板凳上，捧起一本书——噢，原来她并不是生来只喜欢洗啊洗的。这时我忽然很想走到她的身旁，我要看一看她读的是什么书，并且一定要告诉她，你应该读世界上最美丽最浪漫的爱情故事。

每当黄昏降临，对院就不止是沉寂，甚至有几分凄清。女孩父亲的卧室在孤灯摇曳中一览无余，偶尔还听得到几声苍老的咳嗽。唯独女孩的闺房垂挂着柔缦的窗帘，幽微的灯光下，佑护着多少神秘而绮丽的梦……

有一天忽然发现闺房的窗帘没有阖上，这个情况居然持续到第二天、第三天、第四天……终于，我想起来了，前些天大概是个良辰吉日，四乡八邻鞭炮响了一阵又一阵，披红挂彩的喜车在巷里穿梭了一批又一批，对院的女孩一定是随着其中的某一拨人马，嫁了出去。敞开的窗帘使人觉得多么空洞啊，期待中的多少动人的故事，或许从此再也不会发生。对院的女孩，你留给我的所有的印记，仅止于此，仅止于此……

第十一章　电视诗歌与随笔篇

电视中的诗歌与随笔不等同于纯粹文稿的诗歌与随笔，更需要主持人结合画面，在完成栏目的过程中形成整体的呈现。在训练过程中要注意对画面的配合。

1. 乌衣巷

刘禹锡

朱雀桥边野草花，
乌衣巷口夕阳斜。
旧时王榭堂前燕，
飞入寻常百姓家。

说明：

乌衣巷，位于金陵城中秦淮河畔。东晋豪门士族王导，谢安聚居之地。唐诗人刘禹锡游历金陵时，乌衣巷已破旧不堪。诗人感慨世事流转，沧海桑田，遂成此诗。

今日之乌衣巷，又复当年雕梁画栋之气象，前年只见的诸般变化，或许真能让我们体会诗中真味。

2. 茶的情诗

张错

如果我是开水，你是茶叶
那么你的香郁
必须倚赖我的无味
让你的干枯柔柔的
在我里面展开，舒散
让我的浸润
舒展你的容颜

我必须热，甚至沸
彼此才能相溶
我们必须隐藏
在水里相觑，相缠
一盏茶工夫
我俩才决定成一种颜色
无论你怎样浮沉
把持不定
你终将缓缓的，轻轻的
落下，攒聚
在我最深处

那时候
你最苦的一滴泪
将是我最甘美的
一口茶

3. 快与慢杜昉

a）乡下

晨跑者原来住在乡下，每天清晨他都去跑步。乡间公路上，影影绰绰的有农人、老牛和拖拉机，在晨曦中缓缓前行。晨跑者将这些当作目标，一个个地超过。晨跑者每天享受着超越目标的喜悦。

b) **城市**

晨跑者现在疲于奔命。他搬到了城里，面对着一条繁忙的高架路。一辆辆汽车从他身边超过，绝尘而去。晨跑者跑在路上，恍若梦游。在城市中，晨跑者每天被超越。

c) **太极**

那个打太极拳的老者，一袭白衣，站在绿草地上。在高架桥的拐弯处，晨跑者怔在那儿，远远地看着。那个老者凝神聚气，一招一式，举重若轻。在高架桥上拐弯的车子，就在离老者不远的地方，呼啸着盘旋而下。老人所在的那块绿草地，仿佛一个漩涡的中心，波澜不惊，异常的安详。在高架桥的拐弯处，晨跑者停下了脚步。

d) **影子**

这个故事是那个老者说的：有一个人非常害怕自己的影子，他每天都不停地跑。可是无论他跑得多快，他的影子总是在他身后。没过多久，他竟然力竭而死了。“其实要甩掉自己的影子很容易”，那个老者缓缓地说，“只要找片绿茵坐下来歇歇就行了。”

晨跑者听了，似乎明白了些什么。

4. 永葆书香

生活在都市里，有太多的喧嚣和烦躁，不知不觉中，心已走得太远。就寻个安静、惬意的所在。一杯香茗，两三盏柔灯，几本心仪已久的书籍，若是有雨声为伴，心中便不免一番窃喜，欣欣然不知身在何处了。这个所在必然是要极雅致，不俗套的，若是有一些个市侩气息，便不好了。各色摆设如是古香一些，便让人不免有些恍惚迷离之感。长久生活在都市的霓虹之下，心早厌倦了尘世的纷扰，不免带些叹今怀古的心情，或许这老得掉渣的东西，更能让人在无法喘息的生活里，感受到心境的平和，触动麻木已久的灵魂，对生活本真的追求。

有一百本书，便有一百种心情，一百个故事。就暂且抛开心头的一切，去感受另一种心境，另一种风情。连时光也在这深深浅浅、起起落落、真真假假的文字中间成为永恒。门外的喧闹早就忘怀，摇曳的烛光正渐渐温暖潮湿的心情，思绪便也轻灵的要飞起来了。静谧的四周，优雅的氛围，只剩下自我与心灵的对话；而身边有书做伴，岂不快哉?

小品文让人回味无穷，读罢仍是颊齿留香；大手笔则令人荡气回肠，平添了几许慷慨、几许激昂。掀开一本也许泛黄的线装书，时光也在这一刻停歇，恍惚中，似曾相识的女子款款而来。你的衣裳不曾为一丝轻风拂动，而四下里却依稀飘散，这几缕异香与环佩清越的叮当之声，屏息而视——这个眼若秋水、眉如春山的女子正轻吟浅笑。

老唱机传来的低回婉转、如歌如诉的美妙声音，也突然闯进这书中依稀的梦境。又要回到现实的世界中来，实在令人不忍释手，流连不已。莫去，莫去，就让这梦留在这书香满室的地方。

第十二章　文学专题篇

电视文学专题中，主持人往往承担者更重要的串承任务。许多内容要靠主持人的讲述来完成，氛围要靠主持人的语言来营造。能够在这部分完成出色的主持人，是有一定分量的主持人。

1. 觉醒者的呐喊——鲁迅

回首二十一世纪的漫漫征程，当我们把目光投向中华民族思想文化的发展史的时候，我们竟无法绕开一个博大而精深的人物，他就是鲁迅。

鲁迅出生在文化底蕴极为丰厚的水乡绍兴，乌篷船、乌毡帽、交织的河网和醇厚的黄酒组成了他童年最深的记忆，然后，随着父亲的早逝、家道的衰落以及亲戚邻人的趋炎附势，鲁迅很早就饱尝了在这个山温水软的故土中所涵纳的炎凉世态。于是18岁那年，鲁迅便远离家乡，踏上了谋生和自我觉醒的征途。尽管此后他很少再返回故乡，但是在他的心里，这个既爱又恨的故乡却从未离开过。从温馨的百草园到三味书屋，从站着喝酒的孔已己到满头癞疮疤的阿Q，从买人血馒头的华老拴到满口洋腔洋调的假洋鬼子，鲁迅几乎把所有可爱可恨的人物都安放在故乡绍兴这块文化环境中。也许是他想从这块小小的土地中发掘中国人的种种劣根本性，也许他是无法挣脱对故乡爱与恨的内在煎熬；而实际上，这种爱与恨的矛盾，几乎遍布了他的一生。

1902年，鲁迅东渡扶桑，成了大清帝国的一名留日学生。但在他的心里，大清王朝实在是个早就应该完蛋的时代。他选择学医，意在救治像他父亲一样被庸医误诊而受苦的病人。可是他很快发现，即使自己医术再高明，也只能治疗国人的身体；对于他们那麻木的灵魂，自己却无能为力。权衡再三，他觉得，疗救灵魂比治疗肉体更为重要，于是他把一生的理想押在文学上，希望通过自己的呐喊，让更多的人直面惨淡的人生，为民族的命运更加奋然而前行。但他又时时的看到，那些被他唤醒的灵魂，在面对强大的黑暗势力而无力挣脱的痛苦，远比麻木更让人内疚和不安。

在人生的种种滋味当中，鲁迅体会最深的，也许就是这种无法协调的爱与恨的矛盾。他有过指点江山的慷慨和激情，但随之而来的便是幻灭和失望，他有过初尝爱情的兴奋和欢愉，可其中却遍布旧式婚姻的阴影和庸俗社会的流言。伴随着创作上巨大的成功的，不只是崇拜者的欢呼声，更有恶意的冷笑、刻薄的私语，以及反动势力的压迫。鲁迅正是在这种矛盾中抗争着、奋斗着，从而完成了自己作为文化旗手的全部责任和使命。

鲁迅的骨头是最硬的，他没有丝毫的奴颜和媚骨。这是殖民地人民最可宝贵的性格。鲁迅是在文化战线上，代表全民族的大多数，向着敌人冲锋陷阵的最正确、最勇敢、最坚决、最忠实、最热忱的空前的民族英雄。鲁迅的方向，就是中华民族新文化的方向。

——毛泽东

2. 浪漫的灵魂——郁达夫

滔滔江河，冲荡着一片片记忆的帆影，却冲不去无数风流人物的足迹。今天，当我们沿着丰饶美丽的富春江，去追寻那漫漫的文学之河，我们的眼前总浮动着一个清瘦而不怯弱、浪漫而不狂妄的身影。他，就是郁达夫。

郁达夫的一生几乎饱浸在浪漫的氤氲里。“五四”时期个性解放的思潮，培植了他那崇尚自我的心灵；而异域文化的多年熏陶，又强化了他对灵魂本真的渴望。他与郭沫若、成仿吾等人建立的创造社，实际上，就是那个时代浪漫主义文学的大本营。正是这种浪漫的情怀，鼓动着郁达夫不断的去猎索着新的生活，而当他一旦觉得这种新生活，并不满足他那猎奇的愿望时，他便又义无反顾的另谋他途。所以，无论是创造社还是左联，郁达夫都是一个兴冲冲的发起人，而在其后的活动中，却很难再找到他的身影。

浪漫的结果，自然与现实难以相融，这使得郁达夫处处显得抑郁而感伤，无论是《沉沦》里生命被压抑的苦闷，《茑萝行》中旧式婚姻的悲哀，还是《春风沉醉的晚上》里自我挣扎的怅叹，《迟桂花》中情感的淡淡失落，都体现了他内心深处理想碰壁后的孤苦，以及那颗愤世疾俗的心。但是郁达夫并没有放弃对浪漫的苦苦追寻，1933 年，他不顾鲁迅等一些朋友的反对，毅然告别上海，举家迁回杭州，并在娇妻王映霞的极力纵容下东奔西走，开始置地造房。然而，当他将名噪一时的“风雨茅庐”建好时，债务和新的生存烦恼又一次向他袭来，以致他还没来得及在那间宽敞时髦的别墅里好好的写上几篇文章，便不得不抛妻别子，前往福建谋求另职了。

也许命运从来都是难以预料的，也许历史本身就喜欢嘲弄那些终日与理想相守的书生。多难的现实很快就向他袭来，这便是哀绝人寰的“毁家诗纪”。从轰轰烈烈的恋爱结婚，到轰轰烈烈的离婚毁家，郁达夫终于从这种浪漫的情怀中品味到了人生的另一种绝望与悲凉，也正是这份绝望与悲凉，使他彻底的意识到，在民族的深重苦难里，不可能拥有自己的自由和浪漫。于是他投奔炎荒，在南洋的战火中，为自己的生命画上了一个圆满的句号。这个句号，既成全了郁达夫作为一个革命战士的形象，也完成了他对人格中种种内在缺憾的自我救赎。

郁达夫（1896—1945），现代小说家、散文家。浙江富阳人，创造社主要成员。著作有小说《沉沦》、《春风沉醉的晚上》、《薄莫》、《她是一个弱女子》、《出奔》，散文《郁达夫散文集》等。与鲁迅合编过《奔流》。抗日战争时期，在南洋、香港从事抗日活动，1945 年 9 月被日本侵略军杀害于苏门达腊。

3. 通往艺术的永恒——丰子恺

“寻常一样窗前月，才有梅花便不同”。敢于平实中概括出不同潦俗的微妙情境，堪称是艺术家的精湛。那么，生活在离乱的年代，仍旧通体散发着艺术气息，又保持澄然本色者，非丰子恺先生莫属。

这位出生于江南水乡的举人之子，童年便对绘画有着瑰丽的想象。尤其宗从弘一法师后，使他在艺术与宗教的叠错幻化中，濡染了仙风道骨的飘逸之气，并以其独特的艺术品格，卓然于中国现代艺术的历史画卷之中。

丰子恺对人生至爱深情的流露，当以漫画最为微妙隽永。这位“儿童的崇拜者”在寥寥几笔的勾勒之中，至美的童稚旨趣和世事可哀的苦难生态，顿时灵动鲜活起来。《最后的吻》一问世，不知多少读者感动得流泪。他的儿童漫画洋溢着如此真纯无染的情绪，恰是缘于他对成人愚钝麻木现实的悲悯慨叹。丰子恺这颗明澈如水的心灵，在《护生画集》中得到了淋漓尽致的体现。他的漫画作品风格是现实意蕴与浪漫情怀的巧妙结合。

在日本饱学西洋艺术精髓之后，丰子恺同朱自清等人前往上海立达中学执教。这期间他结识了茅盾、叶圣陶、郑振铎等文化名流，又在内山书店与鲁迅结下不解之缘。从空间艺术的绘画，到时间艺术的音乐，从进步的文学到活跃的思想流派，中国新文化运动的氛围大大拓展和延伸了他的艺术事业和人生感悟。《缘缘堂随笔》是从他心中流淌出来的醇厚美韵。从此，散文随笔便成了他人生的另一种表达。

缘缘堂在丰子恺的一生中具有极其特殊的意义，“红了樱桃，绿了芭蕉”的幽静恬适的家园是他呕心沥血用“那支大红色的派克笔写出来的”，是他倾注全部财力与心血构筑的现实与艺术的寄寓所在，但却在那日本人的炸弹下粉碎了。《辞缘缘堂》那充满哀痛伤感的文字，不正是他幻灭心境的典型写照吗？在八年流亡迁徙的岁月中，丰子恺瘦削的双肩承担着沉重的苦难，他携家眷跋涉六千里的漫漫征程，才使这位宗教的信徒和艺术的才子在遥远现实寄托中猛醒，昂首直面残酷的现实人生。他那纯净温软的心已经被磨砺的坚强起来，不禁发出“宁做流浪汉，不当亡国奴”的呐喊，他早已把当初“秦始皇用阿房宫来换都不给”的缘缘堂置之度外，在缘缘堂燃为灰烬的那一刻，现出异乎寻常的冷静。“覆巢之下安有完卵”，他已从消极悲观的人生态度转向对民族生死存亡的忧患，他的创作走向了为人生而艺术的阶段。这些有着深厚底蕴的作品，成为他创作中亮丽的华彩，使他具有了艺术大师的思想、深度和艺术境界。

如果说鲁迅先生是从医生的视角剖析社会把握人生，那么丰子恺则是从艺术的深邃透悟里，观察社会表达人生，并由此成为饮誉中外开风之光的一代艺术宗师。

丰子恺（1898—1975），我国著名画家、文学家、美术音乐教育家、翻译

家。浙江桐乡石门镇人。曾在浙江上虞春晖中学任教。历任全国美协常务理事，上海文联副主席，上海画院院长，代表作有《护生画集》系列、《缘缘堂随笔》、《丰子恺散文选》，译著有《源氏物语》等。

4. 想“飞”的徐志摩——徐志摩

在中国新诗初起的茫茫夜空中，你若一轮新月，给诗坛洒下了几缕清晖。徐志摩，你这自由不羁的浪漫诗人，以天才的诗篇，礼赞着爱情这一人类永恒的主题。

在江南晨钟暮鼓的采桑之地宁波石镇，你的父亲是位风雅开明的富商。童年，你既饱受了诗书礼仪的教化，又得到了改良思潮的熏陶。娶了官宦之家的小姐张幼仪后，阔绰的生活并未消蚀你这颗不安分的心，你飘洋过海来到神驰已久的美国。感情用事的你，显示痴迷于尼采的人生哲学，后又堕入对罗素的崇拜，放弃了即将获得的博士学位，于1920年匆匆离开美国，赴英国“从罗素”去了。

你与罗素失之交臂，却和林徽音小姐一见钟情。剑桥大学的政治经济学硕士名衔，未能成就你仕途上的梦想，而剑桥那旖旎的风光却辉煌了你的文思。剑河边柔曼的轻风，与天边飞泻的流霞，无不弥留着你的深情。你总是变幻着，像匹不羁的野马狂奔了起来，一无遮拦。诗歌，是一个民族灵魂深层的精美与激情。在《康桥再会吧》一诗中，你运用比喻象征的手法，把剑桥当作了风情万种的妩媚情人，而内心却挣扎着爱情的矛盾纠葛。所有的碰撞、冲动、郁闷、企盼的心情，都与那剑桥的冷暖善变的情境混作迷离的意象。大自然的彩黛成了你笔下情人的艳妆，你被她撩拨，煽起本已燃烧的烈焰，便有了“诗情象山洪暴发不分方向的乱冲”“生命受了一种伟大力量的震撼，什么半成熟未成熟的意念，都在指顾间散作缤纷的花雨”在与大文豪哈代、狄更生及泰戈尔的深厚友谊中，你的人生观受到了深刻的影响，灵魂深处渐渐散发出人文主义的光芒。

1928年第三次欧洲之行，你徜徉在久别的剑桥怀抱。《再别康桥》亦如流水的旋律，从你的心中款款淌出。

“轻轻的我走了，正如我轻轻的来。我轻轻的招手，作别西天的云彩……”

这诗句是那样的神思逸飞、清纯朗润和柔美多情，是一首美学价值极高的作品。《志摩的诗》带着英国浪漫主义诗歌自由挥洒的情调，为我国新格律诗增添了鲜丽的色彩。

爱情主题成了你最精彩的咏叹。在新月派的代表人物中，你的诗歌、散文铸就了艺术上蔚为壮观的峰峦。爱情之上的人生观，使你在与张幼仪、林徽音、陆小曼三个女人风波迭起的爱情生活中，始终被爱所困扰。

林徽音是你与张幼仪离婚的直接原因，但她却成了你婚姻的泡影。与有夫之妇陆小曼的结识，使你再度堕入爱河。这招致世俗社会指责的婚姻好景不长，与你爱情的初衷更是相距甚远。迁居上海后，陆小曼奢靡的社交活动使你承受了不曾有过的沉重压力。你在变色的现实困境中，视野日趋狭窄。《翡冷翠的一夜》、《猛虎集》、《云游》等诗集虽在艺术上臻于成熟佳作迭出，但也有一些远离社会思想消沉之作。本质上的真诚善良，使你清醒地意识到必须离开上海，脱离浮华腐败的生活，这才是你出任北京大学教授的缘由所在。

陆小曼的颓变，已把你们当初热烈澎湃沸沸扬扬的爱情酿成了一杯苦酒。你一生苦苦追寻挚爱真情，最终却被爱情所背弃，这成了诗人命运的悖论。

童年开始，你一直神往飞的感觉，这是一种征兆。你说雪莱于大海中找到了自己的归宿，你却在空难中将诗魂交给了天籁。

徐志摩（1896—1931），我国著名诗人，浙江海宁人。历任南开大学、北京大学、清华大学文学教授，曾任《晨报》副刊《诗镌》主编，又与胡适创办《新月》月刊，任主编，出版诗集多部，散文集《巴黎的鳞爪》等，著有小说集及多种译著。1931 年 11 月 19 日，在济南附近开山坠机身亡，时年 36 岁。

5. 纪念五四运动八十周年特别节目——《红楼》

——1917，记忆的片断

［字幕：1917 年，北京的一所旅馆］

雨已经下了几天了，哈欠连天的门房打开旅馆的木门，就看到一个戴礼帽的先生从一架洋车上跳下，朝旅馆小跑过来。北京的初春，杨树还未爆芽，天气尚冷，路上的行人都缩着脖子走路，加上连续的阴雨，大清早很少有投宿的客人。不过这位先生不是来投宿的，连续几天，他都早早的赶到旅馆来，坐在门口的一条板凳上，等住在 017 房的客人起床。

几个月后，年迈的门房听说书人说起蔡元培三顾茅庐礼聘陈独秀的故事，才恍然记起那个穿过一帘雨水，跑进旅馆的南方人，确实有点像报纸上登的北京大学校长蔡元培。

在成为北大文科学长之前，陈独秀已经在编辑《新青年》杂志了。但在 1916 年的大部分时间里，这本在上海出版的杂志，已经处在停刊的边缘。印数太少，不过一千份，影响实在有限。最明显的例子就是，鲁迅和周作人那时都听说过这种刊物，但言谈之中确实不屑一顾的。不过《新青年》却深深地吸引了新任的北京大学校长蔡元培。他从朋友那儿听说贫困潦倒的陈独秀正和人在北京合伙做生意，就仿效《三国演义》中的刘备，不断地造访陈独秀蜇居的旅馆。陈独秀有些犹豫，他不想放弃《新青年》，在蔡元培同意他可以把《新青年》带到北京来办时，陈独秀答应先试三个月。

［字幕：1917 年槐树下的补树书屋］

这一年的四月，周作人也手持着蔡元培的请帖，从绍兴到北大来教书了。初来乍到，他借住在鲁迅寄居的补树书屋，也就是绍兴会馆槐树下的一个独院。从补树书屋前往北大，要路过故宫的后门，在杨花飘絮的时节，周作人经常会看见一辆驴子拉的水车，车上盖着黄布，前往玉泉山取水。这是供给逊帝溥仪御用的。

鲁迅从藤花馆搬进补树书屋有一年多了，整天埋头于古碑之间，不问世事。尽管袁世凯称帝的洪宪梦，早已随他的暴死而破灭了，但鲁迅依然心寒。早年飘洋过海，寻求一把医治国人灵魂的手术刀时，鲁迅有着《新青年》一样的锋芒。现在他过着一种隐者般的生活，借抄写古碑来消遣这悠长的民国早年岁月。

1917 年的 7 月 1 日是个星期天。鸡鸣三遍，鲁迅就起床了，吃过早点，想着往琉璃厂去挑几幅古碑的拓片。这时听到外边的人来说：街上都挂上龙旗了！无论从哪个角度来说，张勋复辟都是一场闹剧。逊位已久的少年溥仪在辫子军的扶持下重登龙位，但不过两个星期，张牙舞爪的大清龙旗又匆匆收起了。像早年的戊戌变法一样，入朝为官的康有为替宣统皇帝起草了大量诏书，旨在建立一个英国式的君主制，但他最后失望了。坐在美国使馆里，翻着儒家的经典《春秋》，对窗外的枪声不闻不问。而这时蔡元培正避难天津，以辞职来表述他的呼声。

局势似乎很快就平静下来，辫子军成为时人的笑谈。蔡元培回到京师，收回了辞呈，继续他十年的北大校长生涯。中间虽有过多次的请辞，都让师生挽留住了。鲁迅还在琉璃厂出没，和书贾握手还价，从旧书店里飘散开来的糜烂的气息，常使他心绪索然。捏着一卷破旧的拓片，默默地回到补树书屋。在 1917 年，卜居补树书屋的鲁迅，仿佛是一个现实生活的局外人，即使受蔡元培之邀，做了北大的兼职教授，还依然沉迷于古代墓碑。鲁迅和周作人有时一起去北大，还会看见拉水的驴车，盖着黄布，进出故宫后门。不过不久就看不到了，据说清宫里也装上了自来水。鲁迅立在风中，盯着寂静的宫门，有一阵子发愣。他恍然觉得这个世界，正在一点点的发生变化。

[字幕：1917 年京师大学堂旧址]

康有为明显的老了，执书的手就像风吹窗纸在瑟瑟作响。他知道自己叱咤风云的年代已经过去了，而在 1895 年，他可谓领尽风骚。这一年的春闱，状元被来自四川资州的骆成骧夺得，然而真正的英雄，却是发起公车上书的进士康有为。在这多事之年，康有为联络进京赶考的十八省举子，联名上书，抗议签署割地赔款的中日《马关条约》，要求变革。在康有为起草的长篇奏折中，最后提到了教育问题。在三年后短暂的戊戌变法中，这个要求最先得到实施。六君子血染午门，百日维新黯然收场时，唯一保留下来的成果，便是这所尚未开学的京师大学堂。

在 1917 年以前，作为中国的最高学府，无论是京师大学堂，还是辛亥革命后改朝换名的国立北京大学，一直声名狼藉。在时人眼中，两院一堂，即参议院、众议院和京师大学堂是八大胡同最好的顾客，而这是一个妓院云集的去处。没有人能想到，这所紧挨着皇宫的最高学府，在后来竟会引发一场新文化运动，并波及以后很长的年月。这一切都是在 1917 年，蔡元培出掌北京大学后发生的。在 1917 年以前，中国思想界的旗手是三个广东人：康有为、梁启超以及中华民国的缔造者、外科医生孙中山。但在 1917 年以后，他们的锋芒都被那些进出红楼的北大教授掩盖了。

在捧读儒家经典《春秋》的日子，康有为也会在落叶的秋天去看望过去的京师大学堂。轿子停在不远的胡同，康有为看见一只栖居学府的雀鸟，扑楞楞飞向了远方。他感到了秋天的寒意。

[字幕：1917 年《新青年》的一场笔战]

刘半农一脚踏进红楼，也看到了那羽从房檐上飞走的雀鸟。它扑落的一枚黄叶，落在了刘半农的跟前。刘半农捡起落叶的时候，阳光穿过树丛打在他脸上，他感到了一阵的暖意。

这个 1917 年的秋天，受聘为北大教授的刘半农，是很有些叛徒味道的。尽管在进红楼之前，他在《新青年》上已经标榜过自己的革命了，但在世人的眼中，他还是那个鸳鸯蝴蝶派入室弟子的半农，写的也是红袖添香一类的小说。

在《新青年》所倡导的白话文运动中，刘半农是最卖力的一个。新旧文学的几次血战，他都是冲在最前面的。其中为人津津乐道的，是他和北大教授钱玄同一起唱的双簧戏。由钱玄同化名王敬轩，把林琴南等人及对新文化的种种谬论集结起来，用文言文写了一封致《新青年》的信，再由刘半农以编者的名义，用白话文写了一封答王敬轩的书，一个回马枪，把王敬轩挑下马来，痛快地批了一番。据诗人朱湘的说法，他当年所以皈依新文学，就是读了这封信的缘故。

可惜刘半农死得太早，被遗忘的也快。1934 年在内蒙古一次调查方言的途中，被虱子咬了一口，染上了回归热，为中医所误，回红楼后四日，就撒手而去了。

鲁迅后来回忆说，“我爱十年前的半农”，这句话意味深长。鲁迅从一个在补树书屋埋头抄写古碑的隐者，一跃而为新文化运动的领军人物，和刘半农不无关系。作为《新青年》的编者，他和钱玄同不停地前往补树书屋，说服心灰意冷的鲁迅，一起来挣脱那个黑暗的“铁屋子”。1918 年到“五四”前夕，鲁迅所以写下三篇革命性的小说：《狂人日记》、《孔已己》和《药》，就是他们鼓吹新文化的结果。

刘半农落叶般的飘零，在 1934 年的七月，烙下了深深的伤痕。从嘉兴寺到墓地，一路上都是飘飘的白幡。在众多的挽联中，有一副是晚清名妓赛金花送来的。和轰传一时的葬礼相比，刘半农的身后实在是太寂寞了。在荒草遮没的刘氏孤坟前，两个踏青者说起新文化运动，所能想起的人物，只是一个胡适之，一个和刘半农一起迈进红楼的徽州人。

［字幕：1917 年徽州乡里的一场婚礼］

1917 年的冬天，学校放了寒假，北京大学教授胡适匆匆搭火车，回到徽州乡下的老家。在火车上，看着窗外纷飞的雪花，胡适不由得想起了赫贞河畔的两只蝴蝶。

这是去年的夏天，胡适在美国留学的公寓里看到的蝴蝶，这所公寓是韦莲司的旧居。他也是像这样坐在窗前，“忽然看见一对黄蝴蝶从树梢飞上来”。不过一会儿，一只蝴蝶飞走了，胡适就是这时感到一种难以忍受的寂寞的，他已经预感和韦莲司的恋情将无疾而终，就写了一首叫《蝴蝶》的诗。这也是新文化运动中出现的第一首白话诗。后来和刘半农等人的诗一起发表在 1918 年的《新青年》上。

又经历两次短暂的异国之恋后，胡适回到了老家，和订婚多年的江冬秀完婚。这桩由母亲操办的婚事，在胡适的家乡，被传为佳话。胡适就像一个旧小说里奉旨完婚的状元，受到乡人的歌颂。不过在外面的口碑就不好了，一个新文化运动的主将，却娶了一个不识字的乡村女子。胡适的这婚姻曾名列民国七大怪事，据说陈独秀就曾当面痛骂胡适，要他离婚。对这位礼聘他来北大执教的好友，胡适也只是笑笑。

胡适当年的苦衷，不仅仅发生在他的身上，回过头来看看红楼下的教授们。鲁迅还处在名存实亡的婚姻中，和许广平的结识，要在 1923 年以后。刘半农这个后来想替晚清名妓赛金花作传的北大教授，加入了进德会，信守不嫖、不赌、不纳妾的会规。唯有陈独秀则公然出入八大胡同，夜宿青楼。而康有为在他的一个爱妾青春早逝后，又连续娶了三房姨太太，来安慰孤寂的晚年。

和民国的文化人相比，英国哲学家罗素的境遇就有些惨了。他因介入公众社会和私生活问题被剑桥大学开除了。不过他携年轻的情人来中国讲学，则是 1920 年，“五四”以后的事了。

在当时的那个年代，无论是东西方，那些站在思想最前沿的人，都在旧势力的重重围困中。新文化运动的深入人心，要在多年以后，具体到婚姻来说，像徐志摩和郁达夫的风流韵事，在1917年还无法想象。

［字幕：1918年一对父子］

1918年，一个叫梁济的前朝儒士，在北京投湖自尽，这一天离他六十六大寿还差几日。他的死和八年后的王国维极其相似。梁济所以自杀，据他遗书的说法，是因为世风日下，儒家的礼仪丧失殆尽；而这一年，恰恰是《新青年》风行的时候。在鲁迅的笔下，儒教已是吃人的怪物。

梁济对我们来说是一个陌生的名字，但他的儿子梁漱溟，就熟悉多了。梁漱溟没有念过大学，即胡在父亲自杀的同时，蔡元培却邀请他来北大讲授哲学。这一年的十月，北大红楼建成启用。七个月后，从这里开始了"五四"运动。

谁也不会想到，戊戌变法仅仅过了二十年，维新运动的发起人康有为，已经成为复古保皇派的代表。历史总是在这样的反反复复中吐故纳新，到了"五四"运动后，在京城的学堂里，几乎所有的小学生都用白话文写作，并且点上了新式的标点符号。而他们的老师，有许多正是从那座红楼中走出来的。

八十年后回想1919年的5月4日，我们注意到当时的民国总统徐世昌和北京大学校长蔡元培一样，都是前清翰林出身。不过一个主张桐城派的古文，一个是留洋的博士。在1919年的5月，他们站在了对立的一面，隔在中间的是紧靠皇宫的一座红楼。

第十三章 普通话水平测试用朗读作品语音及朗读技巧提示

1. 60 篇短文全部按规定从《实施纲要》中的“普通话水平测试用朗读作品”照录，作品顺序也保持一致。

2. 每篇作品在第 400 个音节后用“//”标注。

3. 每篇作品在后面出现“语音提示”，择要对部分易错字、多音字以及轻声、儿化等音变作必要提示。

4. “语音提示”的注音基本按词连写。上声和“一、不”的音变仍表[标]原调，必轻词不标声调，儿化音节在所标注的拼音音节后紧接着加上“r”，“啊”按照音变后的实际读音标注。

5. 本单元所选散文分属不同类型，有抒情性散文，有记叙性散文，有议论性散文。重点在于引导学生理清作者的思路，把握感情发展变化的脉络，领会文章的寓意。

6. 为了便于理解，我们作了文章的背景分析本，还将原文一并附上，至于说明文我们就不做分析了。

作品 1 号（节选自茅盾《白杨礼赞》）

那是力争上游的一种树，笔直的干[1]，笔直的枝。它的干呢，通常是丈把高，像是加以人工似的[2]，一丈以内，绝无旁枝；它所有的桠枝[3]呢，一律向上，而且紧紧靠拢，也像是加以人工似的，成为一束，绝无横斜逸出；它的宽大的叶子也是片[4]片向上，几乎[5]没有斜生的，更不用说倒垂[6]了；它的皮，光滑而有银色的晕圈[7]，微微泛出淡青色。这是虽在北方的风雪的压迫下却保持着倔强[8]挺立的一种树！哪怕只有碗来粗细罢，它却努力向上发展，高到丈许，两丈，参天耸立，不折不挠[9]，对抗着西北风。

这就是白杨树，西北极普通的一种树，然而决不是平凡的树！

它没有婆娑[10]的姿态，没有屈曲[11]盘旋的虬[12]枝，也许你要说它不美丽，——如果美是专指"婆娑"或"横斜逸出"之类而言，那么，白杨树算不得树中的好女子[13]；但是它却是伟岸，正直，朴质，严肃，也不缺乏温和，更不用提它的坚强不屈与挺拔，它是树中的伟丈夫[14]！当你在积雪初融的高原上走过，看见平坦的大地上傲然挺立这么一株或一排白杨树，难道你就只觉得树只是树，难道你就不想到它的朴质，严肃，坚强不屈，至少也象征了北方的农民；难道你竟一点儿也不联想到，在敌后的广大土//地上，到处有坚强不屈，就像这白杨树一样傲然挺立的守卫他们家乡的哨兵！难道你又不更远一点儿想到这样枝枝叶叶靠紧团结，力求上进的白杨树，宛然象征了今天在华北平原纵横决荡用血写出新中国历史的那种精神和意志。

语音提示

1. 干 gàn
2. 似的 shìde
3. 桠枝 yāzhī
4. 片 piàn
5. 几乎 jīhū
6. 倒垂 dàochuí
7. 晕圈 yùnquān
8. 倔强 juéjiàng
9. 挠 náo
10. 婆娑 pósuō
11. 屈曲 qūqū
12. 虬 qiú
13. 女子 nǚzǐ
14. 丈夫 zhàngfu

背景与评析

《白杨礼赞》是一篇优秀的抒情散文，写于 1941 年。在此之前，作者茅盾在新疆工作一个时期之后，到延安讲学。当时，正是抗日战争的相持阶段，他亲眼目睹了北方军民在共产党的领导下同心同德、团结抗战的情形，从解放区的人民身上看到了民族解放的前途和希望，深受鼓舞，写下了这篇热情洋溢的散文。这是一篇托物抒情的散文，作者成功地运用了象征手法，通过白杨树这个艺术形象，歌颂了朴质、坚强、团结向上的精神和意志。

文章采用象征手法，借白杨树赞颂了共产党领导下的北方抗日军民的斗争精神。文章还采用了排比、反问、对比等，层层深入地显示白杨树的象征意义。

这种象征手法帮助《白杨礼赞》冲破了国民党政府的“审查”，帮助作者把想说而不能说的话，巧妙地告诉给读者。

文章中用工笔细描的方法，从干、枝、叶、皮等方面具体描述白杨树之形，有力突出其正直、倔强、不折不挠、力争上游的品质。接着，作者先采用欲扬先抑的手法，指出白杨树“没有婆娑的姿态”，“没有屈曲盘旋的虬枝”，“算不得树中的好女子”，而后指出但它是“树中的伟丈夫”，突出白杨树的独特个性。

“不平凡”是本文的抒情线索，为了逐层深入地表现白杨树的“不平凡”，作者“首句标其目”，继之，从景美、形美、神美三个方面尽写白杨树的“不平凡”。先描写白杨树的生长环境：辽阔坦荡、气象雄伟、色彩鲜艳的西北高原，这是漫放，“猛抬眼看见了前面”的白杨树，这是巧收，写到了它的形美：“笔直的干、笔直的枝，干、枝、叶都一律向上”，“紧紧靠拢”，“不折不挠，对抗着西北风”。再从外形写到气质：力求上进、伟岸、正直、朴质、严肃、挺拔、坚强不屈。最后在抒情和议论中直陈白杨树的象征意义。每次写完它的一个方面，作者都要点到它的“不平凡”，这样一唱三叹，逐层深入地表现了白杨树的“不平凡”。

伟大和平凡常常是事物的两个不同方面，不平凡而又普通，伟大寓于平凡之中。以白杨树是一种“极常见”和“极易生长”的树来说，它当然“极普通”，但从它的外形美，尤其是它的内在美来说，它又是“不平凡”的。两者就这样统一于白杨树身上。白杨树在西北极普通，不被人重视，就跟北方农民相似；它有极强的生命力，折磨不了、压迫不倒，也跟北方农民相似。

作品 2 号（节选自张健鹏、胡足青主编《故事时代》中《差别》）

两个同龄的年轻人同时受雇于一家店铺[1]，并且拿同样的薪水。

可是一段时间后，叫阿诺德的那个小伙子青云直上，而那个叫布鲁诺的小伙子却仍在原地踏步。布鲁诺很不满意老板的不公正待遇。终于有一天他到老板那儿发牢骚了。老板一边耐心地听着他的抱怨，一边在心里盘算[2]着怎样向他解释清楚[3]他和阿诺德之间的差别[4]。

“布鲁诺先生[5]，”老板开口说话了，“您现在到集市上去一下，看看今天早上有什么卖的。”

布鲁诺从集市上回来向老板汇报说，今早集市上只有一个农民拉了一车土豆在卖。

“有多少？”老板问。

布鲁诺赶快戴上帽子又跑到集上，然后回来告诉[6]老板一共四十袋土豆。

“价格是多少？”

布鲁诺又第三次跑到集上问来了价格。

“好吧，”老板对他说，“现在请您坐到这把椅子上一句话也不要说，看看阿诺德怎么说。”

阿诺德很快就从集市上回来了。向老板汇报说到现在为止只有一个农民在卖土豆，一共四十口袋[7]，价格是多少多少；土豆质量[8]很不错，他带回来一个让老板看看。这个农民一个钟头以后还会弄[9]来几箱西红柿，据他看价格非常公道。昨天他们铺子的西红柿卖得很快，库存已经不//多了。他想这么便宜[10]的西红柿，老板肯定会要进一些的，所以他不仅带回了一个西红柿做样品，而且把那个农民也带来了，他现在正在外面等回话呢。

此时老板转向了布鲁诺，说：“现在您肯定知道为什么阿诺德的薪水比您高了吧！”

语音提示

1. 店铺 diànpù
2. 盘算 pánsuan
3. 清楚 qīngchu
6. 告诉 gàosu
7. 口袋 kǒudai
8. 质量 zhìliàng

4. 差别 chābéi　　9. 弄 nòng

5. 先生 xiānsheng　　10. 便宜 piányi

背景与评析

小故事中渗透着大智慧。两个小伙子虽然同龄同公司，但是却有着不同的办事方式。而能够更好地握得主动权的人，往往就能够把命运掌握在自己手中。老板巧设了一个局，让布鲁诺直截了当地知道了自己与阿诺德的差距。作为二度创作者，也应该让听众们如临其境，如见其人。

作品 3 **号**（节选自贾平凹《丑石》）

我常常遗憾我家门前那块丑石：它黑黝黝[1] 地卧在那里，牛似的[2] 模样[3]；谁也不知道是什么时候[4] 留在这里的，谁也不去理会它。只是麦收时节，门前摊了麦子，奶奶总是说：这块丑石，多占地面呀，抽空把它搬走吧。

它不像汉白玉那样的细腻，可以刻字雕花，也不像大青石那样的光滑，可以供[5] 来浣纱[6] 捶布。它静静地卧在那里，院边的槐荫没有庇覆[7] 它，花儿[8] 也不再在它身边生长。荒草便繁衍[9] 出来，枝蔓上下，慢慢地，它竟锈上了绿苔[10]、黑斑。我们这些做孩子的，也讨厌起它来，曾合伙要搬走它，但力气又不足；虽时时咒骂它、嫌弃它，也无可奈何，只好任它留在那里了。

终有一日，村子里来了一个天文学家。他在我家门前路过，突然发现了这块石头，眼光立即[11]就拉直了。他再没有离开，就住了下来；以后又来了好些人，都说这是一块陨石[12]，从天上落下来已经有二三百年了，是一件了不起[13]的东西[14]。不久便来了车，小心翼翼地将它运走了。

这使我们都很惊奇，这又怪又丑的石头，原来是天上的啊[15]！它补过天，在天上发过热、闪过光，我们的先祖或许仰望[16]过它，它给了他们光明、向往、憧憬[17]；而它落下来了，在污土里，荒草里，一躺就//是几百年了！

我感到自己的无知，也感到了丑石的伟大，我甚至怨恨它这么多年竟会默默地忍受着这一切！而我又立即深深地感到它那种不屈于误解、寂寞的生存的伟大。

语音提示

1. 黑黝黝 hēiyǒuyǒu/hēiyōuyōu
2. 似的 shìde
3. 模样 múyàng
4. 时候 shíhou
5. 供 gōng
6. 浣纱 huànshā
7. 庇覆 bìfù
8. 花儿 huā’ér
9. 繁衍 fányǎn
10. 绿苔 lǜtái
11. 立即 lìjí
12. 陨石 yǔnshí
13. 了不起 liǎo · bùqǐ
14. 东西 dōngxi
15. 啊 ya
16. 仰望 yǎngwàng
17. 憧憬 chōngjǐng

背景与评析

贾平凹散文中写到的丑石，其实是一颗陨石。宇宙天体中有无数的小行星，它们与地球相遇，在穿越大气层时发出美丽的光焰，这就是流星。没有完全烧净的流星体落在地上，就是陨石，陨石对研究太阳系的起源、演化以及地球生命起源提供了宝贵的线索。

当然，贾平凹并不是想通过他的文章，向我们介绍陨石的知识，而是通过奶奶门前的这颗陨石，如何被人们误解，后来又如何被人们发现它的珍贵价值，使生活中的平常道理拂去岁月的尘土重新焕发出光彩。

是作者通过丑石发现的哲理。什么样的东西美，不同的人可能会有不同的看法。但是我们知道，每个事物都有其自身的特点，也正是因为这些不同的特点、不同的性质，才构成了我们这丰富多彩的世界。

贾平凹的大部分散文都闪烁着哲理的火花，极富情致和个性。这些作品在简短的篇幅中，以一个经历者的身份讲述一个个富有哲理的故事。娓娓动听，从容不迫，决不自以为是，不炫耀、不张扬。

初读《丑石》，你感触会很深，会感叹：“真看不出！”继而要思考：这丑石寄寓了一个什么道理呢？物不可貌相，“丑到极处便是美”。再细细品味、分析，文本中除了描画丑石的丑形丑貌以外，为什么还要花那么多笔墨写它的无用，不能垒墙、铺台阶，更不能雕花刻字，甚至浣纱捶布的作用都没有。奶奶嫌它，伯父看不起它，石匠不用它，连小孩子都讨厌它，丑石因丑而遭遇不幸，因不幸而遭受孤独寂寞，遭受误解屈辱。它几百年地默默忍受，几百年地不屈生存。这是一种人生哲学，是一种不屈服于误解和寂寞的生存的伟大。

作品 4 号（节选自［德］博多·舍费尔《达瑞的故事》，刘志明译）

在达瑞 8 岁的时候[1]，有一天他想去看电影。因为[2] 没有钱，他想是向爸妈要钱，还是自己挣钱。最后他选择了后者。他自己调制[3] 了一种汽水[4]，向过路的行人出售。可那时正是寒冷的冬天，没有人买，只有两个人例外——他的爸爸和妈妈。

他偶然有一个和非常成功的商人谈话的机会。当他对商人讲述了自己的“破产史”后，商人给了他两个重要的建议：一是尝试为别人解决一个难题；二是把精力集中在你知道的、你会的和你拥有的东西[5] 上。

这两个建议很关键。因为对于一个 8 岁的孩子而言，他不会做的事情[6] 很多。于是他穿过大街小巷，不停地思考：人们会有什么难题，他又如何利用这个机会？

一天，吃早饭时父亲让达瑞去取报纸。美国的送报员总是把报纸从花园篱笆[7] 的一个特制的管子里塞[8] 进来。假如你想穿着睡衣舒舒服服地吃早饭和看报纸，就必须离开温暖的房间，冒着寒风，到花园去取。虽然路短，但十分麻烦[9]。

当达瑞为父亲取报纸的时候，一个主意[10] 诞生了。当天[11] 他就按响邻居的门铃，对他们说，每个月只需付给他一美元，他就每天早上把报纸塞到他们的房门底下。大多数人都同意了，很快他有//了七十多个顾客。一个月后，当他拿到自己赚的钱时，觉得[12] 自己简直是飞上了天。

很快他又有了新的机会，他让他的顾客每天把垃圾袋放在门前，然后由他早上运到垃圾桶里，每个月加一美元。之后他还想出了许多孩子赚钱的办法，并把它集结[13] 成书，书名为[14]《儿童挣钱的二百五十个主意》。为此[15]，达瑞 12 岁时就成了畅销书作家，15 岁有了自己的谈话节目，17 岁就拥有了几百万美元。

语音提示

1. 时候 shíhou
2. 因为 yīn · wèi
3. 调制 tiáozhì
4. 汽水 qìshuǐr
5. 东西 dōngxi
6. 事情 shìqing
7. 篱笆 líba
8. 塞 sāi
9. 麻烦 máfan
10. 主意 zhǔyi
11. 当天 dàngtiān
12. 觉得 jué · dé
13. 集结 jíjié
14. 为 wéi
15. 为此 wèicǐ

背景与评析

一个聪明机灵的孩子的形象，在这个故事里呼之欲出。他小小年纪就不安于既定的生活，努力开拓自己能力范围内的机遇，这种积极的生活态度，都值得成人向他学习。

在文中他每一次发现新的转机，都充满着惊喜和立刻要去行动的冲劲，在朗读时应当将这份活力体现出来。

作品 5 号（节选自峻青《第一场雪》）

这是入冬以来，胶东半岛上第一场雪。

雪纷纷扬扬，下得很大。开始还伴着一阵儿小雨，不久就只见大片大片的雪花，从彤云[1] 密布的天空中飘落下来。地面上一会儿[2] 就白了。冬天的山村到了夜里就万籁俱寂[3]，只听得雪花簌簌[4] 地不断往下落，树木的枯枝被雪压断了，偶尔[5] 咯吱一声响。

大雪整整下了一夜。今天早晨，天放晴了，太阳出来了。推开门一看，嗬[6]！好大的雪啊[7]！山川、河流、树木、房屋，全都罩上了一层厚厚的雪，万里江山变成了粉妆玉砌的世界。落光了叶子的柳树上挂满了毛茸茸亮晶晶的银条儿；而那些冬夏常青的松树和柏树[8] 上，则挂满了蓬松松沉甸甸的雪球儿。一阵风吹来，树枝轻轻地摇晃，美丽的银条儿和雪球儿簌簌地落下来，玉屑[9] 似的[10]雪末儿随风飘扬，映着清晨的阳光，显出一道道五光十色的彩虹。

大街上的积雪足有一尺多深，人踩上去，脚底下发出咯吱咯吱的响声。一群群孩子在雪地里堆雪人，掷[11]雪球儿。那欢乐的叫喊声，把树枝上的雪都震落下来了。

俗话说，“瑞雪兆丰年”。这个话有充分的科学根据，并不是一句迷信的成语。寒冬大雪，可以冻死一部分越冬的害虫；融化了的水渗[12]进土层深处，又能供应[13]//庄稼[14]生长的需要。我相信这一场[15]十分及时的大雪，一定会促进明年春季作物，尤其是小麦的丰收。有经验的老农把雪比作是“麦子的棉被”。冬天“棉被”盖得越厚，明春麦子就长得越好，所以又有这样一句谚语：“冬天麦盖三层被，来年枕着馒头睡。”

我想，这就是人们为什么把及时的大雪称为“瑞雪”的道理吧。

语音提示

1. 彤云 tóngyún
2. 一会儿 yīhuìr
3. 万籁俱寂 wànlài-jùjì
4. 簌簌 sùsù
5. 偶尔 ǒu’ěr
6. 嗬 hē/hè
7. 啊 ya
8. 柏树 bǎishù
9. 玉屑 yùxiè
10. 似的 shìde
11. 掷 zhì
12. 渗 shèn
13. 供应 gōngyìng
14. 庄稼 zhuāngjia
15. 一场 yīcháng

背景与评析

峻青是我国当代著名作家，自幼家贫，只读了几年小学，抗战爆发后参加革命。这篇文章写于1962年。1960—1962年正是我国遭受严重自然灾害的时期。当时粮棉欠收。国民经济遭受到了严重的困难。人们多么盼望能有一个好收成呀！1962年冬天，作者在胶东半岛的农村，看到这第一场大雪，联想到“瑞雪兆丰年”，心里无比喜悦，就写下了这篇散文，收录在散文集《秋色赋》中。

文章分为两个部分，雪景——由雪景引起的联想。写雪景又分三个层次：雪前——雪中——雪后。写雪前，分别从清早、中午、黄昏写出大雪降临之前的气候变化；写雪中，从白天写到夜晚，描写出大雪纷飞的景象；雪后的景象，是全文的重点内容。作者由面到点，由景到人，细腻地描述了大雪出晴的美丽景色。第二部分，表达了作者无比喜悦的心情。

作品6号（节选自谢冕《读书人是幸福人》）

我常想，读书人是世间幸福人，因为[1]他除了拥有现实的世界之外，还拥有另一个更为浩瀚[2]也更为丰富的世界。现实的世界是人人都有的，而后一个世界却为[3]读书人所独有。由此我想，那些失去或不能阅读的人是多么的不幸，他们的丧失是不可补偿的。世间有诸多的不平等，财富的不平等，权力的不平等，而阅读能力的拥有或丧失却体现为[4]精神的不平等。

一个人的一生，只能经历自己拥有的那一份欣悦，那一份苦难，也许再加上他亲自闻知的那一些关于自身以外的经历和经验。然而，人们通过阅读，却能进入不同时空的诸多他人的世界。这样，具有阅读能力的人，无形间获得[5]了超越有限生命的无限可能性。阅读不仅使他多识了草木虫鱼之名，而且可以上溯[6]远古下及未来，饱览存在的与非存在的奇风异俗。

更为[7]重要的是，读书加惠于人们的不仅是知识[8]的增广，而且还在于精神的感化与陶冶[9]。人们从读书学做人，从那些往哲先贤以及当代才俊的著述中学得他们的人格。人们从《论语[10]》中学得[11]智慧的思考，从《史记》中学得严肃的历史精神，从《正气歌》中学得人格的刚烈，从马克思学得入世//的激情，从鲁迅学得批判精神，从托尔斯泰学得道德的执著[12]。歌德的诗句刻写出睿智[13]的人生，拜伦的诗句呼唤着奋斗的热情。一个读书人，一个有机会拥有超乎个人生命体验的幸运人。

语音提示

1. 因为 yīn · wèi
2. 浩瀚 hàohàn
3. 为 wéi
4. 为 wéi
5. 获得 huòdé
8. 知识 zhīshi
9. 陶冶 táoyě
10. 论语 lúnyǔ
11. 学得 xuédé
12. 执著 zhízhuó

6. 溯 sù 13. 睿智 ruìzhì

7. 为 wéi

背景与评析

这是谢冕教授有关读书的一篇随笔，最初发表在1995年7月19日的北京《中华读书报》上。后来收入《永远的校园》一书，由北京大学出版社出版。

谢冕，福建福州人，1932年生。早年就读于福州三一中学。1955年考入北京大学中文系，1960年毕业，留校任教至今。现为北京大学教授、博士生导师，曾兼任北京大学中国语言文学研究所所长。谢冕参与了北京大学当代文学的学科建设。在他的影响下，建立了中国当代文学方向的第一个博士点，他也成为中国第一位当代文学的博士生导师。自1981年起至2000年止，先后有十余届硕士、博士及博士后在他的指导下毕业。

很早他就已经把文学作为自己终身的事业了。更重要的是他发自内心地热爱文学，对待文学如同对待自己的人生一样，可以充分地看出他的责任感和良知。

他说读书人是幸福人，这是一句意味深长的话。他说读书人有两个世界，一个现实的世界，一个理想的世界。我们通常说读书人有更多的痛苦，体味作品中的辛酸与悲苦的确增加我们的“苦难”，但是我们能在夜深人静的时候进入遥远的或者久远的或者现代的“陌生人”的喜怒哀乐本身就丰富了我们的情感。人因阅读而丰富，因阅读而饱满，通过阅读我们可以增加我们生命的密度。

他少年时期读书经历的现身说法也很有说服力。很多次学校组织郊游，他也爱游玩，可是为了不增加家里的经济负担他就把自己关在楼上看书！这是一幅多美的图景啊。我想他比郊游的人幸福，并且这种幸福他体会得比我们深切而真实。“这时候，那些遥远年代的作品，便成了凄苦寂寞中的慰安。”如果这也是寂寞的话，那么，毫无疑问，寂寞也是一种美。

作品7号（节选自唐继柳编译《二十美金的价值》）

一天，爸爸下班回到家已经很晚了，他很累也有点儿烦，他发现五岁的儿子靠在门旁正等着他。

“爸，我可以问您一个问题吗？”

“什么问题？”

“爸，您一小时可以赚多少钱？”

“这与[1]你无关，你为什么问这个问题？”父亲生气地说。

“我只是想知道，请告诉[2]我，您一小时赚多少钱？”小孩儿哀求道。

“假如你一定要知道的话，我一小时赚二十美金。”

“哦[3]，”小孩儿低下了头，接着又说，“爸，可以借我十美金吗？”

父亲发怒了：“如果你只是要借钱去买毫无意义的玩具的话，给我回到你的房间睡觉[4]去。好好想想为什么你会那么自私。我每天辛苦工作，没时间和你玩儿小孩子的游戏。”

小孩儿默默地回到自己的房间关上门。

父亲坐下来还在生气。后来，他平静下来了。心想他可能对孩子太凶了——或许孩子真的很想买什么东西，再说他平时很少要过钱。

父亲走进孩子的房间：“你睡了吗？”

“爸，还没有，我还醒着。”孩子回答[5]。

“我刚才可能对你太凶了，”父亲说，“我不应该发那么大的火儿——这是你要的十美金。”

“爸，谢谢您。”孩子高兴地从枕头下拿出一些被弄皱[6]的钞票，慢慢地数[7]着。

“为什么你已经有钱了还要？”父亲不解地问。

“因为[8]原来不够，但现在凑够了。”孩子回答：“爸，我现在有//二十美金了，我可以向您买一个小时的时间吗？明天请早一点儿回家——我想和您一起吃晚餐。”

语音提示

1. 与 yǔ
2. 告诉 gàosu
3. 哦 ò
4. 睡觉 shuìjiào
5. 回答 huídá
6. 弄皱 nòngzhòu
7. 数 shǔ
8. 因为 yīn · wèi

背景与评析

亲情无价。没有比这个孩子的请求更让人动容的了，这位父亲听清了孩子的要求后应该感到深深的自责吧。为了让这个悬念到文章的最后再显露出来，在念诵的过程中要注意，不要直奔结果而去，直接就把孩子的用意在语句过程里流露给父亲。这样处理也会违背作者的本意。

作品 8 号（节选自巴金《繁星》）

我爱月夜，但我也爱星天。从前在家乡七八月的夜晚在庭院里纳凉的时候[1]，我最爱看天上密密麻麻的繁星。望着星天，我就会忘记一切，仿佛[2] 回到了母亲的怀里似的[3]。

三年前在南京我住的地方[4] 有一道后门，每晚我打开后门，便看见一个静寂的夜。下面是一片菜园，上面是星群密布的蓝天。星光在我们的肉眼里虽然微小，然而它使我们觉得[5] 光明无处不在。那时候我正在读一些天文学的书，也认得[6] 一些星星，好像它们就是我的朋友[7]，它们常常在和我谈话一样。

如今在海上，每晚和繁星相对，我把它们认得很熟[8] 了。我躺在舱面上，仰望天空。深蓝色的天空里悬着无数半明半昧[9] 的星。船在动，星也在动，它们是这样低，真是摇摇欲坠呢！渐渐地我的眼睛模糊[10]了，我好像看见无数萤火虫在我的周围飞舞。海上的夜是柔和的，是静寂的，是梦幻的。我望着许多认识[11]的星，我仿佛看见它们在对我眨眼，我仿佛听见它们在小声说话。这时我忘记了一切。在星的怀抱中我微笑着，我沉睡着。我觉得自己是一个小孩子，现在睡在母亲的怀里了。

有一夜，那个在哥伦波上船的英国人指给我看天上的巨人。他用手指着：//那四颗明亮的星是头，下面的几颗是身子，这几颗是手，那几颗是腿和脚，还有三颗星算是腰带。经他这一番指点，我果然看清楚[12]了那个天上的巨人。看，那个巨人还在跑呢！

语音提示

1. 时候 shíhou
2. 仿佛 fǎngfú
7. 朋友 péngyou
8. 熟 shú/shóu

3. 似的 shìde
4. 地方 dìfang
5. 觉得 jué · dé
6. 认得 rènde
9. 昧 mèi
10. 模糊 móhu
11. 认识 rènshi
12. 清楚 qīngchu

背景与评析

《繁星》是巴金创作的一篇游记，课文围绕看繁星，依次写了“从前”、“三年前”、“如今”、“有一夜”四个片段，状写了我在不同时期不同地点看见繁星的情景，抒写了“我”由此产生的种种感受，给人以丰富的联想和美的享受。作者先写眼前的实景，再写由眼前实景所产生的联想和想象，其境美不胜收。运用多种感官，如触觉、嗅觉、听觉、幻觉等，充分渲染了夜的柔美、静谧和奇妙。从中我们可以感悟到作者的童心、童趣，以及对大自然的热爱，对美好生活的向往之情。

作品 9 号（节选自李恒瑞《风筝畅想曲》）

假日[1] 到河滩上转转[2]，看见许多孩子在放风筝[3]。一根根长长的引线，一头系[4] 在天上，一头系在地上，孩子同风筝都在天与地之间悠荡，连心也被悠荡得恍恍惚惚了，好像又回到了童年。

儿时放的风筝，大多是自己的长辈或家人编扎[5] 的，几根削[6] 得很薄[7] 的篾[8]，用细纱线扎成各种鸟兽的造型，糊上雪白的纸片，再用彩笔勾勒出面孔与翅膀的图案。通常扎得最多的是“老雕”、“美人儿”、“花蝴蝶”等。

我们家前院就有位叔叔，擅扎风筝，远近闻名。他扎的风筝不只体型好看，色彩艳丽，放飞得高远，还在风筝上绷一叶用蒲苇[9] 削成的膜片，经风一吹，发出“嗡嗡”的声响，仿佛[10]是风筝的歌唱，在蓝天下播扬，给开阔的天地增添了无尽的韵味，给驰荡的童心带来几分疯狂。

我们那条胡同[11] 的左邻右舍[12] 的孩子们放的风筝几乎[13] 都是叔叔编扎的。他的风筝不卖钱，谁上门去要，就给谁，他乐意自己贴钱买材料。

后来，这位叔叔去了海外，放风筝也渐与[14] 孩子们远离了。不过年年叔叔给家乡写信，总不忘提起儿时的放风筝。香港回归之后，他在家信中说到，他这只被故乡放飞到海外的风筝，尽管飘荡游弋[15]，经沐风雨，可那线头儿一直在故乡和//亲人手中牵着，如今飘得太累了，也该要回归到家乡和亲人身边来了。

是的。我想，不光是叔叔，我们每个人都是风筝，在妈妈手中牵着，从小放到大，再从家乡放到祖国最需要的地方[16]去啊[17]！

语音提示

1. 假日 jiàrì
2. 转转 zhuànzhuan
3. 风筝 fēngzheng
4. 系 jì
5. 编扎 biānzā
6. 削 xiāo
7. 薄 báo
8. 篾 miè
9. 蒲苇 púwěi
10. 仿佛 fǎngfú
11. 胡同 hú · tòngr
12. 舍 shè
13. 几乎 jīhū
14. 与 yǔ
15. 游弋 yóuyì
16. 地方 dìfang
17. 啊 ya

背景与评析

本文选自1998年4月3日《人民日报》，文中对风筝的描摹格外生动，处理过程中要尽量把它们呈现在听众眼前。也正因为这些美丽的风筝给作者与听众留下了深刻的印象，大家才会对最后的“思念故乡”的主题怀有真切的情感。

作品10号（节选自［美］艾尔玛·邦贝克《父亲的爱》）

爸不懂得怎样表达爱，使我们一家人融洽相处[1]的是我妈。他只是每天上班下班，而妈则把我们做过的错事开列清单，然后由他来责骂我们。

有一次我偷了一块糖果，他要我把它送回去，告诉[2]卖糖的说是我偷来的，说我愿意替他拆箱卸货作为[3]赔偿。但妈妈却明白[4]我只是个孩子。

我在运动场[5]打秋千跌断了腿，在前往医院途中一直抱着我的，是我妈。爸把汽车停在急诊室门口，他们叫他驶开，说那空位[6]是留给紧急车辆停放的。爸听了便叫嚷道：“你以为[7]这是什么车？旅游车？”

在我生日会上，爸总是显得有些不大相称[8]。他只是忙于吹气球，布置餐桌，做杂务。把插着蜡烛的蛋糕推过来让我吹的，是我妈。

我翻阅照相册[9]时，人们总是问："你爸爸是什么样子的？"天晓得！他老是忙着替别人拍照。妈和我笑容可掬地一起拍的照片[10]，多得不可胜数[11]。

我记得妈有一次叫他教[12]我骑自行车。我叫他别放手，但他却说是应该放手的时候[13]了。我摔倒之后，妈跑过来扶我，爸却挥手要她走开。我当时[14]生气极了，决心要给他点儿颜色看。于是我马上爬上自行车，而且自己骑给他看。他只是微笑。

我念大学时，所有的家信都是妈写的。他//除了寄支票外，还寄过一封短柬[15]给我，说因为[16]我不在草坪上踢足球了，所以他的草坪长得很美。

每次我打电话回家，他似乎[17]都想跟我说话，但结果[18]总是说："我叫你妈来接。"

我结婚[19]时，掉眼泪的是我妈。他只是大声擤[20]了一下鼻子，便走出房间。

我从小到大都听他说："你到哪里去？什么时候回家？汽车有没有汽油？不，不准去。"爸完全不知道怎样表达爱。除非……

会不会是他已经表达了，而我却未能察觉[21]？

语音提示

1. 相处 xiāngchǔ
2. 告诉 gàosu
3. 作为 zuòwéi
4. 明白 míngbai
5. 运动场 yùndòngchǎng
6. 空位 kòngwèi
7. 以为 yǐwéi
8. 相称 xiāngchèn
9. 照相册 zhàoxiàngcè
10. 照片 zhàopiàn/zhàopiānr
11. 不可胜数 bùkě-shèngshǔ
12. 教 jiāo
13. 时候 shíhou
14. 当时 dāngshí
15. 柬 jiǎn
16. 因为 yīn · wèi
17. 似乎 sìhū
18. 结果 jiéguǒ
19. 结婚 jiéhūn
20. 擤 xǐng
21. 察觉 chájué

背景与评析

我们都知道，母爱是伟大的；古今中外，描写母爱、歌颂母爱的文章举不胜举。其实，父爱也是伟大的。与母爱相比，父爱更含蓄、更美丽。母爱如水，父爱如山。

和伟大的母爱相比，父亲的爱总是那么平淡。平淡得几乎想不起父亲曾经做过什么，但就在这平淡里，却融入了父亲含蓄而深沉的爱，融进了父亲的期待。

作品 11 号（节选自冯骥才《国家荣誉感》）

一个大问题一直盘踞[1] 在我脑袋[2] 里：

世界杯怎么会有如此巨大的吸引力？除去足球本身的魅力之外，还有什么超乎其上而更伟大的东西[3]？

近来观看世界杯，忽然从中得到了答案：是由于一种无上崇高的精神情感——国家荣誉感！

地球上的人都会有国家的概念，但未必时时都有国家的感情。往往人到异国，思念家乡，心怀故国，这国家概念就变得有血有肉，爱国之情来得非常具体。而现代社会，科技昌达，信息快捷，事事上网，世界真是太小太小，国家的界限似乎[4] 也不那么清晰了。再说足球正在快速世界化，平日里各国球员频繁转会[5]，往来随意，致使越来越多的国家联赛都具有国际的因素。球员们不论国籍，只效力于自己的俱乐部，他们比赛时的激情中完全没有爱国主义的因子。

然而，到了世界杯大赛，天下大变。各国球员都回国效力，穿上与光荣的国旗同样色彩的服装。在每一场比赛前，还高唱国歌以宣誓对自己祖国的挚爱[6] 与忠诚。一种血缘[7] 情感开始在全身的血管[8] 里燃烧起来，而且立刻热血[9] 沸腾。

在历史时代，国家间经常发生对抗，好男儿[10] 戎装[11] 卫国。国家的荣誉往往需要以自己的生命去//换取。但在和平时代，唯有这种国家之间大规模对抗性的大赛，才可以唤起那种遥远而神圣的情感，那就是：为祖国而战！

语音提示

1. 盘踞 pánjù
2. 脑袋 nǎodai
3. 东西 dōngxi
4. 似乎 sìhū
5. 转会 zhuǎnhuì
6. 挚爱 zhì'ài
7. 血缘 xuèyuán
8. 血管 xuèguǎn
9. 热血 rèxuè
10. 男儿 nán'ér
11. 戎装 róngzhuāng

背景与分析

冯骥才，原籍浙江慈溪，生于天津。从小喜爱美术、文学、音乐和球类活动。短篇小说《雕花烟斗》，中篇小说《啊!》、《神鞭》，分获全国优秀短篇、优秀中篇小说奖。部分作品已被译成英、法、德、日、俄等文字在国外出版。冯骥才以写知识分子生活和天津近代历史故事见长。注意选取新颖的视角，用多变的艺术手法，细致深入地描写，开掘生活的底蕴，咀嚼人生的况味。

作品 12 号（节选自峻青《海滨仲夏夜》）

夕阳落山不久，西方的天空，还燃烧着一片橘红色的晚霞。大海，也被这霞光染成了红色，而且比天空的景色更要壮观。因为[1] 它是活动的，每当一排排波浪涌起[2] 的时候[3]，那映照在浪峰上的霞光，又红又亮，简直就像一片片霍霍燃烧着的火焰，闪烁着，消失了。而后面的一排，又闪烁着，滚动着，涌了过来。

天空的霞光渐渐地淡下去了，深红的颜色变成了绯红[4]，绯红又变为[5] 浅红。最后，当这一切红光都消失了的时候，那突然显得高而远了的天空，则呈现出一片肃穆的神色。最早出现的启明星，在这蓝色的天幕上闪烁起来了。它是那么大、那么亮，整个广漠的天幕上只有它在那里放射着令人注目的光辉，活像一盏[6] 悬挂在高空的明灯。

夜色加浓，苍空中的“明灯”越来越多了。而城市各处的真的灯火也次第亮了起来，尤其是围绕[7] 在海港周围山坡上的那一片灯光，从半空倒映[8] 在乌蓝的海面上，随着波浪，晃动[9] 着、闪烁着，像一串流动着的珍珠，和那一片片密布在苍穹[10]里的星斗[11]互相辉映，煞[12]是好看。

在这幽美的夜色中，我踏着软绵绵的沙滩，沿着海边，慢慢地向前走去。海水，轻轻地抚摸着细软的沙滩，发出温柔的//刷刷声。晚来的海风，清新而又凉爽。我的心里，有着说不出的兴奋[13]和愉快。

夜风轻飘飘地吹拂[14]着，空气中飘荡着一种大海和田禾相混合[15]的香味儿[16]，柔软的沙滩上还残留着白天太阳炙晒[17]的余温。那些在各个工作岗位上劳动了一天的人们，三三两两地来到这软绵绵的沙滩上，他们浴着凉爽的海风，望着那缀满了星星的夜空，尽情地说笑，尽情地休憩[18]。

语音提示

1. 因为 yīn · wèi
2. 涌起 yǒngqǐ
3. 时候 shíhou
4. 绯红 fēihóng
5. 为 wéi
6. 盏 zhǎn
7. 围绕 wéirào
8. 倒映 dàoyìng
9. 晃动 huàngdòng
10. 苍穹 cāngqióng
11. 星斗 xīngdǒu
12. 煞 shà
13. 兴奋 xīngfèn
14. 吹拂 chuīfú
15. 混合 hùnhé
16. 香味 xiāngwèir
17. 炙晒 zhìshài
18. 休憩 xiūqì

背景与评析

峻青，当代著名作家。年幼家贫，只读过几年小学。18 岁去工厂做工。抗日战争爆发后参加革命，通过自学，提高了文化水平。许多可歌可泣的革命故事，激发起他创作的热情。1941 年以后陆续发表过不少作品。后做过新华社前线分社随军记者，中共中央中原局机关报《中原日报》编辑组长。解放后，他在中南文艺界联合会从事专业创作。他的许多优秀作品如《黎明的河边》、《党员登记表》、《交通站的故事》、《海啸》等被改编成电影、电视剧搬上银屏。

《海滨仲夏夜》是 1962 年 8 月 31 日写成的一篇散文，课文节选了其中一部分。作者通过色彩、光线的变化描写海滨仲夏夜景，画面优美，语言动人，抒发了英雄人民战胜困难的豪情。

作品 13 号（节选自童裳亮《海洋与生命》）

生命在海洋里诞生绝不是偶然的，海洋的物理和化学性质，使它成为[1] 孕育原始生命的摇篮。

我们知道，水是生物的重要组成部分，许多动物组织的含水量在百分之八十以上，而一些海洋生物的含水量高达百分之九十五。水是新陈代谢的重要媒介，没有它，体内的一系列生理和生物化学反应就无法进行，生命也就停止。因此，在短时期内动物缺水要比缺少食物更加危险。水对今天的生命是如此重要，它对脆弱的原始生命，更是举足轻重了。生命在海洋里诞生，就不会有缺水之忧。

水是一种良好的溶剂。海洋中含有许多生命所必需的无机盐，如氯[2] 化钠、氯化钾、碳酸盐、磷酸盐，还有溶解氧，原始生命可以毫不费力地从中吸取它所需要的元素。

水具有很高的热容量，加之海洋浩大，任凭夏季烈日曝晒[3]，冬季寒风扫荡，它的温度变化却比较[4] 小。因此，巨大的海洋就像是天然的“温箱”，是孕育原始生命的温床。

阳光虽然为[5] 生命所必需，但是阳光中的紫外线却有扼杀[6] 原始生命的危险。水能有效地吸收紫外线，因而又为[7] 原始生命提供[8] 了天然的“屏障”。

这一切都是原始生命得以产生和发展的必要条件。//

语音提示

1. 成为 chéngwéi
2. 氯 lǜ
3. 曝晒 pùshài
4. 比较 bǐjiào
5. 为 wéi
6. 扼杀 èshā
7. 为 wèi
8. 提供 tígōng

背景与评析

这是一篇生动的说明文，在形象的比喻下，每一个知识点都讲授得相当清晰。结构是按照由浅入深的顺序进行的，所以在朗诵过程中一方面要注意点出重要原料，另一方面要注意情感的由浅入深。

作品 14 号（节选自林清玄《和时间赛跑》）

读小学的时候[1]，我的外祖母去世了。外祖母生前最疼爱我，我无法排除自己的忧伤，每天在学校的操场上一圈又一圈地跑着，跑得累倒在地上，扑在草坪上痛哭。

那哀痛的日子，断断续续地持续了很久，爸爸妈妈也不知道如何安慰我。他们知道与其[2]骗我说外祖母睡着[3]了，还不如对我说实话：外祖母永远不会回来了。

"什么是永远不会回来了呢？"我问着。

"所有时间里的事物，都永远不会回来。你的昨天过去，它就永远变成昨天，你不能再回到昨天了。爸爸以前也和你一样小，现在也不能回到你这么小的童年了。有一天你会长大，你会像外祖母一样老；有一天你度过了你的所有时间，就永远不会回来了。"爸爸说。

爸爸等于[4]给我说了一个谜语，这谜语比课本上的"日历挂在墙壁，一天撕去一页"使我心里着急[5]，比"一寸光阴一寸金，寸金难买寸光阴"还让我感到可怕，也比作文本上的"光阴似[6]箭，日月如梭[7]"更让我觉得[8]有一种说不出的滋味。

时间过得那么飞快，使我的小心眼儿里不只是着急，还有悲伤。有一天我放学回家，看到太阳快落山了，就下决心说："我要比太阳更快地回家。"我狂奔回去，站在庭院里喘气的时候，看到太阳//还露[9]着半边脸，我高兴[10]地跳起来，那一天我跑赢了太阳。以后我就时常做那样的游戏，有时和太阳赛跑，有时和西北风比快，有时一个暑假[11]才能做完的作业[12]，我十天就做完了；那时我三年级，常常把哥哥五年级的作业拿来做。每一次比赛胜过时间，我就快乐[13]得不知道怎么形容。

如果将来我有什么要教[14]给我的孩子，我会告诉[15]他：假若[16]你一直和时间比赛，你就可以成功！

语音提示

1. 时候 shíhou
2. 与其 yǔqí
3. 睡着 shuìzháo
4. 等于 děngyú
5. 着急 zháojí
6. 似 sì
7. 梭 suō
8. 觉得 jué · dé
9. 露 lòu
10. 高兴 gāoxìng
11. 暑假 shǔjià
12. 作业 zuòyè
13. 快乐 kuàilè
14. 教 jiāo
15. 告诉 gàosu
16. 假若 jiǎruò

背景与评析

《和时间赛跑》是一篇很感人的文章，清新、淡雅却又略带着忧伤的情绪。表现了醇厚、浪漫的情感，朴实中有着感人的力量。文中“我”因外祖母去世而悲伤不已，爸爸妈妈为早日结束“我”的哀痛，告诉“我”外祖母永远不会回来了。后来听了爸爸的一席话，看到太阳落山、鸟儿飞行等自然现象，明白了为什么要珍惜时间；并在和时间赛跑的经历中，体会到了应该怎样珍惜时间。

作品 15 号（节选自陈灼主编《实用汉语中级教程》（上）中《胡适的白话电报》）

三十年代初，胡适在北京大学任教授。讲课时他常常对白话文大加称赞[1]，引起一些只喜欢文言文而不喜欢白话文的学生[2]的不满。

一次，胡适正讲得得意[3]的时候[4]，一位姓魏的学生突然站了起来，生气地问：“胡先生[5]，难道说白话文就毫无缺点吗?”胡适微笑着回答说：“没有。”那位学生更加激动了：“肯定有！白话文废话太多，打电报用字多，花钱多。”胡适的目光顿时变亮了，轻声地解释说：“不一定吧！前几天有位朋友[6]给我打来电报，请我去政府部门工作，我决定不去，就回电拒绝了。复电是用白话写的，看来也很省[7]字。请同学们根据我这个意思[8]，用文言文写一个回电，看看究竟是白话文省字，还是文言文省字?”胡教授刚说完，同学们立刻认真地写了起来。

15分钟过去，胡适让同学举手，报告用字的数目，然后挑了一份用字最少的文言电报稿，电文是这样写的：

“才疏学浅，恐难胜任，不堪[9]从命。”白话文的意思是：学问不深，恐怕很难担任这个工作，不能服从安排。

胡适说，这份写得确实不错，仅用了12个字。但我的白话电报却只用了5个字：

“干不了[10]，谢谢[11]！”

胡适又解释说：“干不了”就有才疏学浅、恐难胜任的意思；“谢谢”既//对朋友的介绍表示感谢，又有拒绝的意思。所以，废话多不多，并不看它是文言文还是白话文，只要注意选用字词，白话文是可以比文言文更省字的。

语音提示

1. 称赞 chēngzàn
2. 学生 xuésheng
3. 得意 déyì
4. 时候 shíhou
5. 先生 xiānsheng
6. 朋友 péngyou
7. 省 shěng
8. 意思 yìsi
9. 堪 kān
10. 干不了 gàn · bùliǎo
11. 谢谢 xièxie

背景与评析

胡适是一位著名的文字学家，他写过一首关于文字方面的白话打油诗：“文字没有雅俗，却有死活可道。古人叫做欲，今人叫做要；古人叫做至，今人叫做到；古人叫做溺，今人叫做尿；本来同一字，声音少许变了。并无雅俗可言，何必纷纷胡闹？至于古人叫字，今人叫号；古人悬梁，今人上吊；古名虽未必佳，今名又何尝少妙？至于古人乘舆，今人坐轿；古人加冠束帻，今人但知戴帽；若必叫帽作巾，叫轿作舆，岂非张冠李戴，认虎作豹？……”（见《胡适文存》第一卷）这样深入浅出、诙谐幽默地介绍古今文字知识，将文言文与白话文对照，确实妙趣横生。

胡适还写过政治白话诗。1937年“七七”卢沟桥事变前后，蒋介石和汪精卫联名邀请全国各界名流学者到江西庐山开谈话会。7月11日谈话会上，蒋、汪发言后，胡适慷慨激昂，发表了一通抗日救国演讲。在座的胡健中听后，即席赋诗一首："溽暑匡庐盛会开，八方名士溯江来。吾家博士真豪健，慷慨陈辞又一回！"

言语中颇含戏谑之意。胡适也随手写了一首白话打油诗回赠："哪有猫儿不叫春？哪有蝉儿不鸣夏？哪有蛤蟆不夜鸣？哪有先生不说话？"四句反问，信手拈来，类比生动，饶有风趣。据说后来《中央日报》登出这首诗，蒋介石看了，也忍俊不禁。看来胡适也不无幽默。在朗诵过程中要注意体现这种幽默感。

作品 16 号（节选自［俄］柯罗连科《火光》，张铁夫译）

很久以前，在一个漆黑的秋天的夜晚，我泛舟在西伯利亚一条阴森森的河上。船到一个转弯处，只见前面黑黢黢[1]的山峰下面一星火光蓦地[2]一闪。

火光又明又亮，好像就在眼前……

"好啦，谢天谢地！"我高兴地说，"马上就到过夜的地方[3]啦！"

船夫扭头朝身后的火光望了一眼，又不以为然地划[4]起桨来。

"远着呢！"

我不相信他的话，因为[5]火光冲破朦胧的夜色，明明在那儿闪烁。不过船夫是对的，事实上，火光的确[6]还远着呢。

这些黑夜的火光的特点是：驱散[7]黑暗，闪闪发亮，近在眼前，令人神往。乍[8]一看，再划几下就到了……其实却还远着呢！……

我们在漆黑如墨的河上又划了很久。一个个峡谷和悬崖，迎面驶来，又向后移去，仿佛[9]消失在茫茫的远方，而火光却依然停在前头，闪闪发亮，令人神往——依然是这么近，又依然是那么远……

现在，无论是这条被悬崖峭壁的阴影笼罩的漆黑的河流，还是那一星明亮的火光，都经常浮现在我的脑际，在这以前和在这以后，曾有许多火光，似乎[10]近在咫尺[11]，不止使我一人心驰神往。可是生活之河却仍然在那阴森森的两岸之间流着，而火光也依旧非常遥远。因此，必须加劲[12]划桨……

然而，火光啊[13]……毕竟……毕竟就//在前头！……

语音提示

1. 黑黢黢 hēiqūqū
2. 蓦地 mòdì
3. 地方 dìfang
4. 划 huá
5. 因为 yīn · wèi
6. 的确 díquè
7. 驱散 qūsàn
8. 乍 zhà
9. 仿佛 fǎngfú
10. 似乎 sìhū
11. 咫尺 zhíchǐ
12. 劲 jìnr/jìn
13. 啊 nga

背景与评析

俄国作家柯罗连科的写景小品《火光》通篇运用了象征手法，但从字面上看，数百字的短文，由作者的感受引发了一波三折的景物变化，黑夜泛舟，火光又明又亮，好像就在眼前，这是开头展示的基本景象；船夫不以为然，认为还远着呢，兴起一波；自己从不相信到信服，又兴起一波；由"非常遥远"到"毕竟就在前头"，重要的是"必须加劲划桨"再兴一波。一波三折，增添了文章的意境美，勾起读者的想象与联想。

作品 17 号（节选自老舍《济南的冬天》）

对于一个在北平住惯的人，像我，冬天要是不刮风，便觉得[1] 是奇迹[2]；济南[3] 的冬天是没有风声的。对于一个刚由伦敦回来的人，像我，冬天要能看得见日光，便觉得是怪事；济南的冬天是响晴的。自然，在热带的地方[4]，日光永远是那么毒，响亮的天气，反有点儿叫人害怕。可是，在北方的冬天，而能有温晴的天气，济南真得[5] 算个宝地。

设若单单是有阳光，那也算不了[6] 出奇。请闭上眼睛[7] 想：一个老城，有山有水，全在天底下晒着阳光，暖和[8] 安适地睡着[9]，只等春风来把它们唤醒，这是不是理想的境界？小山把济南围了个圈儿，只有北边缺着点口儿。这一圈小山在冬天特别可爱，好像是把济南放在一个小摇篮里，它们安静不动地低声地说："你们放心吧，这儿准保暖和。"真的，济南的人们在冬天是面上含笑的。他们一看那些小山，心中便觉得有了着落[10]，有了依靠。他们由天上看到山上，便不知不觉地想起：明天也许就是春天了吧？这样的温暖，今天夜里山草也许就绿起来了吧？就是这点儿幻想不能一时实现，他们也并不着急[11]，因为[12]这样慈善的冬天，干什么还希望别的呢！

最妙的是下点儿小雪呀。看吧，山上的矮松越发的青黑，树尖儿上顶//着一髻儿白花，好像日本看护[13]妇。山尖儿全白了，给蓝天镶上一道银边。山坡上，有的地方雪厚点儿，有的地方草色还露[14]着；这样，一道儿白，一道儿暗黄，给山们穿上一件带水纹儿的花衣；看着看着，这件花衣好像被风儿[15]吹动，叫你希望看见一点儿更美的山的肌肤。等到快日落的时候[16]，微黄的阳光斜射在山腰上，那点儿薄[17]雪好像忽然害羞，微微露[18]出点儿粉色。就是下小雪吧，济南是受不住大雪的，那些小山太秀气[19]。

语音提示

1. 觉得 jué · dé
2. 奇迹 qíjì
3. 济南 jǐnán
4. 地方 dìfang
5. 得 děi
6. 算不了 suàn · bùliǎo
7. 眼睛 yǎnjing
8. 暖和 nuǎnhuo
9. 睡着 shuìzhe
10. 着落 zhuóluò
11. 着急 zháojí
12. 因为 yīn · wèi
13. 看护 kānhù
14. 露 lòu
15. 风儿 fēng’ér
16. 时候 shíhou
17. 薄 báo
18. 露 lòu
19. 秀气 xiùqi

背景与评析

老舍（1899—1966），我国现代著名的作家，人民艺术家，被誉为“语言艺术大师”，原名舒庆春，字舍予，满族人。生于北京一个城市贫民家庭。他所写的小说《骆驼祥子》、《四世同堂》和话剧《茶馆》等作品，在中国现代文坛上产生了广泛的影响。其散文也写得清新优美，《济南的冬天》就是其中一篇。现在有《老舍文集》流行于世。

《济南的冬天》是老舍 1931 年春天在济南齐鲁大学任教时写成的，原为一系列直接描写济南风景名胜的长篇散文《一些印象》中的第五节。题目明确地交代了描写的地方和时令。济南位于山东省内，它的南面，距市中心五里有著名的千佛山，东接佛懋（盛大）山，西边南马鞍山、四里山，形成济南的天然屏障。它们都是“小山”，最高的千佛山海拔也只有285米。济南的冬天与中国北方其他地方的冬天气候截然不同。

作品18号（节选自郑莹《家乡的桥》）

纯朴的家乡村边有一条河，曲[1]曲弯弯，河中架一弯石桥，弓样的小桥横跨两岸。

每天，不管是鸡鸣晓月，日丽中天，还是月华泻地，小桥都印下串串足迹，洒落串串汗珠。那是乡亲[2]为[3]了追求多棱[4]的希望，兑现[5]美好的遐想[6]。弯弯小桥，不时荡过轻吟低唱，不时露[7]出舒心的笑容。

因而，我稚小的心灵，曾将心声献给小桥：你是一弯银色的新月，给人间普照光辉；你是一把闪亮的镰刀，割刈[8]着欢笑的花果；你是一根晃悠悠[9]的扁担[10]，挑[11]起了彩色的明天！哦[12]，小桥走进我的梦中。

我在漂泊[13]他乡的岁月，心中总涌动[14]着故乡的河水，梦中总看到弓样的小桥。当我访南疆探北国，眼帘闯进座座雄伟的长桥时，我的梦变得丰满了，增添了赤橙黄绿青蓝紫。

三十多年过去，我带着满头霜花回到故乡，第一紧要的便是去看望小桥。

啊！小桥呢？它躲起来了？河中一道长虹，浴着朝霞熠熠[15]闪光。哦，雄浑的大桥敞开胸怀，汽车的呼啸[16]、摩托的笛音、自行车的叮铃，合奏着进行交响乐；南来的钢筋、花布，北往的柑橙、家禽，绘出交流欢悦图……

啊！蜕变[17]的桥，传递了家乡进步的消息[18]，透露[19]了家乡富裕的声音。时代的春风，美好的追求，我蓦地[20]记起儿时唱//给小桥的歌，哦，明艳艳的太阳照耀了，芳香甜蜜的花果捧来了，五彩斑斓[21]的岁月拉开了！

我心中涌动的河水，激荡起甜美的浪花。我仰望一碧蓝天，心底轻声呼喊：家乡的桥啊[22]，我梦中的桥！

语音提示

1. 曲 qū　　　　12. 哦 ò

2. 乡亲 xiāngqīn
3. 为 wèi
4. 棱 léng
5. 兑现 duìxiàn
6. 遐想 xiáxiǎng
7. 露 lù
8. 割刈 gēyì
9. 晃悠悠 huàngyōuyōu
10. 扁担 biǎndan
11. 挑 tiāo
13. 漂泊 piāobó
14. 涌动 yǒngdòng
15. 熠熠 yìyì
16. 呼啸 hūxiào
17. 蜕变 tuìbiàn
18. 消息 xiāoxi
19. 透露 tòulù
20. 蓦地 mòdì
21. 斑斓 bānlán
22. 啊 wa

背景与评析

对家乡的热爱贯穿着文章的始末，从儿时的记忆，到成年后返乡的激动，都体现着一个心系家乡的游子拳拳赤子之心。因为儿时对家乡的印象都是留在记忆中的，岁月的流逝让它们显得更为纯净和隽永；而家乡新貌因为是作者从未见到的，因此一切都显得如此新鲜，在新鲜之中又透着难以抑制的欣喜。要懂得区别这两种欣喜的不同。

作品 19 号（节选自游宇明《坚守你的高贵》）

三百多年前，建筑设计师克里斯托·莱伊恩受命设计了英国温泽市政府大厅。他运用工程力学的知识[1]，依据自己多年的实践，巧妙地设计了只用一根柱子支撑的大厅天花板。一年以后，市政府权威人士进行工程验收时，却说只用一根柱子支撑天花板太危险，要求莱伊恩再多加几根柱子。

莱伊恩自信只要一根坚固的柱子足以保证大厅安全，他的“固执”惹恼了市政官员，险些被送上法庭。他非常苦恼，坚持自己原先的主张吧，市政官员肯定会另找人修改设计；不坚持吧，又有悖[2] 自己为人[3] 的准则。矛盾了很长一段时间，莱伊恩终于想出了一条妙计，他在大厅里增加了四根柱子，不过这些柱子并未与天花板接触，只不过是装装样子。

三百多年过去了，这个秘密始终没有被人发现。直到前两年，市政府准备修缮[4] 大厅的天花板，才发现莱伊恩当年的“弄虚作假[5]”。消息[6] 传出后，世界各国的建筑专家和游客云集，当地政府对此也不加掩饰，在新世纪到来之际，特意将大厅作为[7]一个旅游景点对外开放，旨[8]在引导人们崇尚和相信科学。

作为一名建筑师，莱伊恩并不是最出色的。但作为一个人，他无疑非常伟大，这种//伟大表现在他始终恪守[9]着自己的原则，给高贵的心灵一个美丽的住所，哪怕是遭遇到最大的阻力，也要想办法抵达胜利。

语音提示

1. 知识 zhīshi
2. 悖 bèi
3. 为人 wéirén
4. 修缮 xiūshàn
5. 弄虚作假 nòngxūzuòjiǎ
6. 消息 xiāoxi
7. 作为 zuòwéi
8. 旨 zhǐ
9. 恪守 kèshǒu

背景与评析

有人曾采访本文的作者，问及他人生最重要的是什么。他毫不犹豫的回答说是："高贵!"在他看来，中华民族最应当坚持的操守，理应是"高贵"二字。在这个主旨下，主人公莱伊恩在一群市政官员、建筑专家中那个略带点桀骜不驯的样貌，完全能够映入我们的眼帘了。

处理这篇作品，如果希望摆脱仅仅是信息传递的表层方式，就要预先在脑海中设定主人公的形象，并且根据这个来给主人公的喜怒哀乐下个性化的定义。

作品 20 号（节选自陶猛译《金子》）

自从传言有人在萨文河畔[1]散步[2]时无意发现了金子后，这里便常有来自四面八方的淘金者。他们都想成为[3]富翁，于是寻遍了整个河床，还在河床上挖出很多大坑，希望借助它们找到更多的金子。的确[4]，有一些人找到了，但另外一些人因为[5]一无所得而只好扫兴[6]归去。

也有不甘心落空的，便驻扎[7]在这里，继续寻找。彼得·弗雷特就是其中一员。他在河床附近买了一块没人要的土地，一个人默默[8]地工作。他为了找金子，已把所有的钱都押在这块土地上。他埋头苦干了几个月，直到土地全变成了坑坑洼洼[9]，他失望了——他翻遍了整块土地，但连一丁点儿金子都没看见。

六个月后，他连买面包的钱都没有了。于是他准备离开这儿到别处去谋生。

就在他即将[10]离去的前一个晚上，天下起了倾盆[11]大雨，并且一下就是三天三夜。雨终于停了，彼得走出小木屋，发现眼前的土地看上去好像和以前不一样：坑坑洼洼已被大水冲刷平整，松软的土地上长出一层绿茸茸的小草。

“这里没找到金子，”彼得忽有所悟地说，“但这土地很肥沃，我可以用来种花，并且拿到镇上去卖给那些富人，他们一定会买些花装扮他们华丽的客//厅。如果真是这样的话，那么我一定会赚许多钱，有朝[12]一日我也会成为富人……”

于是他留了下来。彼得花了不少精力培育花苗，不久田地里长满了美丽娇艳的各色鲜花。

五年以后，彼得终于实现了他的梦想——成了一个富翁。“我是惟一的一个找到真金的人!”他时常不无骄傲地告诉[13]人，“别人在这儿找不到金子后便远远地离开，而我的‘金子’是在这块土地里，只有诚实的人用勤劳才能采集到。”

语音提示

1. 河畔 hépàn
2. 散步 sànbù
3. 成为 chéngwéi
4. 的确 díquè
5. 因为 yīn · wèi
6. 扫兴 sǎoxìng
7. 驻扎 zhùzhā
8. 默默 mòmò
9. 坑坑洼洼 kēngkeng-wāwā
10. 即将 jíjiāng
11. 倾盆 qīngpén
12. 朝 zhāo
13. 告诉 gàosu

背景与评析

独特的思路，加上坚韧的意志，这是文中的彼得最后成功的秘诀。在第一个段落的朗诵过程中，要注意区分彼得和其他人行为上的异同。

在彼得成功的过程中，要注意对彼得付出与获得时情绪的跌宕起伏，让听者能够更好地贴近彼得，悟出与彼得一样的人生哲理。

作品 21 号（节选自青白《捐诚》）

我在加拿大学习期间[1] 遇到过两次募捐，那情景至今使我难以忘怀。

一天，我在渥太华[2] 的街上被两个男孩子拦住去路。他们十来岁，穿得整整齐齐，每人头上戴着个做工精巧、色彩鲜艳的纸帽，上面写着“为帮助患小儿[3] 麻痹[4] 的伙伴募捐”。其中的一个，不由分说就坐在小凳上给我擦起皮鞋来，另一个则彬彬有礼地发问：“小姐，您是哪国人？喜欢渥太华吗？”“小姐，在你们国家有没有小孩儿患小儿麻痹？谁给他们医疗费？”一连串的问题，使我这个有生以来头一次在众目睽睽[5] 之下让别人擦鞋的异乡人，从近乎狼狈的窘态中解脱出来。我们像朋友[6] 一样聊起天儿来……

几个月之后，也是在街上。一些十字路口处或车站坐着几位老人。他们满头银发[7]，身穿各种老式军装，上面布满了大大小小形形色色的徽章、奖章，每人手捧一大束鲜花，有水仙、石竹、玫瑰及叫不出名字[8] 的，一色[9] 雪白。匆匆过往的行人纷纷止步，把钱投进这些老人身旁的白色木箱内，然后向他们微微鞠躬，从他们手中接过一朵花。我看了一会儿[10]，有人投一两元，有人投几百元，还有人掏出支票填好后投进木箱。那些老军人毫不注意人们捐多少钱，一直不//停地向人们低声道谢。同行[11] 的朋友告诉[12] 我，这是为纪念二次大战中参战的勇士，募捐救济残废军人和烈士遗孀，每年一次；认捐的人可谓踊跃，而且秩序井然，气氛庄严。有些地方[13]，人们还耐心地排着队。我想，这是因为[14] 他们都知道：正是这些老人们的流血[15] 牺牲换来了包括他们信仰自由在内的许许多多。

我两次把那微不足道的一点儿钱捧给他们，只想对他们说声“谢谢”。

语音提示

1. 期间 qījiān
2. 渥太华 Wòtàihuá

9. 一色 yīsè
10. 一会儿 yīhuìr

3. 小儿 xiǎo' ér
4. 麻痹 mábì
5. 众目睽睽 zhòngmù-kuíkuí
6. 朋友 péngyou
7. 银发 yínfà
8. 名字 míngzi
11. 同行 tóngxíng
12. 告诉 gàosu
13. 地方 dìfang
14. 因为 yīn · wèi
15. 流血 liúxuè

背景与评析

善良的孩子总给人留下深刻的印象，而对善良的执著更让人动容。“我”始终细致地观察着孩子们的一举一动，是因为我的心中被孩子们感动着。在朗诵过程中可以按照我的情感变化发展来理出脉络。两次募捐对“我”的触动是不同的，第二次带着崇敬的心情，朗诵时更要区分前者与后者的区别。

作品 22 号（节选自王文杰《可爱的小鸟》）

没有一片绿叶，没有一缕炊烟，没有一粒泥土，没有一丝花香，只有水的世界，云的海洋。

一阵台风袭过，一只孤单的小鸟无家可归，落到被卷到洋里的木板上，乘[1]流而下，姗姗而来，近了，近了！……

忽然，小鸟张开翅膀，在人们头顶盘旋了几圈儿，“噗啦[2]”一声落到了船上。许是累了？还是发现了“新大陆”？水手撵[3]它它不走，抓它，它乖乖地落在掌心。可爱的小鸟和善良的水手结成[4]了朋友[5]。

瞧，它多美丽，娇巧的小嘴，啄理[6]着绿色的羽毛，鸭子样的扁脚，呈现出春草的鹅黄。水手们把它带到舱里，给它“搭铺[7]”，让它在船上安家落户，每天，把分到的一塑料桶淡水匀给它喝，把从祖国带来的鲜美的鱼肉分给它吃，天长日久，小鸟和水手的感情日趋笃厚[8]。清晨，当第一束阳光射进舷窗[9]时，它便敞开美丽的歌喉，唱啊[10]唱，嘤嘤有韵，宛如春水淙淙[11]。人类给它以生命，它毫不悭吝[12]地把自己的艺术青春奉献给了哺育[13]它的人。可能都是这样？艺术家们的青春只会献给尊敬他们的人。

小鸟给远航生活蒙上了一层浪漫色调[14]。返航时，人们爱不释手，恋恋不舍地想把它带到异乡。可小鸟憔悴[15]了，给水，不喝！喂肉，不吃！油亮的羽毛失去了光泽。是啊[16]，我//们有自己的祖国，小鸟也有它的归宿，人和动物都是一样啊[17]，哪儿也不如故乡好！

慈爱的水手们决定放开它，让它回到大海的摇篮去，回到蓝色的故乡去。离别前，这个大自然的朋友与水手们留影纪念。它站在许多人的头上，肩上，掌上，胳膊[18]上，与[19]喂养过它的人们，一起融进那蓝色的画面……

语音提示

1. 乘 chéng
2. 噗啦 pūlā
3. 撵 niǎn
4. 结成 jiéchéng
5. 朋友 péngyou
6. 啄理 zhuólǐ
7. 搭铺 dāpù
8. 笃厚 dǔhòu
9. 舷窗 xiánchuāng
10. 啊 nga
11. 淙淙 cóngcóng
12. 悭吝 qiānlìn
13. 哺育 bǔyù
14. 色调 sèdiào
15. 憔悴 qiáocuì
16. 啊 ra
17. 啊 nga
18. 胳膊 gēbo
19. 与 yǔ

作品23号（节选自（台湾）刘墉《课不能停》）

纽约的冬天常有大风雪，扑面的雪花不但令人难以睁开眼睛[1]，甚至呼吸都会吸入冰冷的雪花。有时前一天晚上还是一片晴朗，第二天拉开窗帘，却已经积雪盈[2]尺，连门都推不开了。

遇到这样的情况，公司、商店常会停止上班，学校也通过广播，宣布停课。但令人不解的是，惟有公立小学，仍然开放。只见黄色的校车，艰难地在路边接孩子，老师则一大早就口中喷[3]着热气，铲去车子前后的积雪，小心翼翼地开车去学校。

据统计，十年来纽约的公立小学只因为[4]超级暴风雪停过七次课。这是多么令人惊讶[5]的事。犯得着[6]在大人都无需上班的时候[7]让孩子去学校吗？小学的老师也太倒霉了吧？

于是，每逢大雪而小学不停课时，都有家长打电话去骂。妙的是，每个打电话的人，反应[8]全一样——先是怒气冲冲[9]地责问，然后满口道歉，最后笑容满面地挂上电话。原因是，学校告诉[10]家长：

在纽约有许多百万富翁，但也有不少贫困的家庭。后者白天开不起暖气，供[11]不起午餐，孩子的营养全靠学校里免费的中饭，甚至可以多拿些回家当[12]晚餐。学校停课一天，穷孩子就受一天冻，挨[13]一天饿，所以老师们宁愿[14]自己苦一点儿，也不能停课。//

或许有家长会说：何不让富裕的孩子在家里，让贫穷的孩子去学校享受暖气和营养午餐呢？

学校的答复是：我们不愿让那些穷苦的孩子感到他们是在接受救济，因为施舍[15]的最高原则是保持受施者的尊严。

语音提示

1. 眼睛 yǎnjing
2. 盈 yíng
3. 喷 pēn
4. 因为 yīn · wèi
5. 惊讶 jīngyà
6. 犯得着 fàndezháo
7. 时候 shíhou
8. 反应 fǎnyìng
9. 怒气冲冲 nùqì-chōngchōng
10. 告诉 gàosu
11. 供 gōng
12. 当 dàng
13. 挨 ái
14. 宁愿 nìngyuàn
15. 施舍 shīshě

背景与评析

一个小故事中，折射着多么美好的人性关怀。递送关怀的同时不伤及尊严，才是真正的雪中送炭。一个短小的故事，带给人们多少蓦然的感悟。

作品 24 号（节选自严文井《莲花和樱花》）

十年，在历史上不过是一瞬间[1]。只要稍加注意，人们就会发现：在这一瞬间里，各种事物都悄悄经历了自己的千变万化。

这次重新访日，我处处[2]感到亲切和熟悉[3]，也在许多方面发觉[4]了日本的变化。就拿奈良[5]的一个角落[6]来说吧，我重游了为之[7]感受很深的唐招提寺，在寺内各处匆匆走了一遍，庭院依旧，但意想不到还看到了一些新的东西[8]。其中之一，就是近几年从中国移植来的"友谊[9]之莲"。

在存放鉴真遗像的那个院子里，几株中国莲昂然挺立，翠绿的宽大荷叶正迎风而舞，显得十分愉快。开花的季节已过，荷花朵朵已变为莲蓬累累。莲子[10]的颜色正在由青转紫，看来已经成熟[11]了。

我禁不住[12]想："因"已转化为[13]"果"。

中国的莲花开在日本，日本的樱花开在中国，这不是偶然。我希望这样一种盛况延续不衰。可能有人不欣赏花，但决不会有人欣赏落在自己面前的炮弹。

在这些日子里，我看到了不少多年不见的老朋友[14]，又结识[15]了一些新朋友。大家喜欢涉及的话题之一，就是古长安和古奈良。那还用得着[16]问吗，朋友们缅怀[17]过去，正是瞩望[18]未来。瞩目于未来的人们必将获得[19]未来。

我不例外，也希望一个美好的未来。

为[20]//了中日人民之间的友谊，我将不浪费今后生命的每一瞬间。

语音提示

1. 瞬间 shùnjiān
2. 处处 chùchù
3. 熟悉 shú · xi
4. 发觉 fājué
5. 奈良 Nàiliáng
6. 角落 jiǎoluò
7. 为之 wèizhī
8. 东西 dōngxi
9. 友谊 yǒuyì
10. 莲子 liánzǐ
11. 成熟 chéngshú
12. 禁不住 jīn · búzhù
13. 为 wéi
14. 朋友 péngyou
15. 结识 jiéshí
16. 用得着 yòngdezháo
17. 缅怀 miǎnhuái
18. 瞩望 zhǔwàng
19. 获得 huòdé
20. 为 wèi

背景与评析

花，不论在日本还是中国，都代表着美好吉祥的含义。从认真盛开在日本禅院里的莲花身上，我们读到了那种能自我清涤的宽容，同样，在中国的春天里“飘雪”的樱花身上，我们一定也能看到对未来的展望。莲花和樱花，都是非常圣洁的花，在花的寓意寄托下，笔者对未来和平美好，中日人民友好发展前景的寄托得到了充分的体现。

作品25号（节选自朱自清《绿》）

梅雨潭闪闪的绿色招引着我们，我们开始追捉她那离合的神光了。揪[1]着草，攀着乱石，小心探身下去，又鞠躬过了一个石穹门[2]，便到了汪汪一碧的潭边了。

瀑布[3]在襟袖[4]之间，但是我的心中已没有瀑布了。我的心随潭水的绿而摇荡。那醉人的绿呀！仿佛[5]一张极大极大的荷叶铺[6]着，满是奇异的绿呀。我想张开两臂抱住她，但这是怎样一个妄想啊[7]。

站在水边，望到那面，居然觉着[8]有些远呢！这平铺着、厚积着的绿，着实[9]可爱。她松松地皱缬[10]着，像少妇拖着的裙幅；她滑滑的明亮着，像涂了“明油”一般，有鸡蛋清那样软，那样嫩；她又不杂些尘滓[11]，宛然一块温润的碧玉，只清清的一色[12]——但你却看不透她！

我曾见过北京什刹海[13]拂地[14]的绿杨，脱不了鹅黄的底子，似乎[15]太淡了。我又曾见过杭州虎跑[16]寺近旁高峻而深密的“绿壁”，重叠着无穷的碧草与绿叶的，那又似乎太浓了。其余呢，西湖的波太明了，秦淮河的也太暗了。可爱的，我将什么来比拟[17]你呢？我怎么比拟得出呢？大约潭是很深的，故能蕴蓄[18]着这样奇异的绿；仿佛蔚蓝的天融了一块在里面似的[19]，这才这般的鲜润啊[20]。

那醉人的绿呀！我若能裁你以为[21]带，我将赠给那轻盈的//舞女，她必能临风飘举了。我若能挹[22]你以为眼，我将赠给那善歌的盲妹，她必明眸善睐[23]了。我舍不得[24]你，我怎舍得你呢？我用手拍着你，抚摩着你，如同一个十二三岁的小姑娘[25]。我又掬[26]你入口，便是吻着她了。我送你一个名字[27]，我从此叫你“女儿[28]绿”，好吗？

第二次到仙岩的时候，我不禁[29]惊诧于梅雨潭的绿了。

语音提示

1. 揪 jiū
2. 石穹门 shíqióngmén
3. 瀑布 pùbù
4. 襟袖 jīnxiù
5. 仿佛 fǎngfú
6. 铺 pū
7. 啊 nga
8. 觉着 juézhe
9. 着实 zhuóshí
10. 皱缬 zhòuxié
11. 尘滓 chénzǐ
12. 一色 yīsè
13. 什刹海 shíchàhǎi
14. 拂地 fúdì
15. 似乎 sìhū
16. 虎跑 hǔpáo
17. 比拟 bínǐ
18. 蕴蓄 yùnxù
19. 似的 shìde
20. 啊 na
21. 以为 yǐwéi
22. 挹 yì
23. 明眸善睐 míngmóu-shànlài
24. 舍不得 shě · bùdé
25. 姑娘 gūniang
26. 掬 jū
27. 名字 míngzi
28. 女儿 nǚ' ér
29. 不禁 bùjīn

背景与评析

朱自清（1898—1948），字佩弦，他的散文中艺术成就较高的是收入《背影》、《你我》诸集里的《背影》、《荷塘月色》、《温州和踪迹》之二的《绿》等抒情散文。朱自清的散文不仅以描写见长，并且还在描写中达到情景交融的艺术境界。

他的写景散文在现代文学的散文创作中占有重要地位，他运用白话文描写景致最具魅力。《绿》中，就用比喻、对比等手法，细腻深切地画出了梅雨潭瀑布的质和色，文字刻意求工，显示出驾驭语言文字的高超技巧。

作品 26 号（节选自许地山《落花生》）

我们家的后园有半亩[1]空地[2]，母亲说："让它荒着怪可惜的，你们那么爱吃花生，就开辟出来种[3] 花生吧。”我们姐弟几个都很高兴[4]。买种[5]，翻地，播种[6]，浇水，没过几个月，居然收获了。

母亲说：“今晚我们过一个收获节，请你们父亲也来尝尝我们的新花生，好不好?”我们都说好。母亲把花生做成了好几样食品，还吩咐就在后园的茅亭里过这个节。

晚上天色不太好，可是父亲也来了，实在很难得[7]。

父亲说：“你们爱吃花生吗?”

我们争着答应[8]：“爱!”

“谁能把花生的好处[9] 说出来?”

姐姐说：“花生的味美。”

哥哥说：“花生可以榨油。”

我说：“花生的价钱便宜[10]，谁都可以买来吃，都喜欢[11]吃。这就是它的好处。”

父亲说：“花生的好处很多，有一样最可贵：它的果实埋在地里，不像桃子、石榴[12]、苹果那样，把鲜红嫩绿的果实高高地挂在枝头上，使人一见就生爱慕之心。你们看它矮矮地长[13]在地上，等到成熟[14]了，也不能立刻分辨[15]出来它有没有果实，必须挖出来才知道。”

我们都说是，母亲也点点头。

父亲接下去说：“所以你们要像花生，它虽然不好看，可是很有用，不是外表好看而没有实用的东西[16]。”

我说：“那么，人要做有用的人，不要做只讲体面，而对别人没有好处的人了。”//

父亲说：“对。这是我对你们的希望。”

我们谈到夜深才散。花生做的食品都吃完了，父亲的话却深深地印在我的心上。

语音提示

1. 亩 mǔ
2. 空地 kòngdì

9. 好处 hǎo · chù
10. 便宜 piányi

3. 种 zhòng
4. 高兴 gāoxìng
5. 买种 mǎizhǒng
6. 播种 bōzhǒng
7. 难得 nándé
8. 答应 dāying
11. 喜欢 xǐhuan
12. 石榴 shíliu
13. 长 zhǎng
14. 成熟 chéngshú
15. 分辨 fēnbiàn
16. 东西 dōngxi

背景与评析

许地山（1893—1941），名赞堃，字地山，笔名落华生，广东揭阳人。现代作家、宗教史学者。

《落花生》全文由种花生、过收获节两部分组成，情感真挚，详略得当。文章的重点部分是放在“过收获节”。那天晚上，父亲也来了，于是几个孩子由花生的好处，譬如：“味美”、“能榨油”、“价格便宜”等特点进而深入到对于花生更深层次的领悟。

在父亲的循循善诱之下，作者逐渐感悟到落花生的价值。它，不追求外表华美而重在实用，不是那种外表好看而对社会无用的东两，这便是全文的主旨。

《落花生》这篇文章，它每一段话，甚至每一个字，都包含着一个深刻的道理。例如：“花生虽然不好看，可是很有用，不是外表好看而没有实用的东西。”这句话既说明了落花生的特点：外表不好看，可是很有用；又说明了人一生的道理：一个人外表虽然长得丑，可是心灵可以感化大家，成为人们尊敬的人。

作品 27 号（节选自［俄］屠格涅夫《麻雀》，巴金译）

我打猎归来，沿着花园的林阴路走着。狗跑在我前边。

突然，狗放慢脚步，蹑足潜行[1]，好像嗅[2]到了前边有什么野物。

我顺着林阴路望去，看见了一只嘴边还带黄色、头上生着柔毛的小麻雀。风猛烈地吹打着林阴路上的白桦[3]树，麻雀从巢[4]里跌落下来，呆呆地伏在地上，孤立无援地张开两只羽毛还未丰满的小翅膀。

我的狗慢慢向它靠近。忽然，从附近一棵树上飞下一只黑胸脯[5]的老麻雀，像一颗石子[6]似的[7]落到狗的跟前。老麻雀全身倒竖[8]着羽毛，惊恐万状，发出绝望、凄惨的叫声，接着向露出[9]牙齿、大张着的狗嘴扑去。

老麻雀是猛扑下来救护幼雀的。它用身体掩护着自己的幼儿……但它整个小小的身体因恐怖而战栗[10]着，它小小的声音也变得粗暴嘶哑，它在牺牲自己！

在它看来，狗该是多么庞大[11]的怪物[12]啊[13]！然而，它还是不能站在自己高高的、安全的树枝上……一种比它的理智更强烈的力量，使它从那儿扑下身来。

我的狗站住了，向后退了退……看来，它也感到了这种力量。

我赶紧唤住惊慌失措的狗，然后我怀着崇敬的心情，走开了。

是啊[14]，请不要见笑。我崇敬那只小小的、英勇的鸟儿，我崇敬它那种爱的冲动和力量。

爱，我想，比//死和死的恐惧更强大。只有依靠它，依靠这种爱，生命才能维持下去，发展下去。

语音提示

1. 蹑足潜行 nièzú-qiánxíng
2. 嗅 xiù
3. 桦 huà
4. 巢 cháo
5. 胸脯 xiōngpú
6. 石子 shízǐr
7. 似的 shìde
8. 倒竖 dàoshù
9. 露出 lòuchū
10. 战栗 zhànlì
11. 庞大 pángdà
12. 怪物 guàiwu
13. 啊 wa
14. 啊 ra

背景与评析

屠格涅夫的作品大概是最早被译成中文的外国作家文学作品之一。而他的散文诗又是他的小说、诗歌文学作品中最早被译成中文的，时为 1915 年，由刘半农用文言翻译了四首散文诗《乞食之兄》（即后来译为《乞丐》）、《地胡吞我之妻》（即后来译为《玛莎》）、《可畏哉愚夫》（后来译为《傻瓜》或《愚人》、《小丑》）、《嫠妇与菜汁》（即后来译为《菜汤》）。从此屠格涅夫的小说诗歌文学作品大量传入中国，伴随着新思潮一起发展，成为对中国文学最有影响的外国作家之一。

人们会感到一百多年前屠格涅夫观察到的、讽喻的这种社会现象，似乎就发生在我们的身边，是多么熟悉而又令人悲哀。这些意味深长的寓言式的文学作品是屠格涅夫散文诗的一大特点。他是那么睿智机敏，令人回味深思。就像《麻雀》中描写的那只拼死相救小雀的老麻雀的形象，这样活灵活现在你眼前的活生生的视觉冲击。屠格涅夫不仅用短短几句描写凸现了一个感人的难以忘却的形象和场景，还使人深深地思索，哪怕你不同意他的说教。

作品28号（节选自唐若水译《迷途笛音》）

那年我六岁。离我家仅一箭之遥的小山坡旁，有一个早已被废弃的采石场[1]，双亲从来不准我去那儿，其实那儿风景十分迷人。

一个夏季的下午，我随着一群小伙伴偷偷上那儿去了。就在我们穿越了一条孤寂[2]的小路后，他们却把我一个人留在原地，然后奔[3]向“更危险的地带”了。

等他们走后，我惊慌失措地发现，再也找不到要回家的那条孤寂的小道了。像只无头的苍蝇[4]，我到处乱钻[5]，衣裤上挂满了芒刺。太阳已经落山，而此时此刻，家里一定开始吃晚餐了，双亲正盼着我回家……想着想着，我不由得背靠着一棵树，伤心地呜呜大哭起来……

突然，不远处传来了声声柳笛。我像找到了救星，急忙循[6]声走去。一条小道边的树桩上坐着一位吹笛人，手里还正削[7]着什么。走近细看，他不就是被大家称为[8]“乡巴佬儿[9]”的卡廷[10]吗？

“你好，小家伙儿[11]，”卡廷说，“看天气多美，你是出来散步[12]的吧？”

我怯生生[13]地点点头，答[14]道：“我要回家了。”

“请耐心等上几分钟，”卡廷说，“瞧，我正在削一支柳笛，差不多[15]就要做好了，完工后就送给你吧！”

卡廷边削边不时把尚未成形的柳笛放在嘴里试吹一下。没过多久，一支柳笛便递到我手中。我俩[16]在一阵阵清脆悦耳的笛音//中，踏上了归途……

当时，我心中只充满感激，而今天，当[17]我自己也成了祖父时，却突然领悟到他用心之良苦！那天当他听到我的哭声时，便判定我一定迷了路，但他并不想在孩子面前扮演“救星”的角色[18]，于是吹响柳笛以便让我能发现他，并跟着他走出困境！就这样，卡廷先生[19]以乡下[20]人的纯朴，保护了一个小男孩儿强烈的自尊。

语音提示

1. 采石场 cǎishíchǎng
2. 孤寂 gūjì
3. 奔 bēn
4. 苍蝇 cāngying
5. 钻 zuān
6. 循 xún
7. 削 xiāo
8. 称为 chēngwéi
9. 乡巴佬儿 xiāngbalǎor
10. 卡廷 kǎtíng
11. 小家伙儿 xiǎojiāhuor
12. 散步 sànbù
13. 怯生生 qièshēngshēng
14. 答 dá
15. 差不多 chà · bùduō
16. 俩 liǎ
17. 当 dāng
18. 角色 juésè
19. 先生 xiānsheng
20. 乡下 xiāngxia

背景与分析

本文写了卡廷用乡下人的纯朴，保护一个小孩自尊心的故事。文章是以小孩的视角来写的，朗读时注意突出儿童的心理。全篇的感情基调应是亲切自然，总体节奏舒缓，并伴有轻快，形成文章回环往复的特点。

文中的孩子听到柳笛的声音，心理开始平静，节奏应变得舒缓。“突然”引起听众的注意，应提高语气，“柳笛声”应读出欣喜之情。“我像找到了救星，急忙走过去。”这一句应连起来读，节奏加快，语气愉悦。“卡廷”应读出亲切，说明小作者见到熟人的分外高兴。

结尾回到了现在，写了对于这件事情的感受。由于我经历了生活的波折，感慨颇多。朗读时，语气平缓，语调低沉，充满深情。

作品 29 号（节选自小学《语文》第六册中《莫高窟》）

在浩瀚无垠[1]的沙漠里，有一片美丽的绿洲，绿洲里藏着一颗闪光的珍珠。这颗珍珠就是敦煌[2]莫高窟[3]。它坐落在我国甘肃省敦煌市三危山和鸣沙山的怀抱中。

鸣沙山东麓[4]是平均高度为[5]十七米的崖壁。在一千六百多米长的崖壁上，凿[6]有大小洞窟七百余个，形成了规模宏伟的石窟群。其中四百九十二个洞窟中，共有彩色塑像两千一百余尊，各种壁画共四万五千多平方米。莫高窟是我国古代无数艺术匠师留给人类的珍贵文化遗产。

莫高窟的彩塑，每一尊都是一件精美的艺术品。最大的有九层楼那么高，最小的还不如一个手掌大。这些彩塑个性鲜明，神态各异。有慈眉善目的菩萨[7]，有威风凛凛[8]的天王，还有强壮勇猛的力士……

莫高窟壁画的内容丰富多彩，有的是描绘古代劳动人民打猎、捕鱼、耕田、收割的情景，有的是描绘人们奏乐、舞蹈、演杂技的场面[9]，还有的是描绘大自然的美丽风光。其中最引人注目的是飞天。壁画上的飞天，有的臂挎[10]花篮，采摘鲜花；有的反弹[11]琵琶[12]，轻拨银弦[13]；有的倒悬[14]身子，自天而降；有的彩带飘拂[15]，漫天遨游[16]；有的舒展着双臂，翩翩起舞。看着这些精美动人的壁画，就像走进了//灿烂辉煌的艺术殿堂。

莫高窟里还有一个面积不大的洞窟——藏经洞。洞里曾藏有我国古代的各种经卷[17]、文书、帛画[18]、刺绣、铜像等共六万多件。由于清朝政府腐败无能，大量珍贵的文物被外国强盗掠[19]走。仅存的部分经卷，现在陈列于北京故宫等处。

莫高窟是举世闻名的艺术宝库。这里的每一尊彩塑、每一幅[20]壁画、每一件文物，都是中国古代人民智慧的结晶。

语音提示

1. 浩瀚无垠 hàohàn-wúyín
2. 敦煌 Dūnhuáng
3. 窟 kū
4. 麓 lù
5. 为 wéi
6. 凿 záo
7. 菩萨 pú · sà
11. 弹 tán
12. 琵琶 pí · pá
13. 弦 xián
14. 倒悬 dàoxuán
15. 飘拂 piāofú
16. 遨游 áoyóu
17. 经卷 jīngjuàn

8. 威风凛凛 wēifēng-lǐnlǐn
9. 场面 chǎngmiàn
10. 挎 kuà
18. 帛画 bóhuà
19. 掠 lüè
20. 幅 fú

背景与评析

作为一篇说明文，对数字和具体信息的清晰传送是朗诵时的要点。

作品 30 号（节选自张抗抗《牡丹的拒绝》）

其实你在很久以前并不喜欢牡丹[1]，因为它总被人作为富贵膜拜[2]。后来你目睹了一次牡丹的落花，你相信所有的人都会为[3]之感动：一阵清风徐来，娇艳鲜嫩的盛期牡丹忽然整朵整朵地坠落，铺撒[4]一地绚丽的花瓣。那花瓣落地时依然鲜艳夺目，如同一只奉上祭坛的大鸟脱落的羽毛，低吟着壮烈的悲歌离去。

牡丹没有花谢花败之时，要么烁于枝头[5]，要么归于泥土，它跨越萎顿[6]和衰老，由青春而死亡，由美丽而消遁[7]。它虽美却不吝惜[8]生命，即使[9]告别也要展示给人最后一次的惊心动魄。

所以在这阴冷的四月里，奇迹[10]不会发生。任凭游人扫兴[11]和诅咒，牡丹依然安之若素。它不苟且[12]、不俯就、不妥协、不媚俗，它遵循自己的花期[13]自己的规律，它有权利为自己选择每年一度的盛大节日。它为什么不拒绝寒冷？

天南海北的看花人，依然络绎不绝[14]地涌入洛阳城。人们不会因牡丹的拒绝而拒绝它的美。如果它再被贬谪[15]十次，也许它就会繁衍出十个洛阳牡丹城。

于是你在无言的遗憾中感悟到，富贵与高贵只是一字之差[16]。同人一样，花儿[17]也是有灵性的，更有品位之高低。品位这东西[18]为[19]气为魂为//筋骨为神韵，只可意会。你叹服牡丹卓尔不群[20]之姿，方知品位是多么容易被世人忽略或是漠视的美。

语音提示

1. 牡丹 mǔdān
2. 膜拜 móbài
11. 扫兴 sǎoxìng
12. 苟且 gǒuqiě

3. 为 wèi
4. 铺撒 pūsǎ
5. 枝头 zhītóu
6. 萎顿 wěidùn
7. 消遁 xiāodùn
8. 吝惜 lìnxī
9. 即使 jíshǐ
10. 奇迹 qíjì
13. 花期 huāqī
14. 络绎不绝 luòyì-bùjué
15. 贬谪 biǎnzhé
16. 差 chà
17. 花儿 huā' ér
18. 东西 dōngxi
19. 为 wéi
20. 卓尔不群 zhuó' ěr-bùqún

背景与评析

张抗抗，1950 年出生于杭州。1969 年赴北大荒上山下乡，1979 年调入黑龙江省作家协会从事专业创作。现为黑龙江省作协副主席，一级作家，中国作协第五届全国委员会委员。迄今已发表小说散文近 500 万字，出版各类专集 40 余种，多次获各类文学奖，许多作品被译为英、德、法、日文介绍到海外。代表作有长篇小说《隐形伴侣》、《赤彤丹朱》、《情爱画廊》等。并出版《张抗抗自选集》5 卷。

欧阳修说过“洛阳牡丹尤为天下奇”。洛阳牡丹“奇”在何处？文章又用武则天怒贬牡丹至洛阳的传说，给牡丹身上笼上一层神秘色彩，所有这些都大大地澎胀了人们观看洛阳牡丹的欲望。俗话说：希望越大，失望就越大。人们观看洛阳牡丹的欲望越强烈，看不到牡丹花开时的感情波动就会越大，感情波动越大，就越能引起人们对下文牡丹的拒绝的思索，文章的主题就更容易凸现出来。

作品没有像众多描写牡丹的作品那样一味赞美牡丹的雍容华贵、绚丽多姿，而是独辟蹊径，通过对牡丹花开花落的描写，着力赞美牡丹的拒绝，赞扬牡丹不慕虚华、对生命执著追求的精神。

作品 31 号（节选自《中考语文课外阅读试题精选》中《“能吞能吐”的森林》）

森林涵养[1] 水源，保持水土流失，防止水旱灾害的作用非常大。据专家测算，一片十万亩[2] 面积的森林，相当于一个两百万立方米的水库，这正如农谚[3] 所说的：“山上多栽树，等于修水库。雨多它能吞，雨少它能吐[4]。”

说起森林的功劳，那还多得很。它除了为人类提供[5]木材及许多种生产、生活的原料之外，在维护生态环境方面也是功劳卓著[6]。它用另一种“能吞能吐”的特殊功能孕育了人类。因为[7]地球在形成之初，大气中的二氧化碳含量很高，氧气很少，气温也高，生物是难以生存的。大约在四亿年之前，陆地才产生了森林。森林慢慢将大气中的二氧化碳吸收，同时吐[8]出新鲜氧气，调节气温：这才具备了人类生存的条件，地球上才最终有了人类。

森林，是地球生态系统的主体，是大自然的总调度[9]室，是地球的绿色之肺。森林维护地球生态环境的这种“能吞能吐”的特殊功能是其他任何物体都不能取代的。然而，由于地球上的燃烧物增多，二氧化碳的排放量急剧增加，使得地球生态环境急剧恶化，主要表现为全球气候变暖，水分[10]蒸发加快，改变了气流的循环[11]，使气候变化加剧，从而引发热浪、飓风[12]、暴雨、洪涝[13]及干旱。

为了//使地球的这个“能吞能吐”的绿色之肺恢复健壮，以改善生态环境，抑制[14]全球变暖，减少水旱等自然灾害，我们应该大力造林、护林，使每一座荒山都绿起来。

语音提示

1. 涵养 hányǎng
2. 亩 mǔ
3. 农谚 nóngyàn
4. 吐 tǔ
5. 提供 tígōng
6. 卓著 zhuózhù
7. 因为 yīn · wèi
8. 吐 tǔ
9. 调度 diàodù
10. 水分 shuǐfèn
11. 循环 xúnhuán
12. 飓风 jùfēng
13. 洪涝 hónglào
14. 抑制 yìzhì

背景与评析

说明文是给人知识的，从文中获取准确信息是说明文阅读的一项重要能力，也是信息时代作为现代人的基本素质之一。因此，能够正确地在朗读过程中传递正确的信息，也成为了对本文朗读的要求。

作品 32 号（节选自杏林子《朋友和其他》）

朋友[1] 即将[2] 远行。

暮春时节，又邀了几位朋友在家小聚。虽然都是极熟[3] 的朋友，却是终年难得[4] 一见，偶尔电话里相遇，也无非是几句寻常话。一锅小米稀饭，一碟大头菜，一盘自家酿制[5] 的泡菜，一只巷口买回的烤鸭，简简单单，不像请客，倒[6] 像家人团聚。

其实，友情也好，爱情也好，久而久之都会转化[7] 为亲情。

说也奇怪，和新朋友会谈文学、谈哲学、谈人生道理等等，和老朋友却只话家常，柴米油盐，细细碎碎，种种琐事。很多时候[8]，心灵的契合[9] 已经不需要太多的言语来表达。

朋友新烫了个头，不敢回家见母亲，恐怕惊骇[10]了老人家，却欢天喜地来见我们，老朋友颇能以一种趣味性的眼光欣赏这个改变。

年少[11]的时候，我们差不多都在为别人而活，为苦口婆心的父母活，为循循善诱的师长活，为许多观念、许多传统的约束力而活。年岁逐增，渐渐挣脱[12]外在的限制与束缚[13]，开始懂得为自己活，照自己的方式做一些自己喜欢[14]的事，不在乎[15]别人的批评意见，不在乎别人的诋毁[16]流言，只在乎那一份随心所欲的舒坦[17]自然。偶尔，也能够纵容自己放浪一下，并且有一种恶作剧的窃喜。

就让生命顺其自然，水到渠成吧，犹如窗前的//乌桕[18]，自生自落之间，自有一份圆融丰满的喜悦。春雨轻轻落着，没有诗，没有酒，有的只是一份相知相属[19]的自在自得。

夜色在笑语中渐渐沉落，朋友起身告辞，没有挽留，没有送别，甚至也没有问归期[20]。

已经过[21]了大喜大悲的岁月，已经过了伤感流泪的年华，知道了聚散[22]原来是这样的自然和顺理成章，懂得这点，便懂得珍惜每一次相聚的温馨[23]，离别便也欢喜。

语音提示

1. 朋友 péngyou
2. 即将 jíjiāng

13. 束缚 shùfù
14. 喜欢 xǐhuan

3. 熟 shú
4. 难得 nándé
5. 酿制 niàngzhì
6. 倒 dào
7. 转化 zhuǎnhuà
8. 时候 shíhou
9. 契合 qìhé
10. 惊骇 jīnghài
11. 年少 niánshào
12. 挣脱 zhèngtuō
15. 在乎 zàihu
16. 诋毁 dǐhuǐ
17. 舒坦 shūtan
18. 乌桕 wūjiù
19. 相属 xiāngzhǔ
20. 归期 guīqī
21. 过 guò
22. 聚散 jùsàn
23. 温馨 wēnxīn

背景与评析

带着与朋友的默契投入到每一天的生活中，会让人更感到满足。这种心灵的满足，是忙碌生活中的一剂安慰剂。文中对朋友默契的描写，看似平淡，但又在平淡中透露着不可多得的包容与彼此欣赏。

特别是到了一定年龄的笔者，能够从忙碌生活中抽身而出，看淡身边名利，寻找富有禅意的精神寄托，更是找到了不可多得的精神境界。

作品 33 号（节选自莫怀戚《散步》）

我们在田野散步[1]：我，我的母亲，我的妻子和儿子。

母亲本不愿出来的。她老了，身体不好，走远一点儿就觉得[2] 很累。我说，正因为[3] 如此，才应该多走走。母亲信服地点点头，便去拿外套。她现在很听我的话，就像我小时候[4] 很听她的话一样。

这南方初春的田野，大块小块的新绿随意地铺[5] 着，有的浓，有的淡，树上的嫩芽也密了，田里的冬水也咕咕[6] 地起着水泡。这一切都使人想着一样东西[7]——生命。

我和母亲走在前面，我的妻子和儿子走在后面。小家伙[8] 突然叫起来：“前面是妈妈和儿子，后面也是妈妈和儿子。”我们都笑了。

后来发生了分歧[9]：母亲要走大路，大路平顺；我的儿子要走小路，小路有意思[10]。不过，一切都取决于我。我的母亲老了，她早已习惯听从她强壮的儿子；我的儿子还小，他还习惯听从他高大的父亲；妻子呢，在外面，她总是听我的。一霎时[11]我感到了责任的重大。我想找一个两全的办法，找不出；我想拆散[12]一家人，分成两路，各得其所，终不愿意。我决定委屈[13]儿子，因为我伴同他的时日还长。我说："走大路。"

但是母亲摸摸孙儿的小脑瓜，变了主意[14]："还是走小路吧。"她的眼随小路望去：那里有金色的菜花，两行[15]整齐的桑树，//尽头[16]一口水波粼粼[17]的鱼塘。"我走不过去的地方，你就背[18]着我。"母亲对我说。

这样，我们在阳光下，向着那菜花、桑树和鱼塘走去。到了一处，我蹲下来，背起了母亲；妻子也蹲下来，背起了儿子。我和妻子都是慢慢地、稳稳地，走得很仔细，好像我背[19]上的同她背上的加起来，就是整个世界。

语音提示

1. 散步 sànbù
2. 觉得 jué · dé
3. 因为 yīn · wèi
4. 时候 shíhou
5. 铺 pū
6. 咕咕 gūgū
7. 东西 dōngxi
8. 小家伙 xiǎojiāhuo
9. 分歧 fēnqí
10. 意思 yìsi
11. 霎时 shàshí
12. 拆散 chāisàn
13. 委屈 wěiqu
14. 主意 zhǔyi
15. 行 háng
16. 尽头 jìntóu
17. 粼粼 línlín
18. 背 bēi
19. 背 bèi

背景与分析

莫怀戚，1951 年生于重庆，当过知青、士兵和摩托车手、小提琴演奏员。1982 年毕业于四川大学中文系，现任重庆师范大学新闻学院教授。1994 年获全国庄重文文学奖，散文《散步》和《家园落日》选在了中学语文课文之中。

中国人对于家庭的种种传统美德，在短短的文字中跃然纸上。作为朗读者，更应当使之跃然耳边。一个中国传统男性对于家庭的责任感，在他对自己的母亲周到的考虑，以及对妻子赞许的观察中流露无遗。在这样让人感动的温情画面中，让人对家这个社会的最小单位，既充满了责任，又涌起了向往。

作品 34 号（节选自罗伯特·罗威尔《神秘的“无底洞”》）

地球上是否真的存在“无底洞”？按说地球是圆的，由地壳[1]、地幔[2]和地核三层组成，真正的“无底洞”是不应存在的。我们所看到的各种山洞、裂口、裂缝，甚至火山口也都只是地壳浅部的一种现象。然而中国一些古籍却多次提到海外有个深奥莫测的无底洞。事实上地球上确实有这样一个“无底洞”。

它位于希腊亚各斯古城的海滨。由于濒临[3]大海，大涨潮[4]时，汹涌[5]的海水便会排山倒海[6]般地涌入洞中，形成一股湍湍[7]的急流。据测，每天流入洞内的海水量达三万多吨。奇怪的是，如此大量的海水灌入洞中，却从来没有把洞灌满。曾有人怀疑，这个“无底洞”，会不会就像石灰岩地区的漏斗[8]、竖井、落水洞一类的地形。然而从 20 世纪 30 年代以来，人们就做了多种努力企图寻找它的出口，却都是枉费心机[9]。

为了揭开这个秘密，1958 年美国地理学会派出一支考察队，他们把一种经久不变的带色染料溶解在海水中，观察染料是如何随着海水一起沉下去。接着又察看了附近海面以及岛上的各条河、湖，满怀希望地寻找这种带颜色的水，结果[10]令人失望。难道是海水量太大把有色水稀释得太淡，以致无法发现？//

至今谁也不知道为什么这里的海水会没完没了[11]地“漏”下去，这个“无底洞”的出口又在哪里，每天大量的海水究竟都流到哪里去了？

语音提示

1. 地壳 dìqiào
2. 地幔 dìmàn
3. 濒临 bīnlín
4. 涨潮 zhǎngcháo
5. 汹涌 xiōngyǒng
6. 排山倒海 páishān-dǎohǎi
7. 湍湍 tuāntuān
8. 漏斗 lòudǒu
9. 枉费心机 wǎngfèi-xīnjī
10. 结果 jiéguǒ
11. 没完没了 méiwán-méiliǎo

6. 排山倒海 páishān-dǎohǎi

背景与评析

处理科技型的作品，诸多关键词是读清的重点，类似于地理专有名词、地名等等，一旦听之有误，就会使人迷惑不解。控制朗读时的节奏，尽量做到有条不紊的将逐节含义诵读清晰。

作品 35 号（节选自［奥］茨威格《世间最美的坟墓》，张厚仁译）

我在俄国见到的景物再没有比托尔斯泰墓更宏伟、更感人的。

完全按照[1] 托尔斯泰的愿望，他的坟墓成了世间最美的，给人印象最深刻的坟墓。它只是树林中的一个小小的长方形土丘，上面开满鲜花——没有十字架，没有墓碑，没有墓志铭，连托尔斯泰这个名字[2] 也没有。

这位比谁都感到受自己的声名所累[3] 的伟人，却像偶尔[4] 被发现的流浪汉、不为[5] 人知的士兵，不留名姓地被人埋葬了。谁都可以踏进他最后的安息地，围在四周稀疏的木栅栏[6] 是不关闭的——保护列夫·托尔斯泰得以[7] 安息的没有任何别的东西[8]，唯有人们的敬意；而通常，人们却总是怀着好奇[9]，去破坏伟人墓地的宁静。

这里，逼人的朴素禁锢[10] 住任何一种观赏的闲情，并且不容许你大声说话。风儿[11] 俯临，在这座无名者之墓的树木之间飒飒[12] 响着，和暖[13] 的阳光在坟头[14] 嬉戏[15]；冬天，白雪温柔地覆盖这片幽暗的圭[16] 土地。无论你在夏天或冬天经过这儿，你都想象不到，这个小小的、隆起的长方体里安放着一位当代最伟大的人物。

然而，恰恰是这座不留姓名的坟墓，比所有挖空心思[17] 用大理石和奢华[18] 装饰建造的坟墓更扣人心弦[19]。在今天这个特殊的日子//里，到他的安息地[20] 来的成百上千人中间，没有一个有勇气，哪怕仅仅从这幽暗的土丘上摘下一朵花留作纪念。人们重新感到，世界上再没有比托尔斯泰最后留下的、这座纪念碑式的朴素坟墓，更打动人心的了。

语音提示

1. 按照 ànzhào　　　　11. 风儿 fēng’ér

2. 名字 míngzi
3. 累 lěi
4. 偶尔 ǒu' ěr
5. 为 wéi
6. 栅栏 zhàlan
7. 得以 déyǐ
8. 东西 dōngxi
9. 好奇 hàoqí
10. 禁锢 jìngù
12. 飒飒 sàsà
13. 和暖 hénuǎn
14. 坟头 féntóu
15. 嬉戏 xīxì
16. 圭 guī
17. 心思 xīnsi
18. 奢华 shēhuá
19. 心弦 xīnxián
20. 安息地 ānxīdì

背景与评析

托尔斯泰是俄国伟大的批判现实主义作家。托尔斯泰葬于距图拉 30 公里，一个叫“雅斯纳亚·波良纳”的地方，它是伟大作家列夫·托尔斯泰的祖传家园。在俄语里，雅斯纳亚·波良纳是“明亮的林中草地”的意思。

比起三个伟人墓地奢华的装饰，托尔斯泰墓确实很朴素。素，即本色，就是自然；朴，是没有任何装饰。没有十字架、没有墓碑、没有墓志铭更不容易让人记起这是一个坟墓，托尔斯泰墓已与自然完全融为一体，这样一个充满生机的地方会让我们相信托尔斯泰真的已经离我们而去了吗？不，他真的没有消失。你看他静静地、孤独地在森林的一角，在亲手栽种树木的地方继续着他的平等、博爱的思考，实践着他回归平凡、回归自然的追求。

作品 36 号（节选自叶圣陶《苏州园林》）

我国的建筑，从古代的宫殿到近代的一般住房，绝大部分是对称[1]的，左边怎么样，右边也是怎么样。苏州园林可绝不讲究对称，好像故意避免似的[2]。东边有了一个亭子或者一道回廊，西边决不会来一个同样的亭子或者一道同样的回廊。这是为什么？我想，用图画来比方[3]，对称的建筑是图案画，不是美术画，而园林是美术画，美术画要[4]求自然之趣，是不讲究对称的。

苏州园林里都有假山[5]和池沼[6]。

假山的堆叠，可以说是一项艺术而不仅是技术。或者是重峦叠嶂[7]，或者是几座小山配合着竹子花木，全在乎[8]设计者和匠师们生平多阅历，胸中有丘壑[9]，才能使游览者攀登的时候[10]忘却苏州城市，只觉得[11]身在山间。

至于池沼，大多引用活水。有些园林池沼宽敞，就把池沼作为全园的中心，其他景物配合着布置。水面假如[12]成河道模样[13]，往往安排桥梁。假如安排两座以上的桥梁，那就一座一个样，决不雷同。

池沼或河道的边沿很少砌齐整的石岸，总是高低屈曲[14]任[15]其自然。还在那儿布置几块玲珑的石头，或者种些花草。这也是为了取得[16]从各个角度看都成一幅[17]画的效果。池沼里养着金鱼或各色鲤鱼，夏秋季节荷花或睡莲开//放，游览者看“鱼戏莲叶间”，又是入画的一景。

语音提示

1. 对称 duìchèn
2. 似的 shìde
3. 比方 bǐfang
4. 要 yào
5. 假山 jiǎshān
6. 池沼 chízhǎo
7. 重峦叠嶂 chóngluán-diézhàng
8. 在乎 zàihu
9. 丘壑 qiūhè
10. 时候 shíhou
11. 觉得 jué · dé
12. 作为 zuòwéi
13. 假如 jiǎrú
14. 模样 múyàng
15. 屈曲 qūqū
16. 任 rèn
17. 取得 qǔdé
18. 幅 fú

背景与评析

叶圣陶先生是我国现代文学的巨擘。他于 1894 年出生于古城苏州。因自小生长在苏州，他对苏州的一草一木充满了深厚的感情，特别是与驰名中外的苏州园林结下了不解之缘。

1979 年初，陈从周邀请圣翁为他的一本由风光画报出版社出版的《苏州园林》图册作序，圣翁慨然允诺。圣翁在序文概括地论述了苏州园林的魅力所在。他赞赏苏州园林“讲究亭台轩榭的布局，讲究假山池沼的配合，讲究花草树木的映衬，讲究近景远景的层次。总之，一切都要为构成完美的图画而存在”，从而使游览者得到“如在图画中”的感受。

作品 37 号（节选自《态度创造快乐》）

一位访美中国女作家，在纽约遇到一位卖花的老太太。老太太穿着[1]破旧，身体虚弱，但脸上的神情却是那样祥和[2]兴奋[3]。女作家挑[4]了一朵花说："看起来，你很高兴[5]。"老太太面带微笑地说："是的，一切都这么美好，我为什么不高兴呢?""对烦恼，你倒[6]真能看得开。"女作家又说了一句。没料到，老太太的回答更令女作家大吃一惊："耶稣在星期五被钉[7]上十字架时，是全世界最糟糕的一天，可三天后就是复活节。所以，当我遇到不幸时，就会等待三天，这样一切就恢复正常了。"

"等待三天"，多么富于哲理的话语，多么乐观[8]的生活方式。它把烦恼和痛苦抛下，全力去收获快乐[9]。

沈从文在"文革"期间[10]，陷入了非人的境地。可他毫不在意，他在咸宁时给他的表侄、画家黄永玉写信说："这里的荷花真好，你若来……"身陷苦难却仍为[11]荷花的盛开[12]欣喜赞叹不已，这是一种趋于澄明[13]的境界，一种旷达洒脱的胸襟[14]，一种面临磨难[15]坦荡从容[16]的气度，一种对生活童子[17]般的热爱和对美好事物无限向往的生命情感。

由此可见，影响一个人快乐的，有时并不是困境及磨难，而是一个人的心态。如果把自己浸泡在积极、乐观、向上的心态中，快乐必然会//占据[18]你的每一天。

语音提示

1. 穿着 chuānzhuó
2. 祥和 xiánghé
3. 兴奋 xīngfèn
4. 挑 tiāo
5. 高兴 gāoxìng
6. 倒 dào
7. 钉 dìng
8. 乐观 lèguān
9. 快乐 kuàilè
10. 期间 qījiān
11. 为 wèi
12. 盛开 shèngkāi
13. 澄明 chéngmíng
14. 胸襟 xiōngjīn
15. 磨难 mónàn
16. 从容 cóngróng
17. 童子 tóngzǐ
18. 占据 zhànjù

背景与评析

仅仅是简单的几个字，就折射出生命的豁达态度对人生的影响之大。有的时候，人生需要换种眼光，就能够找到真正属于自己的海阔天空。

作品 38 号（节选自杨朔《泰山极顶》）

泰山极顶看日出，历来被描绘成十分壮观的奇景[1]。有人说：登泰山而看不到日出，就像一出大戏没有戏眼，味儿终究有点寡淡。

我去爬山那天，正赶上个难得[2]的好天，万里长空，云彩丝儿都不见。素常烟雾腾腾的山头[3]，显得眉目分明。同伴们都欣喜地说："明儿早晨准可以看见日出了。"我也是抱着这种想头[4]，爬上山去。

一路从山脚往上爬，细看山景，我觉得挂在眼前的不是五岳独尊的泰山，却像一幅[5]规模惊人的青绿山水画，从下面倒[6]展开来。在画卷[7]中最先露出[8]的是山根[9]底那座明朝建筑岱宗坊[10]，慢慢地便现出王母池、斗母宫[11]、经石峪[12]。山是一层比一层深，一叠比一叠奇，层层叠叠，不知还会有多深多奇，万山丛中，时而点染着极其工细的人物。王母池旁的吕祖殿里有不少尊明塑，塑着吕洞宾等一些人，姿态神情是那样有生气，你看了，不禁[13]会脱口赞叹说："活啦。"

画卷继续展开，绿阴森森的柏洞[14]露面[15]不太久，便来到对松山。两面奇峰对峙[16]着，满山峰都是奇形怪状的老松，年纪怕都有上千岁了，颜色竟那么浓，浓得好像要流下来似的[17]。来到这儿，你不妨[18]权当[19]一次画里的写意人物，坐在路旁的对松亭里，看看山色，听听流//水和松涛。

一时间，我又觉得[20]自己不仅是在看画卷，却又像是在零零乱乱翻着一卷[21]历史稿本。

语音提示

1. 奇景 qíjǐng	12. 峪 yù
2. 难得 nándé	13. 不禁 bùjīn
3. 山头 shāntóu	14. 柏洞 bǎidòng
4. 想头 xiǎngtou	15. 露面 lòumiàn

5. 幅 fú
6. 倒 dào
7. 画卷 huàjuàn
8. 露出 lòuchū
9. 山根 shāngēnr
10. 岱宗坊 Dàizōngfāng
11. 斗 dǒu
16. 对峙 duìzhì
17. 似的 shìde
18. 不妨 bùfáng
19. 权当 quāndāng
20. 觉得 jué · dé
21. 卷 juàn

背景与评析

1913 年杨朔生于山东蓬莱县城的一个书香之家。他的父亲是清末秀才。杨朔生命开始，就伴随着抑扬顿挫的读书声，长到 3 岁，父亲就教他背古诗。他虽然不理解诗的内容，却能背下不少诗篇。

这是个有趣的现象：杨朔具有诗人气质，他像写诗那样写散文；而生活，在他看来到处充满诗意，他每时每刻都生活在诗的境界里。就这样，他沿着诗意盎然的道路进入散文艺术的自觉王国，连续推出《蓬莱仙境》、《海市》、《泰山极顶》、《荔枝蜜》、《茶花赋》、《雪浪花》等脍炙人口的佳作。杨朔攀上了那个时代散文创作的高峰，为新中国散文艺术的辉煌写下灿烂的一页。

作品 39 号（节选自《教师博览·百期精华》中《陶行知的“四块糖果”》）

育才小学校长陶行知[1] 在校园看到学生[2] 王友用泥块砸自己班上的同学，当即[3] 喝止[4] 了他，并令他放学后到校长室去。无疑，陶行知是要好好教育这个“顽皮”的学生。那么[5] 他是如何教育的呢?

放学后，陶行知来到校长室，王友已经等在门口准备挨[6] 训了。可一见面，陶行知却掏出一块糖果送给王友，并说：“这是奖给你的，因为[7] 你按时[8] 来到这里，而我却迟到了。”王友惊疑地接过糖果。

随后，陶行知又掏出一块糖果放到他手里，说：“这第二块糖果也是奖给你的，因为当[9] 我不让你再打人时，你立即就住手了，这说明你很尊重我，我应该奖你。”王友更惊疑了，他眼睛[10]睁得大大的。

陶行知又掏出第三块糖果塞[11] 到王友手里，说：“我调查[12] 过了，你用泥块砸那些男生，是因为他们不守游戏规则，欺负[13] 女生；你砸他们，说明你很正直善良，且有批评不良行为的勇气，应该奖励你啊[14]！”王友感动极了，他流着眼泪后悔地喊道：“陶……陶校长，你打我两下吧！我砸的不是坏人，而是自己的同学啊[15]……”

陶行知满意地笑了，他随即掏出第四块糖果递给王友，说：“为[16]你正确地认识[17]错误，我再奖给你一块糖果，只可惜我只有这一块糖果了。我的糖果//没有了，我看我们的谈话也该结束[18]了吧！”说完，就走出了校长室。

语音提示

1. 陶行知 TáoXíngzhī
2. 学生 xuésheng
3. 当即 dāngjí
4. 喝止 hèzhǐ
5. 那么 nàme
6. 挨 ái
7. 因为 yīn · wèi
8. 按时 ànshí
9. 当 dāng
10. 眼睛 yǎnjing
11. 塞 sāi
12. 调查 diàochá
13. 欺负 qīfu
14. 啊 ya
15. 啊 ya
16. 为 wèi
17. 认识 rènshi
18. 结束 jiéshù

背景与评析

用尊重与激励的方法，陶行知让学生深刻理解了自己行为错在何处。文中，一个慈祥而威严的长者形象浮现眼前。当我们塑造陶先生的声音时，也应当仔细把握，找到这二者的恰当分寸。

作品 40 号（节选自毕淑敏《提醒幸福》）

享受幸福是需要学习的，当它即将[1]来临的时刻需要提醒。人可以自然而然地学会感官的享乐，却无法天生地掌握幸福的韵律。灵魂的快意同器官的舒适像一对孪生兄弟[2]，时而相傍[3]相依，时而南辕北辙[4]。

幸福是一种心灵的震颤[5]。它像会倾听音乐的耳朵[6]一样，需要不断地训练。

简而言之，幸福就是没有痛苦的时刻。它出现的频率并不像我们想象的那样少。人们常常只是在幸福的金马车已经驶过去很远时，才拣起地上的金鬃毛说，原来我见过它。

人们喜爱回味幸福的标本，却忽略它披着露水[7]散发[8]清香的时刻。那时候[9]我们往往步履匆匆，瞻前顾后不知在忙着什么。

世上有预报台风的，有预报蝗灾的，有预报瘟疫[10]的，有预报地震的。没有人预报幸福。

其实幸福和世界万物一样，有它的征兆。

幸福常常是朦胧的，很有节制地向我们喷洒甘霖。你不要总希望轰轰烈烈的幸福，它多半只是悄悄地扑面而来。你也不要企图把水龙头[11]拧[12]得更大，那样它会很快地流失。你需要静静地以平和之心，体验它的真谛。

幸福绝大多数是朴素的。它不会像信号弹似的[13]，在很高的天际闪烁红色的光芒。它披着本色的外衣，亲//切温暖地包裹起我们。

幸福不喜欢喧嚣[14]浮华，它常常在暗淡中降临。贫困中相濡以沫[15]的一块糕饼，患难[16]中心心相印[17]的一个眼神，父亲一次粗糙[18]的抚摸，女友一张温馨的字条……这都是千金难[19]买的幸福啊[20]。像一粒粒缀在旧绸子上的红宝石，在凄凉中愈发熠熠夺目。

语音提示

1. 即将 jíjiāng
2. 兄弟 xiōngdì
3. 相傍 xiāngbàng
4. 南辕北辙 nányuán-běizhé
5. 震颤 zhènchàn
6. 耳朵 ěrduo
7. 露水 lùshuǐ
8. 散发 sànfā
9. 时候 shíhou
10. 瘟疫 wēnyì
11. 龙头 lóngtóu
12. 拧 nǐng
13. 似的 shìde
14. 喧嚣 xuānxiāo
15. 相濡以沫 xiāngrú-yǐmò
16. 患难 huànnàn
17. 相印 xiāngyìn
18. 粗糙 cūcāo
19. 难 nán
20. 啊 wa

背景与分析

当人生被各种各样的欲望充斥时，我们容易迷失前进的方向，认为人生旅途是苦难的结合。而毕淑敏却说：“幸福就是没有痛苦的时刻。”平白无奇的表述却蕴含着丰富的人生哲理，它刷新了我们对人生的理解。

没有痛苦，便是幸福。作者用一个否定词，将一个大大的幸福切割下来，送给我们做礼物。她告知大家，幸福不需要单独划出一段时间或一片空间，我们只要把生活中那些不高兴的瞬间和碎片捡出来扔掉，那剩下的，就是幸福！痛苦有各种各样的原因，而幸福却不需要理由，就像春意不一定要微风作伴，流泉不一定要非得叮咚作响一样。

在没有奇迹、没有喜讯、没有弦歌、没有激情飞扬的岁月，幸福始终伴随在我们身边，只要我们寻找它，它就在那儿。仔细想来，在过往的无数日子里，我们随手丢掉的幸福太多太多。如此说来，作者的提醒不是恰到好处吗？

文中提到的“幸福”，不是尽情享受、消极待世，而是发现生活中的美，坦然面对生活的一份从容。既然种子会回报勤劳的汗水，那我们就有权沉浸幸福。让我们用自己的眼睛来寻找生活中的幸福。

文章中，作者用委婉、清新的语言，辅以女性特有的细腻情感，向我们娓娓道来“幸福”的含义，震撼着每位读者的灵魂。提醒幸福，就是提醒每个人：保持一颗知足的心，珍惜拥有的美好，充满对未来的希望！

作品 41 号（节选自刘燕敏《天才的造就》）

在里约热内卢的一个贫民窟里[1]，有一个男孩子，他非常喜欢足球，可是又买不起，于是就踢塑料盒，踢汽水瓶，踢从垃圾箱里捡来的椰子壳[2]。他在胡同[3]里踢，在能找到的任何一片空地[4]上踢。

有一天，当他在一处干涸[5]的水塘里猛踢一个猪膀胱[6]时，被一位足球教练看见了。他发现这个男孩儿踢得很像是那么回事，就主动提出要送给他一个足球。小男孩儿得到足球后踢得更卖劲[7]了。不久，他就能准确地把球踢进远处随意摆放的一个水桶里。

圣诞节到了，孩子的妈妈说：“我们没有钱买圣诞礼物送给我们的恩人，就让我们为他祈祷[8] 吧。”

小男孩儿跟随妈妈祈祷完毕，向妈妈要了一把铲子便跑了出去。他来到一座别墅[9] 前的花园里，开始挖坑。

就在他快要挖好坑的时候，从别墅里走出一个人来，问小孩儿在干什么，孩子抬起满是汗珠的脸蛋儿，说：“教练，圣诞节到了，我没有礼物送给您，我愿给您的圣诞树挖一个树坑。”

教练把小男孩儿从树坑里拉上来，说：“我今天得到了世界上最好的礼物。明天你就到我的训练场去吧。”

三年后，这位 17 岁的男孩儿在第六届足球锦标赛上独进二十一球，为巴西第一次捧回了金杯。一个原来不//为[10] 世人所知的名字[11]——贝利，随之传遍世界。

语音提示

1. 窟 kū
2. 壳 kér
3. 胡同 hú · tòngr
4. 空地 kòngdì
5. 干涸 gānhé
6. 膀胱 pángguāng
7. 卖劲 màijìnr
8. 祈祷 qídǎo
9. 别墅 biéshù
10. 为 wéi
11. 名字 míngzi

背景与评析

诚恳与爱心，是世间最好的礼物。小男孩把这个送给了恩人，也显现了美好未来之所以会拥抱他的一大原因。

作品 42 号（节选自［法］罗曼・加里《我的母亲独一无二》）

记得我 13 岁时，和母亲住在法国东南部的耐斯城。母亲没有丈夫[1]，也没有亲戚[2]，够清苦的，但她经常能拿出令人吃惊的东西[3]，摆在我面前。她从来不吃肉，一再说自己是素食者。然而有一天，我发现母亲正仔细地用一小块碎面包擦那给我煎牛排用的油锅。我明白[4] 了她称[5] 自己为[6] 素食者的真正原因。

我 16 岁时，母亲成了耐斯市美蒙旅馆的女经理。这时，她更忙碌了。一天，她瘫在椅子上，脸色苍白，嘴唇发灰。马上找来医生，做出诊断：她摄取了过多的胰岛素。直到这时我才知道母亲多年一直对我隐瞒的疾痛[7]——糖尿病。

她的头歪向枕头一边，痛苦地用手抓挠[8] 胸口。床架上方，则挂着一枚我 1932 年赢得[9] 耐斯市少年乒乓球冠军的银质奖章。

啊，是对我的美好前途的憧憬[10] 支撑着她活下去，为了给她那荒唐的梦至少加一点真实的色彩，我只能继续努力，与时间竞争，直至 1938 年我被征入空军。巴黎很快失陷，我辗转[11] 调[12] 到英国皇家空军。刚到英国就接到了母亲的来信。这些信是由在瑞士的一个朋友[13] 秘密地转[14] 到伦敦，送到我手中的。

现在我要回家了，胸前佩带着醒目的绿黑两色的解放十字绶//带[15]，上面挂着五六枚我终身难忘的勋章，肩上还佩带着军官肩章。到达旅馆时，没有一个人跟我打招呼[16]。原来，我母亲在三年半以前就已经离开人间了。

在她死前的几天中，她写了近 250 封信，把这些信交给她在瑞士的朋友，请这个朋友定时寄给我。就这样，在母亲死后的三年半的时间里，我一直从她身上吸取着力量和勇气——这使我能够继续战斗到胜利那一天。

语音提示

1. 丈夫 zhàngfu
2. 亲戚 qīnqi
3. 东西 dōngxi
4. 明白 míngbai
5. 称 chēng
6. 为 wéi
7. 疾痛 jítòng
8. 抓挠 zhuānao
9. 赢得 yíngdé
10. 憧憬 chōngjǐng
11. 辗转 zhánzhuǎn
12. 调 diào
13. 朋友 péngyou
14. 绶带 shòudài
15. 转 zhuǎn
16. 招呼 zhāohu

背景与评析

文中主要通过“母亲正仔细地用一小块碎面包擦那给我煎牛排用的油锅”，“多年一直对我隐瞒疾病”，“在她死前的几天中写了近 250 封信”等几个细节描写刻画了一个坚强、充满爱心的母亲形象，文中外貌、语言等描写虽不多，可每个读者都可根据自己的生活经验在心中想象出这位伟大的母亲的形象。

作品43号（节选自［波兰］玛丽·居里《我的信念》，剑捷译）

生活对于任何人都非易事，我们必须有坚韧不拔的精神。最要紧的，还是我们自己要有信心。我们必须相信，我们对一件事情[1]都具有天赋[2]的才能，并且，无论付出任何代价，都要把这件事完成。当[3]事情结束[4]的时候[5]，你要能问心无愧地说："我已经尽[6]我所能了。"

有一年的春天，我因病被迫在家里休息[7]数[8]周。我注视着我的女儿们所养的蚕正在结[9]茧[10]，这使我很感兴趣。望着这些蚕执著[11]地、勤奋地工作，我感到我和它们非常相似[13]。像它们一样，我总是耐心地把自己的努力集中在一个目标上。我之所以如此，或许是因为[14]有某种力量在鞭策着我——正如蚕被鞭策着去结茧一般。

近五十年来，我致力于科学研究，而研究，就是对真理的探讨。我有许多美好快乐[15]的记忆。少女时期我在巴黎大学，孤独地过着求学的岁月；在后来献身科学的整个[15]时期，我丈夫[16]和我专心致志，像在梦幻中一般，坐在简陋的书房里艰辛地研究，后来我们就在那里发现了镭[17]。

我永远追求安静的工作和简单的家庭生活。为了实现这个理想，我竭力保持宁静的环境，以免受人事的干扰和盛名[18]的拖累[19]。

我深信，在科学方面我们有对事业而不是//对财富的兴趣。我的惟一奢望[20]是在一个自由国家中，以一个自由学者的身份从事研究工作。

我一直沉醉于世界的优美之中，我所热爱的科学也不断增加它崭新的远景。我认定科学本身就具有伟大的美。

语音提示

1. 事情 shìqing
2. 天赋 tiānfù
3. 当 dāng

11. 执著 zhízhuó
12. 相似 xiāngsì
13. 因为 yīn · wèi

4. 结束 jiéshù
5. 时候 shíhou
6. 尽 jìn
7. 休息 xiūxi
8. 数 shù
9. 结 jié
10. 茧 jiǎn
14. 快乐 kuàilè
15. 整个 zhěnggèr
16. 丈夫 zhàngfu
17. 镭 léi
18. 盛名 shèngmíng
19. 拖累 tuōlěi
20. 奢望 shēwàng

背景与评析

爱因斯坦在《悼念玛丽·居里》一文中说："我幸运地同居里夫人有20年崇高而真挚的友谊。我对她的人格的伟大越来越感到钦佩。""她一生中最伟大的科学功绩——证明放射性元素的存在并把它们分离出来——所以能取得，不仅是靠着大胆的直觉，而且也靠着在难以想象的极端困难情况下工作的热忱和顽强，这样的困难在实验科学的历史中是罕见的。"阅读《我的信念》，就是阅读居里夫人的灵魂，可以了解她那伟大的人格来自怎样伟大的心灵。

作品44号（节选自［美］彼得·基·贝得勒《我为什么当教师》）

我为什么非要教书[1]不可？是因为[2]我喜欢[3]当[4]教师[5]的时间安排表和生活节奏。七、八、九三个月给我提供[6]了进行回顾、研究、写作的良机，并将三者有机融合，而善于回顾、研究和总结正是优秀教师素质中不可缺少的成分。

干这行[7]给了我多种多样的"甘泉"去品尝，找优秀的书籍去研读，到"象牙塔"和实际世界里去发现。教学[8]工作给我提供了继续学习的时间保证，以及多种途径、机遇和挑战。

然而，我爱这一行的真正原因，是爱我的学生[9]。学生们在我的眼前成长、变化。当教师意味着亲历"创造"过程的发生——恰似[10]亲手赋予[11]一团泥土以生命，没有什么比目睹它开始呼吸更激动人心的了。

权利我也有了：我有权利去启发诱导[12]，去激发智慧的火花，去问费心思考的问题，去赞扬回答的尝试，去推荐书籍，去指点迷津。还有什么别的权利能与之相比[13]呢？

而且，教书还给我金钱和权利之外的东西[14]，那就是爱心。不仅有对学生的爱，对书籍的爱，对知识[15]的爱，还有教师才能感受到的对“特别”学生的爱。这些学生，有如冥顽不灵[16]的泥块，由于接受了老师的炽爱[17]才勃发了生机。

所以，我爱教书，还因为，在那些勃发生机的“特//别”学生身上，我有时发现自己和他们呼吸相通，忧乐[18]与[19]共。

语音提示

1. 教书 jiāoshū
2. 因为 yīn · wèi
3. 当 dāng
4. 喜欢 xǐhuan
5. 教师 jiàoshī
6. 提供 tígōng
7. 行 háng
8. 教学 jiàoxué
9. 学生 xuésheng
10. 恰似 qiàsì
11. 赋予 fùyǔ
12. 诱导 yòudǎo
13. 相比 xiāngbǐ
14. 东西 dōngxi
15. 知识 zhīshi
16. 冥顽不灵 míngwán-bùlíng
17. 炽爱 chì’ài
18. 忧乐 yōulè
19. 与 yǔ

背景与评析

做老师的喜悦充满了全文。而每一条喜爱教师职业的理由，都列得分明而充满说服力。而回忆工作的过程里，又会涌起对具体的一点一滴事物的情感。

作品 45 号（节选自《中考语文课外阅读试题精选》中《西部文化和西部开发》）

中国西部我们通常是指黄河与[1] 秦岭相连一线以西，包括西北和西南的12个省[2]、市、自治区。这块广袤[3] 的土地面积为546万平方公里，占国土总面积的57%；人口2.8亿，占全国总人口的23%。

西部是华夏文明的源头[4]。华夏祖先的脚步是顺着水边走的：长江上游出土过元谋人牙齿化石，距今约170万年；黄河中游出土过蓝田人头盖骨，距今约 70 万年。这两处古人类都比距今约 50 万年的北京猿人资格更老。

西部地区是华夏文明的重要发源地，秦皇汉武以后，东西方文化在这里交汇融合，从而有了丝绸之路的驼铃声声，佛[5]院深寺的暮鼓晨钟。敦煌莫高窟[6]是世界文化史上的一个奇迹[7]，它在继承汉晋艺术传统的基础上，形成了自己兼收并蓄[8]的恢宏气度，展现出精美绝伦的艺术形式和博大精深的文化内涵[9]。秦始皇兵马俑、西夏王陵、楼兰古国、布达拉宫、三星堆、大足石刻等历史文化遗产，同样为[10]世界所瞩目，成为[11]中华文化重要的象征。

西部地区又是少数民族及其文化的集萃地[12]，几乎[13]包括了我国所有的少数民族。在一些偏远的少数民族地区，仍保留//了一些久远时代的艺术品种，成为珍贵的"活化石"，如纳西古乐、戏曲、剪纸、刺绣、岩画等民间艺术和宗教艺术。特色鲜明、丰富多彩，犹如一个巨大的民族民间文化艺术宝库。

我们要充分重视和利用这些得天独厚的资源优势，建立良好的民族民间文化生态环境，为[14]西部大开发做出贡献。

语音提示

1. 与 yǔ
2. 省 shěng
3. 广袤 guǎngmào
4. 源头 yuántóu
5. 佛 fó
6. 窟 kū
7. 奇迹 qíjì
8. 兼收并蓄 jiānshōu-bìngxù
9. 内涵 nèihán
10. 为 wéi
11. 成为 chéngwéi
12. 集萃地 jícuìdì
13. 几乎 jīhū
14. 为 wèi

背景与评析

说明文的条理一定要清晰，而朗诵过程中更应当运用语言技巧将之理清道明。

作品 46 号（节选自王蒙《喜悦》）

高兴[1]，这是一种具体的被看得到摸得着[2]的事物所唤起的情绪。它是心理的，更是生理的。它容易来也容易去，谁也不应该[3]对它视而不见失之交臂，谁也不应该总是做那些使自己不高兴也使旁人不高兴的事。让我们说一件最容易做也最令人高兴的事吧，尊重你自己，也尊重别人，这是每一个人的权利，我还要说这是每一个人的义务。

快乐[4]，它是一种富有概括性的生存状态、工作状态。它几乎[5]是先验的，它来自生命本身的活力，来自宇宙、地球和人间的吸引，它是世界的丰富、绚丽[6]、阔大、悠久的体现。快乐还是一种力量，是埋在地下的根脉[7]。消灭一个人的快乐比挖掘掉一棵大树的根要难得多。

欢欣，这是一种青春的、诗意的情感。它来自面向着未来伸开双臂奔跑[8]的冲力，它来自一种轻松而又神秘、朦胧而又隐秘的激动，它是激情即将[9]到来的预兆，它又是大雨过后的比下雨还要美妙得多也久远得多的回味……

喜悦，它是一种带有形而上色彩的修养和境界。与其[10]说它是一种情绪，不如说它是一种智慧、一种超拔、一种悲天悯人[11]的宽容和理解，一种饱经沧桑的充实和自信，一种光明的理性，一种坚定//的成熟，一种战胜了烦恼和庸俗的清明澄澈[12]。它是一潭清水，它是一抹朝霞，它是无边的平原，它是沉默的地平线，多一点儿、再多一点儿喜悦吧，它是翅膀，也是归巢。它是一杯美酒，也是一朵永远开不败的莲花。

语音提示

1. 高兴 gāoxìng
2. 摸得着 mōdezháo
3. 应该 yīnggāi
4. 快乐 kuàilè
5. 几乎 jīhū
6. 绚丽 xuànlì
7. 根脉 gēnmài
8. 奔跑 bēnpǎo
9. 即将 jíjiāng
10. 与其 yǔqí
11. 悲天悯人 bēitiān-mǐnrén
12. 澄澈 chéngchè

背景与评析

诙谐的王蒙将情绪描摹得格外生动，让这些原本摸不着的情绪成为了一个个活生生的形象。在将它们安到了各类人的头上以后，更是让我们的眼前跳动着一个个的形象。

作品47号（节选自舒乙《香港：最贵的一棵树》）

在湾仔[1]，香港最热闹[2]的地方[3]，有一棵榕树，它是最贵的一棵树，不光在香港，在全世界，都[4]是最贵的。

树，活的树，又不卖，何言其贵？只因它老，它粗，是香港百年沧桑的活见证，香港人不忍看着它被砍伐，或者被移走，便跟要占用[5]这片山坡的建筑者谈条件：可以在这儿建大楼盖商厦，但一不准砍树，二不准挪树，必须把它原地精心养起来，成为[6]香港闹市中的一景。太古大厦的建设者最后签了合同[7]，占用这个大山坡建豪华商厦的先决条件是同意保护这棵老树。

树长[8]在半山坡上，计划将[9]树下面的成千上万吨山石全部掏空[10]取走，腾出地方来盖楼，把树架在大楼上面，仿佛[11]它原本是长在楼顶上似的[12]。建设者就地造了一个直径十八米、深十米的大花盆，先固定好这棵老树，再在大花盆底下盖楼。光这一项就花了两千三百八十九万港币，堪称[13]是最昂贵的保护措施了。

太古大厦落成之后，人们可以乘[14]滚动扶梯一次到位，来到太古大厦的顶层，出后门，那儿是一片自然景色。一棵大树出现在人们面前，树干[15]有一米半粗，树冠[16]直径足有二十多米，独木成林，非常壮观，形成一座以它为中心的小公园，取名叫“榕圃[17]”。树前面//插着铜牌，说明原由。此情此景，如不看铜牌的说明，绝对想不到巨树根底下还有一座宏伟的现代大楼。

语音提示

1. 湾仔 Wānzǎi
2. 热闹 rènao
3. 地方 dìfang
4. 都 dōu
5. 占用 zhànyòng
6. 成为 chéngwéi
7. 合同 hétong
8. 长 zhǎng
9. 将 jiāng
10. 掏空 tāokōng
11. 仿佛 fǎngfú
12. 似的 shìde
13. 堪称 kānchēng
14. 乘 chéng
15. 树干 shùgàn
16. 树冠 shùguān
17. 榕圃 róngpǔ

作品 48 号（节选自巴金《小鸟的天堂》）

我们的船渐渐地逼近榕树了。我有了机会看清它的真面目：是一棵大树，有数不清[1]的桠枝[2]，枝上又生根，有许多根一直垂到地上，伸进泥土里。一部分[3]树枝垂到水面，从远处看，就像一棵大树斜躺在水面上一样。

现在正是枝繁叶茂的时节。这棵榕树好像在把它的全部生命力展示给我们看。那么多的绿叶，一簇[4]堆在另一簇的上面，不留一点儿缝隙[5]。翠绿的颜色明亮地在我们的眼前闪耀，似乎[6]每一片树叶上都有一个新的生命在颤动[7]，这美丽的南国的树！

船在树下泊[8]了片刻，岸上很湿，我们没有上去。朋友[9]说这里是“鸟的天堂”，有许多鸟在这棵树上做窝，农民不许人去捉它们。我仿佛[10]听见几只鸟扑翅的声音，但是等到我的眼睛[11]注意地看那里时，我却看不见一只鸟的影子，只有无数[12]的树根立在地上，像许多根木桩。地是湿的，大概涨潮[13]时河水常常冲[14]上岸去。“鸟的天堂”里没有一只鸟，我这样想到。船开了，一个朋友拨着船，缓缓地流到河中间去。

第二天，我们划[15]着船到一个朋友的家乡去，就是那个有山有塔的地方[16]。从学校出发，我们又经过那“鸟的天堂”。

这一次是在早晨，阳光照在水面上，也照在树梢上。一切都//显得非常明亮。我们的船也在树下泊了片刻。

起初四周非常清静。后来忽然起了一声鸟叫。我们把手一拍，便看见一只大鸟飞了起来，接着又看见第二只，第三只。我们继续拍掌，很快地这个树林就变得很热闹[17]了。到处都是鸟声，到处都是鸟影。大的，小的，花的，黑的，有的站在枝上叫，有的飞起来，有的在扑翅膀。

语音提示

1. 数不清 shǔ · bùqīng
2. 桠枝 yāzhī
3. 部分 bùfen
4. 簇 cù
5. 缝隙 fèngxì
10. 仿佛 fǎngfú
11. 眼睛 yǎnjing
12. 无数 wúshù
13. 涨潮 zhǎngcháo
14. 冲 chōng

6. 似乎 sìhū
7. 颤动 chàndòng
8. 泊 bó
9. 朋友 péngyou
15. 划 huá
16. 地方 dìfang
17. 热闹 rènao

背景与评析

这篇文章中充满了视觉形象和听觉形象，要用语言的朗诵来再现甚至还原这一切，才是对文章最好的二度创作。

作品 49 号（节选自夏衍《野草》）

有这样一个故事[1]。

有人问：世界上什么东西[2] 的气力最大？回答纷纭得很，有的说“象”，有的说“狮”，有人开玩笑似的[3] 说：是“金刚”，金刚有多少气力，当然大家全不知道。

结果[4]，这一切答案完全不对，世界上气力最大的，是植物的种子[5]。一粒种子所可以显现出来的力，简直是超越一切。

人的头盖骨，结合[6] 得非常致密与[7] 坚固，生理学家和解剖[8] 学者用尽[9] 了一切的方法，要把它完整地分出来，都没有这种力气[10]。后来忽然有人发明了一个方法，就是把一些植物的种子放在要剖析的头盖骨里，给它以温度与湿度，使它发芽。一发芽，这些种子便以可怕的力量，将一切机械力所不能分开的骨骼[11]，完整地分开了。植物种子的力量之大，如此如此。

这，也许特殊了一点儿，常人不容易理解。那么，你看见过笋的成长吗？你看见过被压在瓦砾[12] 和石块下面的一棵小草的生长吗？它为[13] 着向往阳光，为着达成它的生之意志，不管上面的石块如何重，石与石之间如何狭，它必定要曲曲折折[14] 地，但是顽强不屈地透到地面上来。它的根往土壤钻[15]，它的芽往地面挺，这是一种不可抗拒的力，阻止它的石块，结果也被它掀翻[16]，一粒种子的力量之大，//如此如此。

没有一个人将小草叫做“大力士”，但是它的力量之大，的确[17] 是世界无比。这种力是一般人看不见的生命力。只要生命存在，这种力就要显现。上面的石块，丝毫不足以阻挡。因为[18] 它是一种“长期抗战”的力；有弹性，能屈能伸的力；有韧性，不达目的[19]不止的力。

语音提示

1. 故事 gùshi
2. 东西 dōngxi
3. 似的 shìde
4. 结果 jiéguǒ
5. 种子 zhǒngzi
6. 结合 jiéhé
7. 与 yǔ
8. 解剖 jiěpōu
9. 用尽 yòngjìn
10. 力气 lìqi
11. 骨骼 gǔgé
12. 瓦砾 wǎlì
13. 为 wèi
14. 曲曲折折 qūqū-zhézhé
15. 钻 zuān
16. 掀翻 xiānfān
17. 的确 díquè
18. 因为 yīn · wèi
19. 目的 mùdì

背景与评析

夏衍这篇杂文，写于抗战中期，中心意思是鼓舞人民坚定抗战胜利的信心，用的是象征手法。用野草象征顽强的生命力，不自夏衍始，白居易有“离离原上草，一岁一枯荣。野火烧不尽，春风吹又生”的诗句，鲁迅有《野草 · 题辞》的名篇。夏衍的新贡献，是在于将野草这一象征形象，表现得更加完整，赋予它的象征意义更加广泛，刻画出了新的艺术意境。

首先，作者用强烈的对比，表现了野草不为人所注意，而实际上是巨大无比的力量。一方面是任何机械力都不能将其完整地分开的致密而坚固的头盖骨，一方面是普普通通的种子；一方面是横压其上、密布其旁的巨石，一方面是看似柔弱的小草：彼此争斗的结果却是种子和野草的胜利，骨骼被切分，巨石被掀翻。对于骨骼与巨石这些庞然大物，野草是一种“可怕的力量”。这是作者要告诉我们的第一点。

其次，作者分析了野草的力量之所以如此之大，是在于它的“韧性”。它是一种不断生长着、扩大着的生命力，它不求速胜，而能“长期抗战”，不达目的，决不终止，这样，它就使一切强大之敌显得脆弱而渺小了。

再次，作者又分析了野草所具有的乐观主义精神。生长的条件无论怎样恶劣，它也不会悲观和叹气；它有一种与生俱来的斗争性，它为经受磨练而更加意气风发；它对自己的前途充满自信。野草的力量是一种强大的、韧性的、乐观的、有前途的力量。这人格化了的野草，绝妙地、完整地、贴切地象征了正在坚持“长期抗战”的我们的伟大中华民族，和神圣的民族战争的光明前途。在借用野草歌颂民族精神的同时，杂文又借那种见不得风雨、需要特殊抚植、苟安于玻璃棚中的“盆花”，对国民党政府在抗战中所表现出来的依赖性、软弱性、妥协性，也作了形象的揭露和尖锐的讽刺。

为与朴素的野草形象相吻合，杂文取朴素的文风，不事雕刻，力避华美。开头貌似闲谈，意在反衬，自然地引起下文，最后以“哄笑”盆花嘎然结束，起的自然，收的利落。

作品 50 号（节选自纪广洋《一分钟》）

著名教育家[1] 班杰明曾经[2] 接到一个青年人的求救电话，并与[3] 那个向往成功、渴望指点的青年人约好了见面的时间和地点。

待那个青年如约而至时，班杰明的房门敞开着，眼前的景象却令青年人颇感意外——班杰明的房间里乱七八糟、狼藉[4] 一片。

没等青年人开口，班杰明就招呼[5] 道：“你看我这房间，太不整洁了，请你在门外等候一分钟，我收拾[6] 一下，你再进来吧。”一边说着，班杰明就轻轻地关上了房门。

不到一分钟[7] 的时间，班杰明就又打开了房门并热情地把青年人让进客厅。这时，青年人的眼前展现出另一番景象——房间内的一切已变得井然有序，而且有两杯刚刚倒[8] 好的红酒，在淡淡的香水气息里还漾[9] 着微波。

可是，没等青年人把满腹的有关人生和事业的疑难问题向班杰明讲出来，班杰明就非常客气[10] 地说道：“干杯。你可以走了。”

青年人手持酒杯一下子愣住[11] 了，既尴尬[12] 又非常遗憾地说：“可是，我……我还没向您请教呢……”

“这些……难道还不够吗？”班杰明一边微笑着，一边扫视着自己的房间，轻言细语地说，“你进来又有一分钟了。”

“一分钟……一分钟……”青年人若有所思地说：“我懂了，您让我明白[13]

了一分钟的时间可以做许//多事情[14]，可以改变许多事情的深刻道理。”

班杰明舒心地笑了。青年人把杯里的红酒一饮而尽[15]，向班杰明连连道谢后，开心地走了。

其实，只要把握好生命的每一分钟，也就把握了理想的人生。

语音提示

1. 教育家 jiàoyùjiā
2. 曾经 céngjīng
3. 与 yǔ
4. 狼藉 lángjí
5. 招呼 zhāohu
6. 收拾 shōushi
7. 一分钟 yīfēnzhōng
8. 倒 dào
9. 漾 yàng
10. 客气 kèqi
11. 愣住 lèngzhù
12. 尴尬 gāngà
13. 明白 míngbai
14. 事情 shìqing
15. 一饮而尽 yīyǐn’ érjìn

背景与评析

这是一个令人沉味的故事，深刻地刻画了时间的重要性。在这一分钟里，年轻人受益匪浅，就是一分钟的时间可以改变一个人的命运。

教育家班杰明·D在一分钟内把凌乱的房间整理得井然有序，往往恒久的事业和人生都是在这一分钟之内得到改变，一分钟看似很短，片刻之间就化为乌有，而且这一分钟很容易遗忘在人们的脑海中，觉得这一分钟并不重要。人有一辈子的旅程，比起这一分钟，确是十分渺小，也不能给人生带来意义上的改变，很多人就是在忽略这一分钟的时候，错失人生的每个奋斗机会，与机遇擦肩而过，到最后一无所有才感叹人生的短暂，没有给他足够的时间去拼搏，把失败因素全堆在客观方面，而不从根本上寻找真正的原因。难道一分钟真的这么短暂吗？其实我并不以此为然，一分钟似短暂而非短暂，一分钟我们可以做很多的事情。

作品51号（节选自张玉庭《一个美丽的故事》）

有个塌鼻子的小男孩儿，因为[1]两岁时得过脑炎，智力受损，学习起来很吃力。打个比方[2]，别人写作文[3]能写二三百字，他却只能写三五行。但即便[4]这样的作文，他同样能写得很动人。

那是一次作文课，题目是《愿望》。他极其认真地想了半天，然后极认真地写，那作文极短。只有三句话：我有两个愿望，第一个是，妈妈天天笑眯眯地看着我说："你真聪明。"第二个是，老师天天笑眯眯地看着我说："你一点儿也不笨。"

于是，就是这篇作文，深深地打动了他的老师，那位妈妈式的老师不仅给了他最高分，在班上带感情地朗读了这篇作文，还一笔一画地批道：你很聪明，你的作文写得非常感人，请放心，妈妈肯定会格外喜欢[5]你的，老师肯定会格外喜欢你的，大家肯定会格外喜欢你的。

捧着作文本，他笑了，蹦蹦跳跳地回家了，像只喜鹊。但他并没有把作文本拿给妈妈看，他是在等待，等待着一个美好的时刻。

那个时刻终于到了，是妈妈的生日——一个阳光灿烂的星期天[6]：那天，他起得特别早，把作文本装在一个亲手做的美丽的大信封里，等着妈妈醒来。妈妈刚刚睁眼醒来，他就笑眯眯地走到妈妈跟前说："妈妈，今天是您的生日，我要//送给您一件礼物。"

果然，看着这篇作文，妈妈甜甜地涌[7]出了两行[8]热泪，一把搂住小男孩儿，搂得很紧很紧。

是的，智力可以受损，但爱永远不会。

语音提示

1. 因为 yīn · wèi
2. 比方 bǐfang
3. 作文 zuòwén
4. 即便 jíbiàn
5. 喜欢 xǐhuan
6. 星期天 xīngqītiān
7. 涌 yǒng
8. 行 háng

背景与评析

爱永远是一颗最容易发芽的种子，只要用心地种下去，就能开出最美的花朵。

作品 52 号（节选自苦伶《永远的记忆》）

小学的时候[1]，有一次我们去海边远足，妈妈没有做便饭[2]，给了我十块钱买午餐。好像走了很久，很久，终于到海边了，大家坐下来便吃饭，荒凉的海边没有商店，我一个人跑到防风林外面去，级任老师要大家把吃剩的饭菜分[3]给我一点儿。有两三个男生留下一点儿给我，还有一个女生，她的米饭拌了酱油，很香。我吃完的时候，她笑眯眯地看着我，短头发[4]，脸圆圆的。

她的名字[5]叫翁香玉。

每天放学的时候，她走的是经过我们家的一条小路，带着一位比她小的男孩儿，可能是弟弟。小路边是一条清澈[6]见底的小溪，两旁竹阴覆盖，我总是远远地跟在她后面，夏日的午后特别炎热，走到半路她会停下来，拿手帕[7]在溪水里浸湿，为小男孩儿擦脸。我也在后面停下来，把肮脏[8]的手帕弄[9]湿了擦脸，再一路远远跟着她回家。

后来我们家搬到镇上去了，过几年我也上了中学。有一天放学回家，在火车上，看见斜对面一位短头发、圆圆脸的女孩儿，一身素净[10]的白衣黑裙。我想她一定不认识[11]我了。火车很快到站了，我随着人群挤向门口，她也走近了，叫我的名字。这是她第一次和我说话。

她笑眯眯的，和我一起走过月台。以后就没有再见过//她了。

这篇文章收在我出版的《少年心事》这本书里。

书出版后半年，有一天我忽然收到出版社转来的一封信，信封上是陌生的字迹，但清楚[12]地写着我的本名。

信里面说她看到了这篇文章心里非常激动，没想到在离开家乡，漂泊[13]异地这么久之后，会看见自己仍然在一个人的记忆里，她自己也深深记得这其中的每一幕，只是没想到越过遥远的时空[14]，竟然另一个人也深深记得。

语音提示

1. 时候 shíhou
2. 便饭 biànfàn
3. 分 fēn
4. 头发 tóufa
8. 肮脏 āngzāng
9. 弄 nòng
10. 素净 sùjing
11. 认识 rènshi

5. 名字 míngzi
6. 清澈 qīngchè
7. 手帕 shǒupà
12. 清楚 qīngchu
13. 漂泊 piāobó
14. 时空 shíkōng

背景与评析

一篇朴素而又深情的文字，留给了我们太多美好的记忆。与其说喜欢这样的文字，不如说喜欢这样真挚而隽永的感情，铅华洗尽，留给我们一片纯净的蓝天。亲人离世，彼此隔着一个世界，唯有记忆中不灭的怀念。朋友离开，隔着遥远的时空距离，更多的时候，唯有轻轻的想念和祝福。于是到了中秋节团圆之时，每个成年人的心中，都会有一份美好的祝愿："但愿人长久，千里共婵娟。"

无论哪一种别离，都不是我们想要的，却也都是我们逃避不了的。某一日，想到远离的挚爱的亲人和朋友，我们可能会伤感流泪，会惆怅难过。可是，"失去的是真的失去了，我们拥有的只有未来"，无论何时，我们都要有勇气面对离别之苦，要能够释怀，释怀之后，更好地生活。

作品 53 号（节选自小学《语文》第六册中《语言的魅力》）

在繁华的巴黎大街的路旁，站着一个衣衫褴褛[1]、头发[2]斑白、双目失明的老人。他不像其他乞丐[3]那样伸手向过路行人[4]乞讨，而是在身旁立一块木牌，上面写着："我什么也看不见！"街上过往的行人很多，看了木牌上的字都无动于衷，有的还淡淡一笑，便[5]姗姗而去了。

这天中午，法国著名诗人让·彼浩勒也经过这里。他看看木牌上的字，问盲老人："老人家，今天上午有人给你钱吗？"

盲老人叹息着回答："我，我什么也没有得到。"说着，脸上的神情非常悲伤。

让·彼浩勒听了，拿起笔悄悄地在那行[6]字的前面添上了"春天到了，可是"几个字，就匆匆地离开了。

晚上，让·彼浩勒又经过这里，问那个盲老人下午的情况。盲老人笑着回答说："先生[7]，不知为什么，下午给我钱的人多极了！"让·彼浩勒听了，摸着胡子满意地笑了。

“春天到了，可是我什么也看不见!”这富有诗意的语言，产生这么大的作用，就在于它有非常浓厚的感情色彩。是的，春天是美好的，那蓝天白云，那绿树红花，那莺歌燕舞，那流水人家[8]，怎么不叫人陶醉呢？但这良辰美景，对于一个双目失明的人来说，只是一片漆黑。当人们想到这个盲老人，一生中竟连万紫千红的春天//都不曾[9]看到，怎能不对他产生同情之心呢？

语音提示

1. 褴褛 lánlǚ
2. 头发 tóufa
3. 乞丐 qǐgài
4. 行人 xíngrén
5. 便 biàn
6. 行 háng
7. 先生 xiānsheng
8. 人家 rénjiā
9. 曾 céng

背景与评析

频繁的对话是本文的特征，而对人物的塑造也应当在这对话的一来一去之间更好地体现出来。

作品 54 号（节选自蒲昭和《赠你四味长寿药》）

有一次，苏东坡的朋友[1]张鹗[2]拿着一张宣纸来求他写一幅[3]字，而且希望他写一点儿关于养生方面的内容。苏东坡思索了一会儿，点点头说：“我得到了一个养生长寿古方，药只有四味，今天就赠给[4]你吧。”于是，东坡的狼毫在纸上挥洒起来，上面写着：“一曰[5]无事以当[6]贵，二曰早寝[7]以当富，三曰安步以当车，四曰晚食以当肉。”

这哪里有药？张鹗一脸茫然地问。苏东坡笑着解释说，养生长寿的要诀[8]，全在这四句里面。

所谓“无事以当贵”，是指人不要把功名利禄、荣辱过失考虑得太多，如能在情志上潇洒大度，随遇而安，无事以求，这比富贵更能使人终其天年。

“早寝以当富”，指吃好穿好、财货充足，并非就能使你长寿。对老年人来说，养成良好的起居习惯，尤其是早睡早起，比获得[9]任何财富更加宝贵。

“安步以当车”，指人不要过于讲求安逸[10]、肢体不劳，而应多以步行[11]来替代骑马乘[12]车，多运动才可以强健体魄，通畅气血[13]。

“晚食以当肉”，意思是人应该用已饥方食、未饱先止代替对美味佳肴[14]的贪吃无厌。他进一步解释，饿了以后才进食，虽然是粗茶淡饭，但其香甜可口会胜过山珍；如果饱了还要勉强[15]吃，即使[16]美味佳肴摆在眼前也难以//下咽[17]。

苏东坡的四味“长寿药”，实际上是强调了情志、睡眠、运动、饮食四个方面对养生长寿的重要性，这种养生观点即使在今天仍然值得借鉴。

语音提示

1. 朋友 péngyou
2. 鹗 è
3. 幅 fú
4. 赠给 zènggěi
5. 曰 yuē
6. 当 dàng
7. 寝 qǐn
8. 要诀 yàojué
9. 获得 huòdé
10. 安逸 ānyì
11. 步行 bùxíng
12. 乘 chéng
13. 气血 qìxuè
14. 肴 yáo
15. 勉强 miǎnqiǎng
16. 即使 jíshǐ
17. 下咽 xiàyàn

背景与评析

四味长寿药，就要按照一条一条清楚地来说明。虽然文字是编排在一起的，但是需要在听觉上有所分层。

作品55号（节选自［美］本杰明·拉什《站在历史的枝头微笑》）

人活着，最要紧[1]的是寻觅[2]到那片代表着生命绿色和人类希望的丛林，然后选一高高的枝头[3]站在那里观览人生，消化痛苦，孕育歌声，愉悦世界！

这可真是一种潇洒的人生态度，这可真是一种心境爽朗的情感风貌。

站在历史的枝头微笑，可以减免许多烦恼。在那里，你可以从众生相[4]所包含的甜酸苦辣、百味人生中寻找你自己；你境遇中的那点儿苦痛，也许相比[5]之下，再也难以占据[6]一席之地；你会较[7]容易地获得[8]从不悦中解脱灵魂的力量，使之不致变得灰色。

人站得高些，不但能有幸早些领略到希望的曙光，还能有幸发现生命的立体的诗篇。每一个人的人生，都是这诗篇中的一个词、一个句子或者一个标点。你可能没有成为一个美丽的词，一个引人注目的句子，一个惊叹号，但你依然是这生命的立体诗篇中的一个音节、一个停顿、一个必不可少的组成部分[9]。这足以使你放弃前嫌，萌生为[10]人类孕育新的歌声的兴致，为世界带来更多的诗意。

最可怕的人生见解，是把多维的生存图景看成平面。因为[11]那平面上刻下的大多是凝固[12]了的历史——过去的遗迹；但活着的人们，活得却是充满着新生智慧的，由//不断逝去的“现在”组成的未来。人生不能像某些鱼类躺着游，人生也不能像某些兽类爬着走，而应该[13]站着向前行[14]，这才是人类应有的生存姿态。

语音提示

1. 要紧 yàojǐn
2. 寻觅 xúnmì
3. 枝头 zhītóu
4. 众生相 zhòngshēngxiàng
5. 相比 xiāngbǐ
6. 占据 zhànjù
7. 较 jiào
8. 获得 huòdé
9. 部分 bùfen
10. 为 wèi
11. 因为 yīn · wèi
12. 凝固 nínggù
13. 应该 yīnggāi
14. 行 xíng

背景与评析

站在历史的枝头微笑，这是一种何等壮美的视角。这已经不仅仅是洒脱或者豁达，而是拥有了一个世界性的胸怀。将历史融汇于胸中，纵览古今而又能让情怀任意驰骋。在这样的自由下，传递出一种融汇了大气磅礴和意气风发的气魄，应当在朗诵作品的时候体现出来。

而那些看似抽象的对于历史以及芸芸众生的描绘，如果能在案头工作阶段将这些抽象逐一转换成具象的人物和面孔，那在朗诵过程中一定更能充分的体现字里行间的深意。

作品 56 号（节选自《中国的宝岛——台湾》）

中国的第一大岛、台湾省的主岛台湾，位于中国大陆架的东南方，地处[1]东海和南海之间[2]，隔着台湾海峡和大陆相望[3]。天气晴朗的时候[4]，站在福建沿海较[5]高的地方[6]，就可以隐隐约约地望见岛上的高山和云朵。

台湾岛形状狭长[7]，从东到西，最宽处[8]只有一百四十多公里；由南至北，最长的地方约有三百九十多公里。地形像一个纺织用的梭子[9]。

台湾岛上的山脉[10]纵贯[11]南北，中间的中央山脉犹如全岛的脊梁[12]。西部为海拔近四千米的玉山山脉，是中国东部的最高峰。全岛约有三分之一的地方是平地，其余为[13]山地。岛内有缎带般的瀑布[14]，蓝宝石似的[15]湖泊[16]，四季常青的森林和果园，自然景色十分优美。西南部的阿里山和日月潭，台北市郊的大屯山风景区，都是闻名世界的游览胜地。

台湾岛地处热带和温带之间，四面环海，雨水充足，气温受到海洋的调剂[17]，冬暖夏凉，四季如春，这给水稻和果木生长提供[18]了优越的条件。水稻、甘蔗[19]、樟脑是台湾的“三宝”。岛上还盛产[20]鲜果和鱼虾。

台湾岛还是一个闻名世界的“蝴蝶王国”。岛上的蝴蝶共有四百多个品种，其中有不少是世界稀有的珍贵品种。岛上还有不少鸟语花香的蝴//蝶谷，岛上居民利用蝴蝶制作的标本和艺术品，远销许多国家。

语音提示

1. 地处 dìchǔ
2. 之间 zhījiān
3. 相望 xiāngwàng
4. 时候 shíhou
5. 较 jiào
6. 地方 dìfang
7. 狭长 xiácháng
8. 处 chù
9. 梭子 suōzi
10. 山脉 shānmài
11. 纵贯 zòngguàn
12. 脊梁 jǐliang
13. 为 wéi
14. 瀑布 pùbù
15. 似的 shìde
16. 湖泊 húpō
17. 调剂 tiáojì
18. 提供 tígōng
19. 甘蔗 gānzhe
20. 盛产 shèngchǎn

背景与评析

刚刚对大陆开放旅游的宝岛台湾，对大多数人来说充满了神秘感，当她张开臂膀欢迎四方来客时，人们忍不住要从文字上先对她有所了解。而文字介绍的目的不仅是让更多的人全方位的了解台湾的风土人情旅游资源，更是要在踏上宝岛之前就爱上这颗祖国母亲怀中的明珠。

在介绍的同时怀带着自豪与喜爱，会让宝岛台湾的魅力更展露无疑。

作品 57 号（节选自小思《中国的牛》）

对于中国的牛，我有着一种特别尊敬的感情。

留给我印象最深的，要算在田垄上的一次“相遇[1]”。

一群朋友[2] 郊游，我领头在狭窄的阡陌[3] 上走，怎料迎面来了几头耕牛，狭道容不下人和牛，终有一方要让路。它们还没有走近，我们已经预计斗[4] 不过畜牲[5]，恐怕难免踩到田地泥水里，弄[6] 得鞋袜又泥又湿了。正踟蹰[7] 的时候[8]，带头的一头牛，在离我们不远的地方[9] 停下来，抬起头看看，稍迟疑一下，就自动走下田去。一队耕牛，全跟着它离开阡陌，从我们身边经过。

我们都呆了，回过头来，看着深褐色的牛队，在路的尽头[10]消失，忽然觉得[11]自己受了很大的恩惠。

中国的牛，永远沉默地为[12]人做着沉重的工作。在大地上，在晨光或烈日下，它拖着沉重的犁，低头一步又一步，拖出了身后一列又一列松土，好让人们下种[13]。等到满地金黄或农闲时候，它可能还得[14]担当搬运负重的工作；或终日绕着石磨[15]，朝同一方向，走不计程的路。

在它沉默的劳动中，人便[16]得到应得[17]的收成[18]。

那时候，也许，它可以松一肩重担[19]，站在树下，吃几口嫩草。偶尔摇摇尾巴[20]，摆摆耳朵[21]，赶走飞附身上的苍蝇[22]，已经算是它最闲适的生活了。

中国的牛，没有成群奔跑[23]的习//惯，永远沉沉实实的，默默地工作，平心静气。这就是中国的牛！

语音提示

1. 相遇 xiāngyù　　　　13. 下种 xiàzhǒng

2. 朋友 péngyou
3. 阡陌 qiānmò
4. 斗 dòu
5. 畜牲 chùsheng
6. 弄 nòng
7. 踟蹰 chíchú
8. 时候 shíhou
9. 地方 dìfang
10. 尽头 jìntóu
11. 觉得 jué · dé
12. 为 wèi
14. 得 děi
15. 石磨 shímò
16. 便 biàn
17. 应得 yīng dé
18. 收成 shōucheng
19. 重担 zhòngdàn
20. 尾巴 wěiba
21. 耳朵 ěrduo
22. 苍蝇 cāngying
23. 奔跑 bēnpǎo

背景与评析

牛是被人类驯化的家畜，在它身上有许多优秀的特质。然而，“中国的牛，永远沉默地为人做着沉重的工作。在大地上，在晨光或烈日下，它拖着沉重的犁，低头一步又一步，拖出了身后一列又一列松土，好让人们下种。等到满地金黄或农闲时候，它可能还得担当搬运负重的工作；或终日绕着石磨，朝同一方向，走不计程的路……”牛的特质难道不是人的特质吗？

作品 58 号（节选自老舍《住的梦》）

不管我的梦想能否[1]成为[2]事实，说出来总是好玩儿的：

春天，我将要住在杭州。二十年前，旧历的二月初，在西湖我看见了嫩柳与菜花，碧浪与翠竹。由我看到的那点儿春光，已经可以断定，杭州的春天必定会教[3]人整天生活在诗与图画之中。所以，春天我的家应当[4]是在杭州。

夏天，我想青城山应当算作最理想的地方[5]。在那里，我虽然只住过十天，可是它的幽静已拴住了我的心灵。在我所看见过的山水中，只有这里没有使我失望。到处[6]都是绿，目之所及，那片淡而光润的绿色都在轻轻地颤动，仿佛[7]要流入空中与心中似的[8]。这个绿色会像音乐，涤[9]清了心中的万虑。

秋天一定要住北平。天堂是什么样子，我不知道，但是从我的生活经验去判断，北平之秋便是天堂。论天气，不冷不热。论吃的，苹果、梨、柿子、枣儿、葡萄，每样都有若干[10]种[11]。论花草，菊花种类之多，花式之奇[12]，可以甲天下。西山有红叶可见，北海可以划船[13]——虽然荷花已残，荷叶可还有一片清香。衣食住行[14]，在北平的秋天，是没有一项不使人满意的。

冬天，我还没有打好主意[15]，成都[16]或者相当的合适，虽然并不怎样和暖[17]，可是为[18]了水仙，素心腊梅，各色的茶花，仿佛就受一点儿寒//冷，也颇值得去了。昆明的花也多，而且天气比成都好，可是旧书铺[19]与精美而便宜[20]的小吃远不及成都那么多。好吧，就暂这么规定：冬天不住成都便[21]住昆明吧。

在抗战中，我没能发[22]国难[23]财。我想，抗战胜利以后，我必能阔起来。那时候[24]，假若[25]飞机减价，一二百元就能买一架的话，我就自备一架，择黄道吉日慢慢地飞行。

语音提示

1. 能否 néngfǒu
2. 成为 chéngwéi
3. 教 jiào
4. 应当 yīngdāng
5. 地方 dìfang
6. 到处 dàochù
7. 仿佛 fǎngfú
8. 似的 shìde
9. 涤 dí
10. 若干 ruògān
11. 种 zhǒng
12. 奇 qí
13. 划船 huáchuán
14. 行 xíng
15. 主意 zhǔyi
16. 成都 chéngdū
17. 和暖 hénuǎn
18. 为 wèi
19. 书铺 shūpù
20. 便宜 piányi
21. 便 biàn
22. 发 fā
23. 国难 guónàn
24. 时候 shíhou
25. 假若 jiǎruò

背景与评析

家，对老舍先生来说，是个特别神圣的词。舒坦，只因他颠沛流离了大半辈子，没有自己的家。他想有个家，他常常做梦，梦见自己有个家。意味着踏实、温暖、舒服是他梦寐以求的。他往大里说：“家”是故乡。是亲人，是老母亲，是妻子，是孩子，是朋友，是养育他的山水花草。抗战中写的诗句里就有这样的“家”，“病中逢酒仍须醉，家在卢沟桥北边!”往小里说，“家”就是一幢小房子一个小院子，归他所有，他住在那里，是他的“窝”。

作品 59 **号**（节选自宗璞《紫藤萝瀑布》）

我不由得[1]停住了脚步。

从未见过开得这样盛[2]的藤萝，只见一片辉煌的淡紫色，像一条瀑布[3]，从空[4]中垂下，不见其发端[5]，也不见其终极，只是深深浅浅的紫，仿佛[6]在流动，在欢笑，在不停地生长。紫色的大条幅上，泛着点点银光，就像迸溅[7]的水花。仔细看时，才知那是每一朵紫花中的最浅淡的部分[8]，在和阳光互相[9]挑逗[10]。

这里除了光彩，还有淡淡的芳香。香气似乎[11]也是浅紫色的，梦幻一般轻轻地笼罩[12]着我。忽然记起十多年前，家门外也曾[13]有过一大株紫藤萝，它依傍一株枯槐爬得很高，但花朵从来都稀落，东一穗[14]西一串伶仃地挂在树梢，好像在察言观色，试探什么。后来索性连那稀零的花串也没有了。园中别的紫藤花架也都拆掉，改种[15]了果树。那时的说法是，花和生活腐化有什么必然关系。我曾遗憾地想：这里再看不见藤萝花了。

过了这么多年，藤萝又开花了，而且开得这样盛，这样密，紫色的瀑布遮住了粗壮的盘虬[16]卧龙般的枝干[17]，不断地流着，流着，流向人的心底。

花和人都会遇到各种[18]各样的不幸，但是生命的长河是无止境的。我抚摸了一下那小小的紫色的花舱，那里满装了生命的酒酿，它张满了帆，在这//闪光的花的河流上航行[19]。它是万花中的一朵，也正是由每一个一朵，组成了万花灿烂的流动的瀑布。

在这浅紫色的光辉和浅紫色的芳香中，我不觉[20]加快了脚步。

语音提示

1. 不由得 bùyóude　　11. 似乎 sìhū

2. 盛 shèng　　12. 笼罩 lǒngzhào

3. 瀑布 pùbù
4. 空 kōng
5. 发端 fāduān
6. 仿佛 fǎngfú
7. 迸溅 bèngjiàn
8. 部分 bùfen
9. 互相 hùxiāng
10. 挑逗 tiǎodòu
13. 曾 céng
14. 穗 suì
15. 种 zhòng
16. 盘虬 pánqiú
17. 枝干 zhīgàn
18. 种 zhǒng
19. 航行 hángxíng
20. 不觉 bùjué

背景与评析

《紫藤萝瀑布》是现代女作家宗璞 1982 年创作的一篇散文，当时作者的小弟弟身患绝症，作者非常悲痛，徘徊于庭院中，见一树盛开的紫藤萝花，睹物释怀，由花儿自衰到盛，感悟到生的美好和生命的永恒。文章围绕紫藤萝花来抒发感情，由看花、忆花、思花三部分层层深入，表达主旨。即由眼前盛开的紫藤萝花表现紫藤萝花的勃勃生机，并由此受到感染，想起十年前的紫藤萝花，引发花和人都会遇到各种各样的不幸，但生命的长河是无止境的感叹。

《紫藤萝瀑布》是一幅极为精细的工笔画，就是高明的丹青国手，也未必能够穷尽它所包含的意蕴。在这里，不但那片紫藤萝的大致轮廓你可以从画中加以把握，而且那花的色泽，那花的神采，那花的气味，你也尽可以从画中领略到。也许，在大自然中，当你面对这样一片紫藤萝，你也未必能够如此真切地认识它、感觉它。读着宗璞的这篇文章，仿佛在你眼前，就展现出一条紫色的瀑布，绚丽的色彩曳动你的目光，郁郁的幽香缭绕在你鼻前……这样一幅卓绝的“图画”，除了得力于作者卓越的笔力，亦与作者认真、细致的观察是分不开的。

《紫藤萝瀑布》又是一首深沉的歌。当作者把一幅精致的“工笔画”呈现给读者的时候，也许给人的第一印象是温暖的色调，是一种明快的情绪与生活的欢欣。但是，当随着作者的思绪，回首那不堪的十年动乱，把眼前的美好与过去的黑暗联系到一起，你就会感到一种深沉的悲哀。正如作者所言，那是一种压在心上的“焦虑和悲痛”，那是对往昔被毁坏的幸福生活的追忆。

可以说，当作者细致地观察这素朴的紫藤萝时，当作者一笔一笔勾画着这紫藤萝的神态时，在她心中一定翻涌回荡着一曲深沉的歌。因为，只有经历过黑暗的人，才会在璀璨的生活面前目眩神摇，只有遭受过苦痛的人，才会如此珍视这生活的浪花。因此，尽管在这幅精致的图画之中，作者没有大力张扬、肆意宣泄感情的心曲，但是，当人们观察着《紫藤萝瀑布》的每一个细部时，必然会体味到作者倾注其间的一种深沉而欢乐的旋律自天而降，弥漫于《紫藤萝瀑布》的整个框架之中。

作品 60 号（节选自林光如《最糟糕的发明》）

在一次名人访问中，被问及上个世纪最重要的发明是什么时，有人说是电脑，有人说是汽车，等等。但新加坡的一位知名人士却说是冷气机。他解释，如果没有冷气，热带地区如东南亚国家，就不可能有很高的生产力，就不可能达到今天的生活水准。他的回答实事求是，有理有据。

看了上述报道，我突发奇[1]想：为什么没有记者问："20 世纪最糟糕的发明是什么?"其实 2002 年 10 月中旬[2]，英国的一家报纸就评出了"人类最糟糕的发明"。获此"殊荣"的，就是人们每天大量使用的塑料袋。

诞生于上个世纪 30 年代的塑料袋，其家族包括用塑料制成的快餐饭盒、包装纸、餐用杯盘、饮料瓶、酸奶杯、雪糕杯等等。这些废弃物形成的垃圾，数量[3]多、体积大、重量轻、不降解[4]，给治理工作带来很多技术难题[5]和社会问题。

比如，散落[6]在田间、路边及草丛中的塑料餐盒，一旦被牲畜[7]吞食，就会危及健康甚至导致死亡。填埋废弃塑料袋、塑料餐盒的土地，不能生长庄稼[8]和树木，造成土地板结[9]，而焚烧[10]处理[11]这些塑料垃圾，则会释放出多种化学有毒气体，其中一种称为[12]二恶英[13]的化合物，毒性极大。

此外，在生产塑料袋、塑料餐盒的//过程中使用的氟利昂[14]，对人体免疫[15]系统和生态环境造成的破坏也极为严重。

语音提示

1. 奇 qí　　　　9. 板结 bǎnjié

2. 中旬 zhōngxún
3. 数量 shùliàng
4. 降解 jiàngjiě
5. 难题 nántí
6. 散落 sànluò
7. 牲畜 shēngchù
8. 庄稼 zhuāngjia
10. 焚烧 fénshāo
11. 处理 chǔlǐ
12. 称为 chēngwéi
13. 二恶英 èr’èyīng
14. 氟利昂 fúlì’áng
15. 免疫 miǎny

背景与评析

带着略有些调侃的口吻来介绍科技，体现的是作者在客观严谨的态度下对生活的思考，因此不免要出现作者的一些主观态度，或褒或贬。在朗诵作品时不必刻意回避这些态度的流露，而应该吃准作者的立场，正确的加以表达。

语言之美，包括艺术语言之美，不仅仅在其独特的形象性，而且在其奇妙的象征性。词化是物化，但同时又能高度地概括和抽象化（这只有象征性的自然语言才能做到，只有用象征语言的人才能做到）。“物化”是“形而上”的，而“抽象化”是“形而下”的，一个用右脑，一个用左脑。说得轻佻些，“物化”是女性化，“抽象化”是男性化，都是美丽的。古人中，哲学家庄子和诗人李白的语言和文字是最美的，因为两人都用了物化的语言，而同时又用了充满哲理和思辨的文字。宋怀强曾在《艺术语言的形象观》里论述过这个问题，文章的立论是艺术语言的“形象化”，文章的95%谈了语言的“物化”，这是因为国人在艺术教育和艺术创作时的偏差太大。文章的5%也谈一点语言（包括口语和文字）的“象征本质”。语言的形象化运用属于语用学范畴，语言的象征性说的是语言的本质属性。教材见于两者的结合。

居延安

图书在版编目（CIP）数据

主持艺术语言/宋怀强、陈贝贝编著．—北京：文化艺术出版社，2010.2

ISBN 978－7－5039－4162－7

Ⅰ．主…　Ⅱ．宋…　Ⅲ．主持人—语言艺术—高等学校—教材　Ⅳ．G222.2

中国版本图书馆 CIP 数据核字（2010）第 021641 号

主持艺术语言

著　　者　宋怀强　陈贝贝
责任编辑　胡　晋
责任校对　方玉菊
装帧设计　刘宝华
出版发行　文化艺术出版社
地　　址　北京市朝阳区惠新北里甲 1 号　100029
网　　址　www.whyscbs.com
电子邮箱　whysbooks@263.net
电　　话　（010）64813345　64813346（总编室）
　　　　　（010）64813384　64813385（发行部）
经　　销　新华书店
印　　刷　国英印务有限公司
版　　次　2010 年 2 月第 1 版
　　　　　2010 年 2 月第 1 次印刷
开　　本　880×1230 毫米　1/16
印　　张　17.375
字　　数　250 千字
书　　号　ISBN 978－7－5039－4162－7
定　　价　34.00 元